Zu diesem Buch

Frauen leisten den Löwenanteil sozialer, psychologischer und gesundheitlicher Hilfsdienste. Das gilt gleichermaßen für den privaten Alltag wie für berufliche Tätigkeiten. Zwar wurde über die «hilflosen Helfer» viel diskutiert, doch fand der Umstand, daß Frauen das Gros dieser Bürde tragen, noch kaum Berücksichtigung. Der vorliegende Sammelband trägt dazu bei, die bisher unbeachtete Geschlechtsspezifik des psychosozialen Helfens bewußt zu machen.

Hinweise auf die Autorinnen und Autoren dieses Bandes finden sich auf S. 199f.

Frank Nestmann/Christiane Schmerl (Hg.)

FRAUEN – DAS HILFREICHE GESCHLECHT

Dienst am Nächsten oder soziales Expertentum?

rororo

Rowohlt

Originalausgabe
Veröffentlicht im Rowohlt Taschenbuch Verlag GmbH,
Reinbek bei Hamburg, August 1991

Umschlaggestaltung Britta Lembke
Satz Times (Linotronic 500)
Gesamtherstellung Clausen & Bosse, Leck
Printed in Germany
980-ISBN 3 499 18894 5

Inhalt

Vorwort der Herausgeber

In den letzten Jahren ist viel über Hilfe geschrieben worden. Bücher zu unterschiedlichsten Hilfe-, Therapie- und Beratunsansätzen füllen die Fachbibliotheken, und die Selbsthilfe- und Ratgeberliteratur für Laien ist mit die größte Verkaufssparte des Buchhandels. Auch die ‹Helfer› sind dabei ins Licht der Öffentlichkeit gerückt, wenn auch die ihnen gewidmeten Abhandlungen eher spärlich blieben. Es wurden ihre Ausbildung zum Helfersein, ihre Beziehung zu ‹Hilflosen› oder ‹Hilfesuchenden› beschrieben. Auch ihre eigene Hilflosigkeit und ihr ‹Ausgebranntsein› durch die besonderen Belastungen ihrer zwischenmenschlichen Profession sind analysiert worden. Bei der Sichtung der entsprechenden Veröffentlichungen fällt allerdings auf, daß ein durchgängiges Merkmal von sozialer, psychologischer und gesundheitlicher Hilfe im privaten Alltag wie in der beruflichen Tätigkeit nahezu völlig aus der Diskussion ausgespart bleibt – Hilfe ist die Sache der Frauen.

Bis auf wenige private Bereiche und berufliche Aufgabenfelder sind es ganz überwiegend Frauen, die anderen Hilfe leisten. Die Zielgruppen ihrer hilfreichen Tätigkeiten sind hierbei ebenso vielfältig wie die Formen von Hilfs- und Unterstützungsmaßnahmen, die sie ergreifen.

Der vorliegende Sammelband soll dazu beitragen, die bisher unbeachtete – oder mißachtete – Geschlechterspezifik des psychosozialen Helfens aus der Sicht von Helferinnen und Hilfeforscherinnen bewußt zu machen und zu verdeutlichen. Es kann nicht sein, daß Hilfe im Alltag wie in psychosozialen Berufen hinter einer scheinbaren Geschlechtsneutralität der ‹Helferdiskussion› verschwindet. Das gleiche gilt für andere weibliche Hilfedomänen – wie medizinische, pflegerische, erzieherisch-versorgende etc. –, die wir in diesem Band nicht berücksichtigen konnten.

Auch hier wäre es an der Zeit, unter geschlechtsspezifischem Blickwinkel zu untersuchen: *Wer* hilft eigentlich *wem* unter welchen Bedingungen mit welchen Zielen und mit welchen Konsequenzen für andere und für sich selbst? Wir wünschen uns, daß sich diese Helferinnendiskussion in den ‹Hilfewissenschaften› ebenso entwickelt wie in der Öffentlichkeit, und danken allen Autorinnen und Autoren dieses Bandes für ihren Anstoß dazu.

F. N. C. S.

Christiane Schmerl & Frank Nestmann

Frauen und Helfen: Wie weit trägt die ‹weibliche Natur›?

Und Gott der Herr sprach: Es ist nicht gut, daß der Mensch allein sei; ich will ihm eine Gehilfin machen, die um ihn sei.
(Die Bibel, Schöpfungsgeschichte, 1. Mose 2, 18)

Das Prinzip der Gegenseitigkeit

Menschen sind keine Einzelgänger, sondern ‹soziale Lebewesen›, wie es schon die alten Griechen mit ihrer Formulierung vom ‹zoon politikon› ausgedrückt haben. Auch wenn uns die klassische Geschichtsschreibung oft glauben machen wollte, daß die zivilisatorische und ideengeschichtliche Entwicklung der Spezies Mensch von großen Führern, unabhängigen Denkern und einsamen Genies vorangetrieben wurde, so wissen wir heute, daß – alle individuelle Größe unbenommen – menschliches Leben typischerweise auf die Gemeinschaft mit anderen angewiesen ist, und daß menschliche Gemeinschaften nur auf der Grundlage des Prinzips der Gegenseitigkeit, des gegenseitigen Austauschs funktionieren. Dabei werden keinesfalls nur materielle Güter ausgetauscht, sondern ebenso Arbeits- und Dienstleistungen, Wissen und Ideen, sowie – nicht zu unterschätzen für den sozialen Zusammenhalt jeder kleineren oder größeren Gemeinschaft – Fürsorglichkeit, Freundlichkeit und Qualitäten des ‹sozialen Klimas›.

Untersuchungen an noch relativ naturnah lebenden Völkern haben ergeben, daß unter normalen[1] Bedingungen jeder erwachsene Mensch – Frau wie Mann – mehr erwirtschaften kann (d. h. sammeln, fangen, jagen, ernten etc.), als er/sie zum eigenen Lebensunterhalt braucht. D. h. jeder oder jede gesunde Erwachsene kann sich nicht nur selbst aufgrund seiner bzw. ihrer Körperkraft, Geschicklichkeit, Lernfähigkeit etc. mit Nahrung und Komfort am Leben erhalten, sondern er/sie kann darüber hinaus im Durchschnitt mindestens eine halbe Person miternähren und versorgen. Diese grundlegende Möglichkeit scheint für die menschliche Spezies auch sinnvoll und vorteilhaft: Darauf beruht nämlich die Fähigkeit, außer sich selbst noch ein Kind (Kinder) über die unmittelbare Stillzeit hinaus zu ernähren (und damit diesem die für Menschen notwendige lange Lernphase zu ermöglichen). Weiterhin ergibt sich daraus die Möglichkeit, zeitweise oder auf Dauer auch Alte und Kranke mitzuversorgen. Generell beruht hierauf die für Menschen so zentrale Erfindung, die Vorteile wechselseitiger Hilfe wahrzunehmen. Die Fähigkeit, daß man heute (oder dieses Jahr) für einen anderen etwas miterwirtschaftet oder ihm/ihr gibt, bedeutet auch, daß man morgen (oder nächstes Jahr) von ihm/ihr im Austausch mitversorgt werden kann. Dies erhöht nicht nur die Sicherheit und den Komfort der Lebenshaltung, sondern ist eine der zentralen Grundlagen menschlichen Zusammenlebens wie der Entwicklung von höheren Sozialformen überhaupt. Die Fähigkeit zur Erarbeitung eines Surplus, oder, allgemeiner ausgedrückt, die Fähigkeit, mehr bereitzustellen, als man selbst braucht, ist aber auch die Grundlage jeder organisierten Ausbeutung von Menschen. Denn von jemandem, der nicht mehr erwirtschaftet als gerade das, was unmittelbar selbst zum Leben benötigt wird, läßt sich auch kein Überschuß abpressen.

Das Prinzip des gegenseitigen Austauschens und Helfens betrifft wie gesagt ebenso den Austausch von Gefälligkeiten, Hilfe, Pflege und Schutz, von Wertschätzung, Anteilnahme, Geduld, Trost, Zuwendung, Aufmerksamkeit usw. Diese wechselseitigen Austauschprozesse sind – das mußte einer extrem arbeitsteiligen Konsumgesellschaft erst schmerzlich bewußt werden – genauso wichtig und zentral für das Überleben einer Gemeinschaft wie der Austausch von materiellen Gütern.

Das Prinzip des wechselseitigen Austauschens von materiellen wie immateriellen Gütern und Leistungen bedeutet aber auch, daß man keinesfalls immer genauso viel (wieder-)empfängt, wie man gegeben hat. Träfe dies noch am ehesten auf einen funktionierenden Generationenvertrag zu (man gibt als Erwachsener jene Hilfe an die alten Eltern zurück, die man als Kind von ihnen empfangen hat, bzw. man gibt an seine eigenen Kinder das an Schutz und Nahrung, was man selbst als Kind seinerseits empfangen hat), so ist klar, daß in einer extrem arbeitsteilig gewordenen Hochzivilisation wie der unseren, die zudem längst die ‹Erfindung› der Ausbeutbarkeit des Menschen gemacht hat, man/frau mehr oder anderes gibt, als man selbst empfängt. Zwar wird nach wie vor aufs heftigste getauscht und geteilt, aber selbst wenn die ausgetauschten Güter und Leistungen inzwischen teilweise in Geld umgerechnet werden und somit auf einen vergleichbaren Kurs gebracht werden, so sagt dies einerseits oft herzlich wenig über die tatsächliche Gleichwertigkeit des Getauschten aus (hinsichtlich Arbeitsaufwand, Bedürftigkeit und jeweiliger Wertschätzung seitens der austauschenden Personen), andererseits werden Werte transferiert, die unschätzbar und unbezahlbar sind und die daher praktischerweise auch gar nicht erst zurückerstattet werden (bzw. in Geldeinheiten verrechnet werden): z. B. sämtliche Dienst-, Pflege-, Erziehungs- und Gunstleistungen im Rahmen einer normalen Hausfrauenehe, aber ebenso alle zwischenmenschlichen Hilfen in Nachbarschaft und Beruf, ohne die ein einigermaßen menschliches Miteinander nicht denkbar wäre. Oft genug schallt es eben nicht so aus dem Wald heraus, wie man hineinruft.

Zunächst läßt sich jedoch festhalten, daß Prozesse des gegenseitigen Austauschens und Unterstützens sowohl zwischen den klassischen ‹Aggregatzuständen› der Spezies Mensch stattfinden (d. h. von Eltern an Kinder, von Jungen an Alte, von Gesunden an Kranke) – da jeder einmal Kind war, alt wird, krank werden kann, wobei die Chancen des wechselseitigen Gebens und Nehmens einigermaßen gleichmäßig verteilt sind – als auch zwischen gleich-starken, gleich-gesunden, gleich-alten Erwachsenen statt, wobei qualitativ und quantitativ sehr unterschiedliche Leistungen und Güter genommen und gegeben werden.

Betrachten wir im folgenden (neben den Tausenden von arbeitsteilig funktionierenden beruflichen und privaten, bezahlten wie unbezahlten Austauschprozessen) den neben Alter und Gesundheit wohl ebenso fundamentalen dritten menschlichen ‹Aggregatzustand› der Geschlechtszugehörigkeit. Im Gegensatz zu den beiden anderen ist er bekanntlich in der Regel in unserer Gesellschaft nicht zu wechseln. Die gängige, bis heute überwiegend gültige Vorstellung von den gegenseitigen Austauschprozessen zwischen beiden Geschlechtern ist die, daß der Mann durch seine Arbeit für eine Frau (und später natürlich auch für seine Kinder) Nahrung, Kleidung, Wohnung, Alterssicherung und physischen Schutz bereitstellt; sie ihm im Gegenzug ‹ein Kind schenkt› (oder mehrere), dieses versorgt, erzieht und beaufsichtigt, die gemeinsame Nahrung zubereitet, den Haushalt organisiert sowie Wohnung und Kleidung instand hält. Nach überkommener Vorstellung gelten die Leistungen des Mannes, die er in diesen Austauschprozeß einbringt, als ‹harte›, d. h. anstrengendere und vor allem wichtigere, da sie die Lebensgrundlagen bereitstellen. Die Leistungen der Frau gelten als leichtere, weniger anstrengende und angenehmere – als eine Art Dankesschuld und Liebesdienst. Diese Auffassungen gründen bis heute in der Vorstellung von der biologischen Schwäche und Schutzbedürftigkeit der Frau – vor allem, wenn sie schwanger oder Mutter ist (und sich somit nicht selbst ernähren und schützen könne) – und von der körperlichen, aber auch geistigen Überlegenheit des Mannes, der als starkes Geschlecht die doppelte Bürde auf seine starken Schultern nehmen und mit seinem kühnen und aktiven Geist große und einträgliche Unternehmungen planen könne.

Die klassische Ethnologie hat im 19. Jahrhundert bei fremden Völkern vor allem dieses Verhältnis zu entdecken gesucht und ‹gefunden›, wenn sie noch im entferntesten Urwaldnest die erhebende Geschichte des ‹Menschen und seiner Frau› (so eine beliebte Sprachfloskel) wieder bestätigt sah: Der Mann als großer Jäger und Krieger, seine Frau als Sammlerin und Hüterin von Herd und Kindern. Obwohl patriarchale Familienformen sich auch bei vielen auf Steinzeitniveau lebenden Völkern schon finden lassen, so wissen wir doch heute dank den Forschungen seit Margaret Mead (1935) und der ihr folgenden Ethnologinnengenerationen (vgl. Reiter 1975; Leacock 1981), daß nicht nur der männlich-ethnologische Blick hier zu recht groben Wahrnehmungsverzerrungen und blinden Flecken geführt hat, sondern daß gerade die patriarchale Kleinfamilie europäisch-amerikanischen Zuschnitts nicht die einzig mögliche, ‹dem Menschen und seiner Frau› angeborene Lebensform darstellt (vgl. Schmerl 1989). Darüber hinaus wissen wir zudem seit ca. zwei Jahrzehnten, daß selbst bei patriarchal strukturierten Naturvölkern, die sich vom Sammeln und Jagen ernähren, in der Regel die Frauen und ihre Kinder bis zu 80 Prozent der täglichen Nahrung durch ihre Sammeltätigkeit und das Fangen von Kleintieren herbeischaffen, während die das launische Jagdglück strapazierenden Männer lediglich bis zu 20 Prozent zur Ernährung beisteuern. Wenn die Männer – oft genug – erfolglos von der Jagd heimkommen, werden sie mit Nahrung von den regelmäßiger und zuverlässiger erfolgreichen Frauen mitversorgt. Diese für verschiedene Naturvölker übereinstimmend berichteten Proportionen der Nahrungsbeschaffung machen deutlich, daß das heute fast weltweit vorherrschende Modell vom versorgenden Mann und der versorgten Frau wohl kaum eine biologische Grundkonstante der menschlichen Spezies ist, sondern die Folge einer langen und einseitigen Entwicklung, in der Frauen systematisch der Zugang zum eigenen Unterhalt entzogen wurde. Menschheitsgeschichtlich gesehen scheinen vielmehr Frauen die ersten gewesen zu sein, die mit anderen systematisch Schutz und Nahrung geteilt haben. Wenn wir davon ausgehen, daß Frauen als gesunde Erwachsene – sowohl allein wie erst recht mit halbwüchsigen Kindern und anderen (Frauen) zusammen – in der Lage waren und sind, sich selbst zu ernähren und zu schützen, dann liegt es nahe, daß gerade sie als Mütter regelmäßig ihren Nahrungsüberschuß mit ihren Kindern teilten, und daß sie zudem von ihren größer werdenden Kindern ebenfalls Nahrung erhielten. Als nächstes dürften Geschwister derselben Mutter gewohnheitsmäßig Nahrung und Hilfe untereinander geteilt haben.

Dies heißt keinesfalls, daß andere Erwachsene – Frauen wie Männer – nicht ebenfalls durch Freundschaft und Gewohnheit überdauernde Austauschbeziehungen für Nahrung, Güter und alltägliche Unterstützung gepflegt hätten. Sondern es heißt nicht mehr und nicht weniger, als daß Frauen nicht die primär zu Versorgenden und zu Unterstützenden in menschlichen Gemeinschaften waren (und vielfach sind), sondern vielmehr die ersten, die mit anderen ein dauerhaftes Verhältnis des Austauschens von Nahrung und Hilfe eingingen (vor allem in ihrer Rolle als Mütter zu Zeiten, da biologische Vaterschaft noch unbekannt oder unbedeutend war). Es heißt weiterhin, daß Männer nicht qua Geschlecht die geborenen Versorger von Frauen mit Schutz, Hilfe und Nahrung waren (und sind), sondern daß a) ihre Spezialisierung auf die Rolle des Ernährers und Beschützers ‹ihrer› Frauen eine menschheitsgeschichtlich relativ späte ist, und daß b) die komplementär dazu konstruierte Rolle der Frau in diesem Austauschmodell als der einer Spenderin von Heim, Wärme, Trost, Gemütlichkeit, Menschlichkeit, Erziehungs-, Pflege- und Kinderverwahrdiensten ebensowenig angeboren oder natürliche Bestimmung ist, sondern vielmehr eine menschliche Fähigkeit, die durch hochgradige Spezialisierung und durch Rollenzuweisung erworben wurde und wird.

Schließlich muß aufgrund dieser Infragestellung der Naturgegebenheit der zwischen den Geschlechtern heute stattfindenden hochspezialisierten Austauschprozesse von Berufsarbeit und Geld gegen Hausarbeit und Liebe(sdienste) außerdem die Frage gestellt werden, ob die obengenannte ungleiche *Bewertung* dieser zwischenmenschlichen, zwischengeschlechtlichen Austauschleistungen tatsächlich gerechtfertigt ist. Wenn Männer sich vorrangig auf die ‹harten› Leistungen von Berufsarbeit und Gelderwerb spezialisieren und Frauen sich auf die ‹weichen› Leistungen von Dienen, Helfen und Lieben, muß gefragt werden, ob tatsächlich die harten Leistungen als die für den Bestand der Gesellschaft allein wichtigen und grundlegenden zu gelten haben und die weicheren bloß als der angenehme Komfort, den Mann sich leisten kann, wenn für das andere bereits gesorgt ist. Bevor wir weiter der Frage nachgehen, in welcher Form sich Frauen qua Geschlecht auf die ‹weichen› Hilfsleistungen in unserer Gesellschaft spezialisiert haben, sollen zunächst die Bedeutung und der Stellenwert dieser Art von ausgetauschten Diensten (des Helfens, Unterstützens, Pflegens, Versorgens, der Zuwendung, des Mitfühlens, der Wertschätzung etc.) behandelt werden.

Die Bedeutung von sozialer Unterstützung für das menschliche Zusammenleben

In den fünfziger und sechziger Jahren waren sowohl in den USA wie in der Bundesrepublik als eine Art Bewältigungsversuch der Geschehnisse des Zweiten Weltkriegs (und später des Vietnamkriegs) vorrangig die *negativen* Potentiale des Menschen wissenschaftlich untersucht worden: Die Forschungen zum autoritären Charakter mit seinen faschistoiden Neigungen (Adorno et al. 1950), die Frage nach der zwischenmenschlichen Aggression und ihren fördernden wie hemmenden Mechanismen (Lorenz 1963; Bandura 1973), die Wirkweise des ‹Kadavergehorsams› gegenüber unmenschlichen Befehlen (Milgram 1963; Mantell 1972) und die diabolische Sogwirkung des ‹Mitmachens› an Straf- und Gefängnisszenarien (Zimbardo et al. 1973) hatten dabei im Vordergrund gestanden, sowie auch die negativen Auswirkungen von Gleichgültigkeit und mangelndem Verantwortungsgefühl gegenüber beobachtetem Unrecht, Unglück oder Verbrechen (Darley & Latané 1968).

Erst seit den siebziger Jahren traten langsam die *positiven* Bedingungen des sozialen Zusammenlebens von Menschen in den Blickwinkel der Forschung. Nun wurde beispielsweise nach den Eigenschaften und Voraussetzungen für ‹altruistisches› Verhalten geforscht; es wurden die Bedeutung und das Funktionieren sozialer Netzwerke untersucht; und es wurde in den USA seit Mitte der siebziger Jahre vor allem die gegenseitige ‹soziale Unterstützung› (‹Social Support›), die Menschen sich täglich gegenseitig geben, zum Gegenstand des Interesses.

Es war und ist besonders diese soziale Unterstützungs- und Social-Support-Forschung, die sich den Strukturen, Prozessen und Funktionen gegenseitiger Hilfeleistungen und sozialen Rückhalts ausführlich widmete. In den achtziger Jahren wurde sie zu einem der größten sozialwissenschaftlichen Forschungsbereiche (vgl. Sarason & Sarason 1985; Vaux 1990). Während bis in die siebziger Jahre der ärztliche und der psychologische Blick auf die möglichen *krank machenden* Bestandteile von sozialen Gemeinschaften und zwischenmenschlichen Beziehungen gerichtet war, wurden durch die schnell sich ausweitende Perspektive der sozialen Unterstützung nun die *gesundheitsfördernden* Beiträge der sozialen Umwelt zum Wohlbefinden der Menschen in den Mittelpunkt gerückt.

Es zeigte sich nämlich, daß es neben einem körperlichen Immunsystem eine Art ‹soziales Immunsystem› gibt – also ein soziales Netzwerk von menschlichen Bindungen und Kontakten –, dessen Vorhandensein und Qualität Einfluß darauf hat, ob jemand körperliche und auch seelische Abwehrkräfte mobilisieren kann. Nach langjährigen Forschungen zu diesem Phänomen besteht heute kein Zweifel mehr daran, daß die soziale Unterstützung aus solchen Netzwerken z. B. Erkrankungsraten und sogar Sterblichkeitsraten reduziert, daß sie psychischen und sozialen Streß wie auch andere gesundheitsschädliche Einflüsse fernhalten und vorhandene Streßauswirkungen auf Leib und Seele abpuffern oder mildern kann (House 1987; House, Umberson & Landis 1988).

Viele sehr unterschiedlich angelegte Untersuchungen (z. B. Laborversuche, Vergleichsstudien an verschiedenen Gruppen, Längsschnittuntersuchungen über mehrere Jahre hinweg etc.) haben bis heute die positiven Wirkungen von sozialer Unterstützung bei völlig verschiedenen Personengruppen nachgewiesen: z. B. bei Herz-Kreislauf-Kranken, bei Kindern aus geschiedenen Ehen, bei Behinderten, Alten, ethnischen Minderheiten, Katastrophenopfern, Prüfungskandidaten, Homosexuellen u. v. m.). Man ist sich überwiegend darüber einig, daß das Vorhandensein von sozialer Unterstützung einerseits die genannten abpuffernden Effekte hat, wenn es um erfahrene Belastungen und ihre Folgen geht; andererseits hat sie aber auch dann, wenn gar keine aktuellen Probleme zur Bewältigung anstehen, eine generell positive Wirkung auf das menschliche Wohlbefinden.

Worin bestehen nun im engeren Sinn jene helfenden und unterstützenden Beiträge der sozialen Umwelt, die dergestalt zur Sicherung wie zur Wiederherstellung von Wohlbefinden und Gesundheit beitragen? Benjamin Gottlieb, ein bekannter kanadischer Social-Support-Forscher, ist u. a. dieser Frage im Rahmen einer Untersuchung an allein erziehenden Müttern nachgegangen (Gottlieb 1978). Diese wurden gebeten – neben den für Alleinerziehende typischen Problemen und außer den für sie hilfreichen Personen – konkret jene einzelnen Aktionen alltäglicher Unterstützung zu notieren und zu beschreiben, die sie erhielten. Es zeigte sich, daß allein der *quantitative* Umfang der empfangenen Hilfen außerordentlich groß war. Unterscheiden ließen sich dabei konkrete *Handlungen*, die als hilfreich erlebt wurden, von allgemein positiven *Gefühlen* des Aufgehobenseins in einer Gemeinschaft. Gottlieb bezeichnet jene Hilfen, die durch Zuhören und Gespräche, Trost und Aufmunterung, Verständnis und Mitgefühl, Respekt und Vertrauen, Gemeinschaft und Beistand in bedrohlichen Situationen gegeben wurden, als ‹emotional stützende Verhaltensweisen›. Als ‹Unterstützung beim Problemlösen› werden dagegen alle direkten Hilfeleistungen zusammengefaßt, die sich aktiv auf die Bewältigung des Problems selbst richten, wie z. B. Vermittlung von gezielten Informationen, Ratschlägen und Tips zur Lösung des Problems, vor allem aber praktische Hilfen in Form von Dienstleistungen, materieller und finanzieller Unterstützung. Hinzu kommen Hilfen, die auf die Ursachen der Belastung gerichtet sind und in denen die hilfreichen Personen die Interessen der Betroffenen vertreten oder verteidigen.

Aus dem von Gottlieb zusammengetragenen Material wird deutlich, daß nicht nur die praktischen Hilfeleistungen in Krisensituationen von zentraler Wichtigkeit für die Erhaltung der Gesundheit sind, sondern dem Gefühl der generellen Einbettung in eine soziale Gemeinschaft eine ebenso bedeutende Funktion zukommt: Neben die materiellen und emotionalen Hilfen bei besonderen Belastungen tritt nämlich schon *vorher* die problem-unspezifische Wahrnehmung, daß man selbst nicht isoliert und verlassen ist, sondern einer Gemeinschaft angehört, die einen schätzt und kennt, die sich um einen kümmert und die einen nicht allein lassen würde, *wenn* wir sie benötigen sollten (Heller, Swindle & Dusenbury 1986). Die soziale Unterstützungsforschung hat also deutlich gemacht, wie umfassend die Bedeutung alltäglicher gegenseitiger Hilfen ist, und daß ihre möglichen Auswirkungen weit über die einzelne beobachtbare Hilfsaktion in einer konkreten Notsituation hinausgehen.

Werfen wir im folgenden einen Blick in den Alltag von Hilfe-Geben und Hilfe-Empfangen: Wer hilft eigentlich, wenn es in der Partnerschaft kriselt, wenn es in der Familie oder der Schule Ärger gibt, wenn es im Beruf Probleme oder im Privatleben persönliche Krisen gibt? Wer hilft, wenn jemand krank wird, oder wenn jemand Liebeskummer, Trauer, Sorgen oder Schmerzen hat? Jede und jeder weiß aus eigener Erfahrung, daß dies nicht die professionellen Ratgeber und Helfer sind, die dafür ausgebildet sind, also Mediziner und Medizinerinnen, Psychologen und Psychologinnen, Sozialarbeiter und Sozialarbeiterinnen oder Therapeuten und Therapeutinnen. Auch internationale Untersuchungen belegen inzwischen gut, daß nur ein kleiner Bruchteil jener Unmenge alltäglicher Belastungen, gesundheitlicher Schwierigkeiten, materiell-finanzieller Probleme und emotionaler Konflikte schließlich bis zu den professionellen Helfern und Helferinnen vordringt. In zwei repräsentativen Untersuchungen in den USA, die den Anstoß zu einer Reihe weiterer internationaler Studien mit vergleichbaren Resultaten gaben, war schon Ende der fünfziger und Ende der siebziger Jahre festgestellt worden, daß 30 bis 40 Prozent aller Amerikaner in verschiedenen Lebenskrisen Hilfe bei anderen Menschen suchen. Aber nur 5 bis 10 Prozent von diesen Hilfesuchenden wenden sich an professionelle Helfer und Helferinnen, während ca. 90 bis 95 Prozent als Unterstützungsquellen Ehepartner, Familienmitglieder, Freunde und Nachbarn vorziehen (Gurin et al. 1960; Verrof et al. 1981; vgl. auch Nestmann 1988). Das professionelle und institutionalisierte Versorgungs- und Hilfesystem wird also nur zu einem sehr geringen Prozentsatz mit diesen Problemen konfrontiert.

Bei psychischen wie bei gesundheitlichen, bei sozialen, beruflichen und finanziellen Schwierigkeiten wenden sich Betroffene gerade im oft entscheidenden frühen Entwicklungsstadium eines Problems an Ansprechpartner aus dem eigenen engeren oder weiteren Bekanntenkreis. Man sucht zunächst Hilfe bei Menschen, die man kennt und denen man vertraut. Gerade bei akuten, unerwarteten Krisen oder bei längerfristigen chronischen Belastungen übertreffen die ‹informellen› Hilfequellen des Alltags die Bedeutung der beruflichen Helfer und Helferinnen quantitativ wie qualitativ bei weitem. Die professionellen Helfer scheinen oft nur die letzte Anlaufstelle, wenn alle anderen Hilfeversuche vor ihnen scheiterten.

Spontane und informelle Hilfen und Unterstützungen geschehen tagtäglich so oft, daß sie von den Hilfeleistenden wie von den Hilfeempfängern normalerweise nicht ausdrücklich oder bewußt registriert werden. Sie sind nahezu allgegenwärtig und meist eingebunden in andere gemeinsame Aktivitäten. Sie sind somit auch weniger auffällig als z. B. dramatische Rettungsaktionen oder als spektakuläre Fälle *unterlassener* Hilfeleistungen. Dennoch oder gerade deshalb sind sie bedeutsam, bilden sie doch neben der individuellen Anstrengung, gesund zu bleiben, den Grundstock unseres psychischen und physischen Wohlergehens.

Für dieses Wohlbefinden ist es aber nicht nur nötig, solche Hilfen zu mobilisieren und erhalten zu können, sondern auch, sie anderen zuteil werden zu lassen. Die sogenannte ‹Reziprozität›, d. h. die Wechselseitigkeit und relative Ausgeglichenheit von Hilfe-Geben und -Empfangen in sozialen Beziehungen wird ebenfalls als ein zentrales Element zufriedenstellender menschlicher Gemeinschaft angesehen.

Daß der wechselweise Austausch von Unterstützung im Alltag nicht automatisch immer ‹gerecht› und gleichgewichtig ist, wurde allerdings recht spät zur Kenntnis genommen. Die Diskrepanzen zwischen Helfen und Hilfe-Bekommen fielen bezeichnenderweise zuerst dort auf, wo sich die größten Ungleichgewichte befinden: also bei jenen Beziehungen, wo nur die einen geben und nur die anderen nehmen. Diese mißliche Situation überforderter Helfer und Helferinnen und hilfloser Hilfeempfänger und -empfängerinnen wurde zuerst bei der Versorgung alter und kranker Menschen, der Pflege Behinderter und chronisch Kranker oder der Unterstützung verarmter und randständiger Bevölkerungsgruppen aufgedeckt.

Erst feministische Social-Support-Forscherinnen wiesen darauf hin (z. B. Deborah Belle 1990; Ann Bowling 1990), daß bei der ungleichen Verteilung von Bereitstellung und Empfang von Unterstützungsleistungen im Alltag das *Geschlecht* eine ganz entscheidende Rolle spielt. Was als ‹Familienhilfe›, ‹häusliche Pflege› oder ‹Nachbarschaftshilfe› bezeichnet wird, sind sprachliche Kaschierungen der Tatsache, daß in diesen Bereichen die Ungleichverteilung von Hilfeleistung und -empfang eindeutig entlang der Geschlechtergrenze verläuft. Erst neuere Untersuchungen über Social Support von und an Frauen und Männern berücksichtigen diese gravierende Tatsache. Frauen sind demnach beim Einwerben wie beim Bereitstellen sozialer Unterstützung im Alltag die zentralen Akteurinnen.

Heute kann als gesichert gelten, daß Frauen zum einen als Organisatorinnen und Empfängerinnen von sozialer Unterstützung gegenüber Männern in Führung liegen (vgl. Nestmann & Schmerl 1990). Sie haben intensivere und ausgedehntere soziale Netzwerke als Männer, mehr enge Vertraute und Freundinnen, intensivere Beziehungen zur Verwandtschaft und somit insgesamt mehr potentielle Helferinnen und Unterstützerinnen. Sie sind ihrerseits eher bereit als Männer, sich jemandem anzuvertrauen, um Hilfe nachzusuchen und sie auch anzunehmen. Frauen erhalten dieses Mehr an sozialer Unterstützung allerdings vor allem von *außerhalb* ihrer Kernfamilie. Hinzu kommt, daß sie erhaltene Hilfe auch als wichtig und zufriedenstellend zu schätzen wissen und sich darüber klar sind, daß sie für ihr Wohlbefinden nötig ist.

Für Männer dagegen scheinen sich die sozialen Unterstützungsressourcen zum einen eher auf ihre engste Paarbeziehung – die Ehefrau – zu beschränken. Sie haben offensichtlich von klein auf gelernt (so Burda & Vaux 1987), die maskulinen Verhaltensnormen, die Hilfesuchen und -annehmen als unmännlich hinstellen, nur bei ihren engsten weiblichen Bezugspersonen außer Kraft zu setzen. Das entsprechende Vermeiden von Schwächezeigen, das Zurschaustellen von

Unabhängigkeit und Überlegenheit in der Öffentlichkeit führen dazu, daß Männer nur die engsten weiblichen Familienmitglieder – diese dafür um so ausgiebiger – als Hilfequelle nutzen. Andererseits scheint das *allgemeine* männliche Wohlbefinden eher durch breitere und oberflächlichere Sozialbeziehungen gefördert zu werden. Ihre Gesundheit und ihr Wohlgefühl stellt sich eher in losen Kontakten mit anderen Männern her (Kumpel, Skatbrüder, Sportsfreunde, Stammtisch), mit denen keine vertrauteren und intimeren persönlichen Bindungen eingegangen werden. Diese typischen Unterschiede zwischen den Geschlechtern bestehen übrigens schon ab der frühesten Kindheit und bleiben relativ stabil bis ins Erwachsenenalter (vgl. Nestmann & Schmerl 1990; Maccoby 1990).

Betrachtet man aus dieser geschlechtsspezifischen Perspektive die andere Seite – das Hilfe-Geben –, so überrascht es kaum, daß sich in den wenigen einschlägigen Studien dazu auch hier die Frauen als die zentralen Personen, d. h. als die primären Helferinnen erweisen. Sie sind faktisch das dominierende alltägliche Hilfe-Reservoir, und zwar sowohl im Hinblick auf die allgemeinen gesundheitlichen Versorgungs-, aber auch im Hinblick auf die psychosozialen Hilfeleistungen. Sie sind sowohl nach der Einschätzung ihrer Mitmenschen als auch nach ihrem eigenen Selbstbild die bedeutsamsten und die beliebtesten Helfer. Sie leisten Unterstützung in den verschiedensten Rollen *in* der Familie (als Hausfrau, Ehefrau, Mutter, Tochter, Schwiegertochter oder Schwester) und *außerhalb* der Familie (als Freundin, Nachbarin oder entfernte Verwandte). Auch in der Berufswelt – hier besonders in den frauentypischen Berufen wie Sekretärin, Sprechstundenhilfe etc. – beschränkt sich ihre berufliche Arbeit nicht auf die bezahlten vertraglichen Leistungen, sondern sie sind für das Betriebsklima in Praxis und Büro zuständig, sie erbringen selbstverständlich kleinere und größere Extraleistungen vom Typ des Bedienens, Helfens, Zuhörens, Tröstens, Ratgebens und Organisierens. Oft genug sind sie die ‹Seele› des Büros oder das ‹Herz› der Praxis.

Aber auch bei den professionellen ‹Helferberufen› – Ärztinnen, Therapeutinnen, Beraterinnen, Sozialarbeiterinnen, Krankenschwestern etc. – sind Frauen im Vergleich zu anderen Berufen – und teilweise auch im Vergleich zu Männern – nicht zufällig verstärkt vertreten. Auch die berufliche Welt des Helfens ist vorwiegend eine weibliche, obwohl Männer die leitenden Funktionen innehaben.

Mehr als doppelt so viele Berufs- und Fachschülerinnen sind im Vergleich zu ihren männlichen Kollegen ‹dienstleistend› tätig, und ein Großteil dieser Frauen arbeitet in sozialpflegerischen und sozialarbeiterischen oder den sogenannten medizinischen ‹Hilfs›berufen (DGVT 1989). In der Sozialarbeit (Cremer, Bader & Dudeck 1990), als Krankenschwestern, Erzieherinnen und Pflegerinnen arbeiten weit mehr Frauen als entsprechend Männer. Nur im statushohen und einträglichen Arztberuf ist das Verhältnis umgekehrt. Psychosoziale Institutionen wie Ehe-, Familien- und Erziehungsberatungsstellen sind oft zu zwei Dritteln bis drei Vierteln mit Frauen besetzt, die dort als Psychologinnen, Pädagoginnen, Beraterinnen und Therapeutinnen arbeiten – nicht selten unter einem Mann als Chef.

Interessant ist, daß Frauen auch in vielen anderen Dienstleistungsberufen außer den dort gefragten Diensten zusätzlich und speziell als Kummertante zum Herzausschütten in Anspruch genommen werden, so z. B. als Wirtin, Friseuse, Barfrau, Verkäuferin, Masseurin, Gardrobiere, ja sogar als Toilettenfrau (vgl. Nestmann 1988).

In allen Helfer-Untersuchungen, die überhaupt Geschlechtervergleiche anstellen, rangieren Frauen als alltägliche Unterstützerinnen vor den Männern, und zwar unabhängig von Alter oder speziellem Netzwerk. Sie leisten durchgehend mehr Hilfe als Männer, und zwar sowohl in Familie und weiterer Verwandtschaft als auch in Nachbarschaft und Gemeinde, im Freundeskreis und unter Kollegen und Kolleginnen (Nestmann & Schmerl 1990).

In seiner Studie ‹Social Support Providers: Who are they?› untersuchte z. B. James Griffith (1985) bei kalifornischen Erwachsenen beiderlei Geschlechts, wer alltägliche Hilfeleistungen für andere bereitstellt. Es herrschten gleichaltrige inner*familiäre* und gleichgeschlechtliche *freundschaftliche* Hilfe vor. Frauen wurden dabei deutlich häufiger als Männer benannt. Für die ‹Familienangehörigen›, die nach den gleichgeschlechtlichen ‹Freunden› als häufigste Unterstützungsquelle genannt wurden, ergaben sich deutlich höhere Rangplätze für die weiblichen Angehörigen: also für Mutter, Schwester, Tochter, Schwiegermutter, Schwägerin, Enkelin, Tante, Oma und Schwiegertochter als für die männlichen Pendants: also für Vater, Bruder, Sohn, Schwiegervater, Schwager, Enkel, Onkel, Opa und Schwiegersohn.

In einer eigenen Untersuchung (Nestmann & Schmerl 1992) konnten wir für deutsche Verhältnisse Griffiths Ergebnisse bestätigen. Erwachsene Befragte gaben überzufällig häufiger die Frauen ihrer Umgebung als Helferinnen bei verschiedensten Problemen an. Auch die Gesamtzahl aller auf Frauen entfallenden Unterstützungsleistungen (also emotionale, praktische, materielle, informative etc.) lag deutlich höher. Für völlig unterschiedliche Bereiche wie Beruf, Gesundheit, Partnerschaft, Familie etc. wurden außerfamiliär ‹Freundinnen› und innerfamiliär ‹Mütter› an erster Stelle genannt. Auch in unserer Untersuchung rangierten (bis auf die geringfügig häufigere Nennung von Ehemännern als von -frauen) die jeweils weiblichen Familienmitglieder deutlich vor den entsprechend männlichen. Diese spielten z. T. als Sohn, Bruder etc. kaum eine Rolle bei alltäglichen Unterstützungsleistungen. Während außerfamiliär eine Tendenz zu gleichgeschlechtlicher freundschaftlicher oder nachbarschaftlicher Hilfe festzustellen war, bezogen sich die innerfamiliären Hilfe-Erfahrungen durchgängig und vornehmlich auf die Frauen.

Vor allem ‹Beziehungsprobleme› erweisen sich als weibliche Domäne – hier allerdings hauptsächlich in außerfamiliären Konstellationen, wie z. B. durch Freundinnen. Hilfe bei Krankheit blieb ebenfalls ein vornehmliches Feld weiblicher Betätigung, hier hauptsächlich innerhalb der Familie und insbesondere durch die Mutter.

Die am häufigsten genannten Hilferollen wie ‹Freundin› und ‹Mutter› versorgen zudem umfassend und vielseitig mit Information, emotionaler Zuwendung, praktischem Beistand etc. Demgegenüber beschränken sich die seltener registrierten männlichen Helfer, wie z. B. der Vater, eher auf Spezialformen der Unterstützung, etwa auf finanzielle Hilfe. Die in unserer Untersuchung nachdrücklich bestätigte Helferinnenrolle von Frauen im Alltag gerät noch extremer, wenn die hier nicht berücksichtigten ‹klassisch› weiblichen Versorgungs- und Pflegeleistungen für Kinder und Alte hinzugenommen werden. Gerade in diesen Bereichen sind die durch Frauen bereitgestellten Leistungen nahezu die *gesamte* Hilfe, die es gibt.

Insgesamt läßt sich festhalten, daß die alltägliche Hilfe, die von Frauen geleistet wird, stark ‹generalistisch› geprägt ist. D. h. die am *häufigsten* beanspruchten Helferinnen sind gleichzeitig in den *verschiedensten* Problembereichen und den *unterschiedlichsten* Unterstützungsleistungen gefragt. Nach Caplan (1974) sind sie geradezu als ‹Hilfe-Generalistinnen› zu betrachten, die von Nachbarschaft, Familie und Freunden *nicht deshalb* in Anspruch genommen werden, weil sie eine Spezialkompetenz für eine bestimmte Sorte von Problemen hätten. Sie gelten statt dessen als ‹generell gut› für Hilfe und Unterstützung, als ‹universell› geeignete Ansprechpartnerinnen. Netzwerkstudien haben zudem gezeigt, daß ein wesentlich breiterer Kreis von Personen von dieser Zuständigkeit zehren kann, als dies bei Männern der Fall ist. Diese begrenzen ihre hilfreichen Leistungen eher auf ihre engsten Familienmitglieder (vgl. Kessler, McLeod & Wethington 1985).

Die ideologische Abwertung des Helfens in unserer Kultur

Kehren wir zu der oben bereits formulierten Frage der sehr unterschiedlichen Bewertung der zwischen Menschen ausgetauschten Leistungen zurück, genauer gesagt zur Frage der Minderbewertung von unterstützenden und helfenden Leistungen. Angesichts der inzwischen klar gewordenen immensen Bedeutung dieser alltäglichen Hilfen erscheinen zwei Dinge verwunderlich: die Tatsache ihrer geringen Wertschätzung (gemessen an ihrer tatsächlichen Wichtigkeit und ihrem tatsächlichen Umfang) und die Tatsache, daß diese Art sozialer Hilfen häufiger von Frauen erbracht wird als von Männern (obwohl beide Geschlechter sich hier engagieren), sowie umfangmäßig stärker von Frauen an Männern geleistet wird als umgekehrt (obwohl Frauen untereinander ebenfalls in hohem Maß Unterstützungsleistungen austauschen).

Es soll hier die These gewagt werden, daß beide Paradoxe offenbar miteinander zusammenhängen: Die täglichen unterstützenden und helfenden Leistungen werden deswegen unterschätzt und gering geschätzt, weil sie offensichtlich eine vorwiegend weibliche Handlungsdomäne sind. Männer, die jemandem helfen, sind eben besonders nett oder besonders freundlich; bei Frauen, die helfen, ist es einfach ‹ihre› Natur, es wird von ihnen als ‹normal› erwartet, es ist eher ‹ihre› Art.

Vielleicht läßt sich dies am besten am Bedeutungsspielraum der Worte ‹Helfen› und ‹Hilfe› veranschaulichen. Obwohl jeder schon Hilfe in Anspruch genommen hat und auch andern schon mal geholfen hat, bedeutet Helfen entweder soviel wie ‹dienen›, ‹bedienen› oder assistieren – also *nicht* selbstbestimmt und *nicht* kreativ etwas tun –, oder es bedeutet sogar ‹die zweite Garnitur›, einen ‹hilfsweisen› Ersatz der ‹eigentlichen› Sache oder Funktion. Wenn die Frau ‹die Gehilfin des Menschen› ist, wie uns die Schöpfungsgeschichte lehrt, so kennzeichnet ebendies eine Art Hilfs-Mensch in genau dieser doppelten Bedeutung: einmal ein Wesen, das nicht ‹der Mensch an sich› ist, sondern eher eine Art Zweitfassung davon (wie eben auch ‹Hilfsarbeiter›, ‹Hilfssherif›, ‹Hilfsschüler› oder ‹Aushilfe›). Zum anderen bedeutet es: sie ist jenes menschliche Wesen, dessen Daseinszweck und Hauptmerkmal das Helfen, das ‹Für-andere-Dasein› ist. Auch wenn dies heute niemand mehr so deutlich und ungalant formulieren würde, so sprechen die tatsächlich beobachtbaren Aufgabenverteilungen einerseits, unsere überlieferte Kultur- und Geistesgeschichte andererseits eine deutliche Sprache:

- Die wichtigsten Arbeiten in unserer Gesellschaft, die zentralen Leitungs- und Entscheidungsfunktionen in Politik, Wirtschaft, Verwaltung, Wissenschaft, Technik, Kunst, Medien und Klerus sind fest in männlichen Händen – damit auch die besser bezahlten Arbeiten und das öffentliche Renommee. Frauen nehmen an diesen Tätigkeiten vorwiegend als Hilfskräfte teil: In diesen Bereichen finden wir sie fast ausschließlich als Sekretärinnen, Assistentinnen, Zuarbeiterinnen oder als bloße Dekoration. Das Gegenteil ist noch immer die Ausnahme.
- Unsere abendländische Kulturgeschichte wimmelt von Bildern, die dieses Verhältnis rechtfertigen und glorifizieren. Frauen waren seit Aristoteles der ‹Acker›, auf dem der Mann sät; sie waren das ‹Gefäß›, das den männlichen Keim aufnimmt; die ‹silbernen Schalen, in die die Männer goldene Äpfel legen› (Goethe); die Muse, die ‹ihn› beflügelt; die Karrierebegleiterin, die ihm den Rücken freihält; die Hausfrau, die ‹seine› Sachen in Ordnung hält, und die Zuverdienerin, die – nötigenfalls – ‹seinen› Lohn aufbessert.

Die Zweitrangigkeit, die in diesen Vorstellungen und Bildern zum Ausdruck kommt, stellt sicher, daß Helfen als zwischenmenschlich notwendige Tätigkeit gleichzeitig als die weniger wichtige, weniger interessante, weniger renommierte Tätigkeit angesehen wird und daß sie vorrangig an *ein* Geschlecht verwiesen wird statt gleichmäßig an beide. Die Frau tritt dem Mann in dieser ihr zugeschriebenen zentralen Rolle eben nicht als ebenbürtiger Mitmensch entgegen, der eventuell ein Partner für Leben und Arbeit sein kann, sondern als Hilfskraft, die dem eigentlichen Menschen in seiner Arbeit lediglich hilft oder zuarbeitet.

Daß die typischen Tätigkeiten und Arbeiten von Frauen eher als assistierende Arbeiten angesehen werden, hat zur Folge, daß auch das Helfen generell (in Form von zwischenmenschlicher Arbeit, als humanitärer Akt) als zweitklassige Arbeit angesehen werden kann, deren Wichtigkeit permanent unterschätzt wird. Dies gilt sowohl für die pflegenden, versorgenden, unterstützenden *Berufe* allgemein (gleich, von welchem Geschlecht sie ausgeübt werden – obwohl hier weibliches Personal vorherrscht) als besonders für die helfenden, pflegenden, versorgenden und unterstützenden Leistungen von Frauen im *privaten Bereich.*

Für den inzwischen eklatant deutlich gewordenen Notstand in den pflegenden und helfenden Berufen sind wenigstens die Ursachen dafür anerkannt: das geringe Prestige dieser Berufe aufgrund der schlechten Bezahlung und der schlechten Arbeitsbedingungen, die Unwilligkeit der verantwortlichen Politiker, diese schlechte Bezahlung und die zu langen Arbeitszeiten zu ändern – eben *weil* diese Tätigkeiten im Vergleich zu anderen ‹produktiven›, ‹kreativen› Berufen als weniger zentral gelten. So gehen konsequenterweise die vorgeschlagenen Lösungsversuche für diese Misere genau in die zu erwartende, ideologisch vorgegebene Richtung: Es wird ein Pflichtjahr für alle Frauen gefordert, damit diese gesellschaftlich notwendige Arbeit weiterhin ‹aushilfsweise›, d. h. schlecht und gratis geleistet werden kann. Dies in völliger Verkennung der Bedürfnisse der solcherart ‹versorgten› Alten, Kranken und Behinderten nach einer fachkundigen, ausgeruhten und gerecht entlohnten Betreuung und der Tatsache, daß die meisten Frauen sowieso Jahre ihres Lebens Kinder, Alte und Kranke qua Familienpflicht versorgen. Wie gesagt, für den professionellen Sektor des Helfens sind die Probleme und Mißstände inzwischen klar erkannt, wenn auch mitnichten gelöst.

Für den *privaten Bereich* dagegen werden die helfenden Leistungen von Frauen in einer merkwürdigen Mischung aus Ignoranz, Trivialisierung und Ridikülisierung weiterhin erfolgreich wegretuschiert. Einerseits bleiben diese Arbeiten als tatsächlich notwendige menschliche Leistungen schlicht unsichtbar (und werden von Frauen selbst auch oft nicht als eigene Leistung wahrgenommen): Sie kümmern sich ‹nebenbei› um die kranke Nachbarin, bringen die Kinder mit dem Auto zur Schule, zur Gymnastik und zum Nachhilfeunterricht oder hören sich den Liebeskummer ihrer Halbwüchsigen an. D. h. sie ‹helfen› bei verschiedensten Aufgaben und Problemen, geben Ratschläge, zeigen Einfühlungsvermögen, stoßen ständig eigene Pläne um für die Bedürfnisse anderer, pflegen die für den Mann wichtigen Sozialkontakte, erledigen seine Korrespondenz, machen die Ferienplanung für die Familie, übernehmen Behördengänge etc., etc. Der Unsichtbarkeit dieser notwendigen ‹helfenden› Arbeiten steht in merkwürdigem Gegensatz die überspitzte Sichtbarkeit der dazugehörigen negativen Klischees all dieser Tätigkeiten gegenüber:

- die überängstliche, überbehütende Mutter, der Schrecken aller Lehrer, Kinderärzte und Erziehungsberatungsstellen,
- die häusliche Hygienefanatikerin,
- die ehrgeizige Schularbeiten-Antreiberin,
- die Karriere-Einpeitscherin des Ehemannes,
- die Perfektion zelebrierende Gastgeberin,
- die unbarmherzige Ernährungsspezialistin für cholesterinbedrohte Ehemänner und magersüchtige Töchter,
- die Dauertelefoniererin mit labilen Freundinnen,
- die eifrige Einmischerin in gefährdete Ehen,
- die neugierige Schnüfflerin im Haushalt der Nachbarin,
- etc., etc., etc....

Betrachtet man diese negativen Klischee-Klassiker genauer, stellt sich heraus, daß – von der negativen Übertreibung abgesehen – es sich bei jedem einzelnen Beispiel um eine typische Konstellation handelt, wo normalerweise die speziell frauliche Hilfeleistung geradezu erwartet wird – natürlich ‹in Maßen›.

Fazit: All diese helfenden Leistungen und die dafür notwendige Sensibilität sollen stets vorhanden sein, aber sie sollen *nicht auffallen.* In dem Moment, wo man sie bemerkt, wo sie übertrieben werden (Frage: Wer gibt hier eigentlich das ‹richtige Maß› vor?), wo ihre lästige Kehrseite bemerkt wird, bereits dann, wenn Frauen von diesem permanenten Einsatz ‹genervt› oder ‹abgespannt› wirken – erst recht aber, wenn die Kinder aufmucken und der Ehemann ‹seine›

Freiheit vermißt –, kurzum, wenn die sichtbaren Leistungen und deren unvermeidliche Begleiterscheinungen plötzlich auf den Tisch kommen, dann ist alle Welt unangenehm berührt. Weil offensichtlich etwas Selbstverständliches in Frage gestellt wurde, es in seiner Sperrigkeit und Wichtigkeit plötzlich stört und zu der unangenehmen Einsicht zwingt, daß soziales Zusammenleben ‹hergestellt› werden muß (heute überwiegend von Frauen) und nicht einfach irgendwie von allein und ohne Arbeit passiert. Daher auch die Versuche, diese bisweilen auftauchende Erkenntnisgefahr durch Lächerlichmachen kleinzuhalten.

Kehren wir zur Betrachtung des *beruflichen* Sektors zurück. Obwohl Frauen heute in nahezu allen Bereichen des arbeitsteiligen Lebens auch beruflich ‹ihren Mann stehen›, d. h. in der Welt der bezahlten Tätigkeiten ein fast ebenso breites Spektrum wie Männer abdecken, so sind sie doch verstärkt in jenen Berufen zu finden, in denen die aus dem Privatbereich stammenden Qualitäten des Helfens, Dienens und Unterstützens besonders gebraucht werden, bzw. wo häufiger ein sichtbarer Bedarf danach herrscht als in anderen Sparten. Frauen wählen verstärkt solche Berufe, in denen ihre erprobten zwischenmenschlichen Qualitäten gefordert scheinen; sie finden aber genau zu diesen auch leichteren Zugang als zu anderen, ‹härteren› Berufen. Weil Frauen sich auf ‹ihren› Bereich bescheiden, konkurrieren sie hier weniger mit Männern, erleben oder erwarten daher weniger Abschreckungs- und Behinderungsversuche, haben sie vor der Umwelt und vor sich selbst weniger Legitimations- und Durchsetzungsprobleme. Exakt diese Berufe sind die weniger angesehenen und die schlechter bezahlten – hier schließt sich der Kreis. Alle Berufe mit relativ hohem Frauenanteil einerseits, alle Berufe mit eher helfenden, pflegenden, dienenden zwischenmenschlichen Tätigkeiten andererseits haben kein hohes Sozialprestige und erfahren somit eine als dementsprechend ‹berechtigt› angesehene niedrigere Entlohnung. Letztere zementiert ihrerseits wieder das niedrigere Sozialprestige und auch das dementsprechend bescheidene Selbstbewußtsein vieler Frauen: Obwohl diese Leistungen und Fähigkeiten für die Gemeinschaft grundlegend wichtig sind, ‹beweist› besonders ihre geringe Entlohnung ihren geringeren Wert.

Es entbehrt nicht der Ironie, daß der weibliche Vorsprung an zwischenmenschlichen Qualitäten des Helfens und der subjektiven Bereitschaft zur Erzeugung eines angenehmen sozialen Klimas den Frauen im Beruf nicht als Plus anerkannt, sondern eher als ‹weibliche Natur› vereinnahmt und oft genug sogar als Durchsetzungsschwäche ausgelegt wird. Zwischenmenschliche Hilfsbereitschaft gilt auch im Beruf immer noch als Gratis-Natur der Frau und somit als nicht sonderlich entlohnungswürdig, vielmehr ist sie einer beruflichen Anerkennung als wirklich professioneller Fähigkeit seitens der Männer eher hinderlich. Ist es auch paradox, daß in einer Leistungsgesellschaft grundlegend notwendige Leistungen nicht materiell anerkannt werden, so steht dies zugleich doch voll in Einklang mit der immer noch mächtigen Ideologie von starken, hart arbeitenden Männern und schwachen, mithelfenden Frauen. Überdies ist es für die überwiegend männlichen Nutznießer dieser Auffassung auch herrlich funktional: Abgesehen davon, daß sie so vor unliebsamer weiblicher Konkurrenz in den harten, männlichen Berufen bewahrt werden, erspart diese Auffassung eine Menge Geld sowohl bei den privaten, unbezahlten weiblichen Sozialleistungen als auch bei den geringer dotierten ‹helfenden› Berufen. Nur durch die Abwertung helfender Arbeiten kann den Frauen Bescheidenheit, Selbstgenügsamkeit und die Minderbewertung ihrer Leistungen vermittelt werden. Nur so bleiben sie am zuverlässigsten außerstande, die von ihnen bereitgestellten helfenden Arbeiten als wertvolle Leistungen zu erachten, für die sie nicht nur Anerkennung seitens der Männer verlangen könnten (worüber sich in Form von Muttertagen und Sonntagsansprachen noch reden ließe), sondern – oh, schrecklicher Gedanke – die sie als menschlich notwendige Fähigkeiten ihrerseits von den Männern einfordern könnten. Glücklicherweise – für die Männer – lief jedoch die Diskussion um Eigenschaften von Frauen und Männern bisher in umgekehrter Richtung: wieviel Frauen doch nachzuholen hätten und an männlichen Fähigkeiten sich noch aneignen müßten, bevor sie an den Berufen, aber auch an den Entscheidungen der Männer teilhaben könnten. Die Diskussion galt viel seltener der Frage, welche bisher typisch weiblichen Fähigkeiten sich Männer aneignen müßten und welche bislang typisch weiblichen Leistungen dringend auch von Männern erbracht werden sollten und könnten. Werfen wir abschließend einen Blick auf das, was welches Geschlecht lernen kann und wozu das Gelernte gut ist.

Was kann, was soll jedes Geschlecht lernen?

Eine Generationen währende extrem einseitige Arbeitsteilung zwischen den Geschlechtern hat in vaterrechtlichen Zivilisationen offensichtlich dazu geführt, daß

a) durch eine deutlich getrennte Geschlechtererziehung im Kindesalter,
b) durch eine lebenslange polarisierende Sozialisation der Geschlechter im Erwachsenenalter und
c) durch eine Verformung und Durchtränkung der gesamten Kultur mit geschlechterpolarisierenden Darstellungen, Idealisierungen und Rechtfertigungen

sich statistisch gesehen tatsächlich der Sozialcharakter einer durchschnittlichen Frau von dem des durchschnittlichen Mannes deutlich unterscheidet. Nicht zuletzt dieses vorzeigbare Resultat hat konservative Geistesgrößen seit jeher zu der Gewißheit verleitet, diese Unterschiede im sozialen Verhalten der beiden Geschlechter müßten biologisch verankert sein – zugleich eine schöne Begründung dafür, daß alles so bleiben müsse, wie es immer war, da es ja von der Natur so gewollt sei.

Auch wenn gegenwärtig kräftige Wiederbelebungsversuche dieser seit den siebziger Jahren durch sozialwissenschaftliche Forschungen widerlegten Positionen in Gestalt von Soziobiologie und Psychobiologie zu beobachten sind (wobei die Argumente keineswegs neu sind: es werden abwechselnd das männliche Geschlechtshormon Testosteron, die unterschiedliche Dominanz rechter und linker Hirnhälften bei Männern und Frauen oder gleich ‹die Gene› bemüht), so ist doch nach wie vor unbestreitbar, daß es die dominanten Lebenserfahrungen in Kindheit und Jugend sind, jene Prozesse von Sozialisation und Selbst-Sozialisation, die für die statistisch unterschiedlichen Verhaltensweisen beider Geschlechter auf dem Gebiet von sozialer Sensibilität, von zwischenmenschlicher Interaktion und von Arbeitsteilung hauptverantwortlich sind. Selbstverständlich beziehen sich solche Aussagen immer nur auf das Gros der Frauen und Männer und nicht auf jede individuelle Person. Natürlich kennt jeder den ‹auffälligen› Fall der sozial rücksichtslosen Frau, den Fall des sozial feinfühligen, hilfsbereiten Mannes – Gott sei Dank, läßt sich sagen. Bedeuten diese Minderheiten doch die tröstliche Einsicht, daß die Spezialisierung aufs Zwischenmenschliche bei Frauen einerseits und deren unterentwickelte Ausprägung bei Männern andererseits keineswegs genetisch vorprogrammiert sind, sondern offensichtlich erworben. Es ist augenscheinlich nicht so, als ob nur Männer harte und sachliche Leistungen und Produkte herstellen und austauschen könnten und nur Frauen das zwischenmenschliche Zusammenleben pflegen könnten. Beide Geschlechter können und leisten beides.

Merkwürdigerweise wird das Auseinanderdriften dieser Fertigkeiten und Neigungen nach Geschlecht zwar inzwischen überwiegend als Sozialisationsergebnis anerkannt, doch eher den Frauen als ein Manko angekreidet als den Männern. Seit den ausführlichen Sozialisationsdebatten der siebziger Jahre ist immer wieder betont worden, daß Frauen, wollten sie wirklich Gleichberechtigung in Gesellschaft und Beruf, erst einmal die Fähigkeiten der Männer erwerben müßten, sich also Durchsetzungsvermögen, Rationalität, berufliche Qualifikationen und höhere Bildungsniveaus aneignen sollten. Obwohl aber Frauen in den letzten 20 Jahren auf diesen geforderten Gebieten tatsächlich in beeindruckendem Maß die Qualitäten und Qualifikationen der Männer erworben haben, hat dies noch keineswegs zu einer gerechteren Beteiligung an qualifizierten Berufen und verantwortungsvollen Positionen geführt – eine Beobachtung übrigens, die nachträglich das Qualifikationsargument *gegen* die Teilung von Verantwortung und materieller Unabhängigkeit mit Frauen als vorgeschobenen Abwehrmechanismus entlarvt.

Aber darum geht es hier gar nicht in erster Linie. Es geht vielmehr darum, daß in dem Maß, in dem von Frauen erwartet wurde, ihre einseitige Spezialisierung zu überwinden, eigentlich ebenso die einseitige Sozialisation der Männer als Manko registriert werden müßte und ihre mangelnden sozialen Fähigkeiten und Einsatzbereitschaften zu komplettieren wären. Wenn Frauen sich die bekannte Spezialisierung durch Erziehung und Sozialisation angeeignet haben und sie kein Produkt ihrer Biologie ist, so müßten Männer sich die entsprechenden Fähigkeiten im Prinzip genauso aneignen können. Jedenfalls erscheint es widersinnig und langfristig kontraproduktiv, wenn den Frauen ihr Sozialisations-Vorsprung (ihre größere Sensibilität, ihr höheres Engagement für soziale Unterstützung) als bloße ‹Natur› angerechnet und konsumiert wird, das Sozialisationsdefizit der Männer aber überhaupt nicht problematisiert wird. Schließlich gehören beide Fähigkeiten – sowohl den Lebensunterhalt bereitzustellen als auch den Lebenszusammenhalt einer Gemeinschaft zu sichern – zu den unabdingbaren Leistungen jeder auf Gegenseitigkeit angewiesenen Gemeinschaft. Diese menschlichen Fähigkeiten nach Geschlechtern auseinanderzudividieren hat für beide fatale Folgen gehabt. Somit schiene es für ein gerechteres Tauschverhältnis, aber auch für eine weniger einseitig spezialisierte und defizitäre Ausstattung der menschlichen Individuen höchst sinnvoll, die Zusammengehörigkeit der beiden dafür nötigen Befähigungen stärker zu betonen und anzuerkennen.

Konkret für unser hier vorliegendes Thema hieße dies zweierlei: Jene psychosozialen Leistungen, die heute im Alltag überwiegend die Frauen sowohl in Familie ebenso wie im Beruf ständig erbringen, als Leistungen und als soziale Qualifikation stärker anzuerkennen, indem man ihre zentrale Bedeutung honoriert und sie angemessen bezahlt. Zum anderen muß eingesehen werden, daß es für Männer ebenso notwendig und wichtig ist, diese menschlichen Qualifikationen erwerben, beherrschen und einsetzen zu können und sie nicht als ‹weiblich› und unpassend zu vernachlässigen.

Wenn wir im vorliegenden Buch Beiträge über die alltäglichen helfenden Leistungen von Frauen zusammengetragen haben, dann genau aus diesem Grund: um *die Sichtbarkeit der menschlichen Hilfeleistungen zu erhöhen, die Wichtigkeit und den Wert dieser Art von arbeitsteilig durch Frauen erbrachten Leistungen stärker bewußt zu machen, die naturhafte Selbstverständlichkeit dieser notwendigen Fähigkeiten in Frage zu stellen.* Wir wollen dabei aber auch verdeutlichen, daß in vielen Fällen diese speziell weiblichen Fähigkeiten sich auch gegen die Frauen wenden können, indem sie als Durchsetzungsschwäche ausgelegt und ausgenutzt werden, oder indem sie von den Frauen selbst als dauernde Überforderungsstrategie gegen die eigene Person gerichtet werden.

Die erste deutsche Frauenbewegung hatte um die Jahrhundertwende in ihrem bürgerlich-konservativen Flügel propagiert, die ‹natürlichen›, ‹mütterlichen› Fähigkeiten der Frauen sollten gesellschaftlich stärker anerkannt werden (und ihnen eine entsprechende *Berufstätigkeit* ermöglichen) und den Frauen zu einer mit dem Mann ebenbürtigen Achtung verhelfen. Die gesamte Gesellschaft sollte durch die Betonung von weiblichen Werten und weiblicher Ethik auf eine höhere, menschlichere Kulturebene gehoben werden (so z. B. Helene Lange 1907). Die unterschiedlichen sozialen Zuständigkeiten der Geschlechter wurden dabei nicht in Frage gestellt, sondern in erster Linie sollten die fraulichen Leistungen und Fähigkeiten die Gesamtgesellschaft ‹veredeln›. Immerhin war diese Strategie insofern erfolgreich, als sie für Frauen Zugang zu solchen Berufen durchsetzen konnte, die der so verstandenen weiblichen ‹Natur› entsprachen: Fürsorgerin, Lehrerin, Kindergärtnerin und später Ärztin.

Die zweite Frauenbewegung hat seit Ende der sechziger Jahre demgegenüber zunächst einmal grundsätzlich naturgemäße Wesensunterschiede zwischen beiden Geschlechtern bewußt ausgeklammert und gleiche Rechte für Frauen und Männer gefordert. Erst in einem zweiten Anlauf (Stichworte ‹neue Mütterlichkeit›, ‹neue Weiblichkeit›) wurde Ende der siebziger Jahre von Teilen der Bewegung die Frau als der sozialere, bessere Mensch betrachtet, dessen positive Fähigkeiten zu bewahren seien. Zunehmend wurden seit den achtziger Jahren diese Qualitäten – besonders in der Familienarbeit – auch von den Männern eingeklagt. Erstmalig wird nun der Verlust oder die Zurückhaltung dieser menschlichen Fähigkeiten seitens der Männer in Zusammenhang mit der von ihnen geschaffenen arbeitsteiligen Berufsstruktur und deren ‹Sachzwängen› gesehen. Konsequenterweise verlangt die zweite Frauenbewegung eine Änderung derselben – eine nach wie vor hart bestürmte, aber noch immer nicht bezwungene Bastion.

Unser Vorschlag wäre, bei der Betrachtung und der Würdigung der von Frauen in der Familie wie in den sozialen Berufen geleisteten zwischenmenschlichen Basisarbeit diese verschiedenen Erkenntnisse und ihre Forderungen produktiv miteinander zu verbinden und weiter voranzutreiben: Die Wichtigkeit dieser Art von täglicher Arbeit würde nicht nur dadurch besser erkannt, indem sie *auch* bezahlt und in Form von *Berufsarbeit* geleistet werden kann (eine Position der ersten Frauenbewegung), sondern auch dadurch, daß sie nicht als Natur der Frau, sondern als sozial notwendiges, gesellschaftlich gleichwertiges und ebenso professionelles ‹Pendant› zur arbeitsteilig spezialisierten ‹produktiven› Männerarbeit angesehen würde. Erst wenn alltägliches zwischenmenschliches Helfen, das überwiegend Frauen zu geben und als notwendig zu erkennen gelernt haben, als eine genauso kompetente und hochkarätige Fähigkeit geschätzt wird, kann die falsche Vorstellung verschwinden, daß diese Art von Leistung keine ‹eigentliche› Arbeit sei, keiner besonderen Mühe bedürfe und als weibliche ‹Natur› selbstverständlich und kostenneutral zur Verfügung stehe.

Diese Sichtweise war lange genug möglich dadurch, daß Frauen sie vorrangig im Rahmen der Familie – als Hausfrauen und Mütter, aber auch als Töchter, Großmütter und andere Verwandte – unsichtbar und gratis geliefert haben. Erst seit der zunehmenden Berufsarbeit von Frauen – auch und gerade im psychosozialen und im pflegerischen Bereich – wird sichtbar, daß zumindest ‹die weibliche Natur› dann ‹etwas wert ist›, wenn sie außer Haus eingesetzt und konsumiert wird. Diese Strategie – nennen wir sie Strategie 1 – war bereits vom bürgerlichen Flügel der ersten Frauenbewegung verfolgt worden und hatte zumindest den Zugang zu entsprechenden Berufen und – sehr bescheidene – Bezahlung erreicht. Sie hatte aber nicht die Minder- bis Nichtbewertung der weiblichen sozialen Unterstützungsleistungen im Rahmen der sozialen Berufe wie auch im Kontext anderer Berufe (wie z. B. weiblicher Dienstleistungs- und Büroberufe) aufheben können, und erst recht nicht die Unsichtbarkeit und Nichtbewertung dieser Leistungen in der Familienarbeit der Frau. Die erhoffte Kulturveredelung durch die Frau und eine entsprechende gesellschaftliche Höherbewertung ihrer Person (als unterschiedlich vom Mann, aber gleich‹wertig›) war ausgeblieben. Vielmehr sind bekanntlich die mütterlichen, pflegenden und dienenden Fähigkeiten von Frauen in zwei Weltkriegen und in der Zeit des nationalsozialistischen Größenwahns für von Männern gesetzte (und von Frauen unterstützte) Ziele exzessiv ausgenutzt und mißbraucht worden.

Strategie 2 – systematischer erst von der zweiten Frauenbewegung verfolgt – hat den prinzipiellen Zugang von Frauen zu allen anderen als nur den ‹weiblichen› Berufen durchgesetzt. Sie hat grundlegende Fortschritte der öffentlichen Anerkennung gleicher – beruflicher, bildungsmäßiger und lohnpolitischer – Rechte erstritten. Sie hat außerdem wesentliche Erkenntnisse über den Zusammenhang zwischen einer nach Geschlecht festgeschriebenen Arbeitsteilung (Berufsarbeit – Hausarbeit) einerseits und den entsprechenden Sozialcharakteren von Männern und Frauen andererseits geliefert. Folgerichtig tastet sie erstmalig die ‹Sachzwänge› der nur auf Männer maßgeschneiderten Berufestruktur an. Demgegenüber hat auch sie die Anerkennung des weiblichen Sozialisationsvorsprungs für Leistungen vom Typ des Helfens und Unterstützens bisher kaum durchsetzen können (und teilweise auch nicht wollen, um nicht in der naheliegenden ideologischen Falle der ‹weiblichen Natur› gefangen zu werden). ‹Helfen› jedenfalls ist noch immer zweitklassige Arbeit – selbst wenn sie von Männern erbracht wird.

Auf der Grundlage des mit beiden Strategien bisher Erreichten ist es daher längst überfällig, endlich die Sensibilität für die Qualität dieser Art von Arbeit zu erhöhen, die fundamental dem gesellschaftlichen Zusammenhalt und Funktionieren dient und ihre Sichtbarkeit als anspruchsvolle Tätigkeit, besonders aber als professionelle Arbeit zu verbessern, und zwar sowohl

- für die Frauen selbst, die diese Arbeit in Beruf und Familie leisten, als auch
- für die männliche Umwelt, die – überwiegend noch – in Gestalt von Chefs und Kollegen den Bewertungsschlüssel oder, soziologisch gesprochen: die Definitionsmacht in Händen hält, als wie zentral diese Arbeit eingestuft wird. (Wie die Erfahrung lehrt, fallen solche für die Betroffenen unbequemen Einsichten nicht vom Himmel. Deshalb wird man in diesem Fall davon ausgehen können, daß es wohl wieder die Frauen sein werden, die – durch die Selbsterkenntnis des Stellenwerts ihrer Arbeit – vielen Männern in Familie und Beruf diese Einsicht verstärkt werden nahebringen müssen.)
- Aber auch die Nutznießer dieser zwischenmenschlichen Hilfe- und Unterstützungsleistungen – und das sind prinzipiell Männer wie Frauen – werden schließlich und letztlich die Anerkennung und die Erkenntnis nötig haben, daß die von ihnen empfangenen Hilfeleistungen und Freundlichkeiten nicht unerschöpfliche ‹Naturressourcen› sind, sondern die Leistungen von zwar hilfsbereiten, aber fachkundigen Expertinnen.

Der Konflikt zwischen absoluter Notwendigkeit vorhandener Unterstützungsleistungen einerseits, mangelnder öffentlicher Sichtbarkeit und Anerkennung andererseits kann andernfalls in zwei Richtungen eskalieren: Zum einen könnten die Versorgungsleistungen der Frauen – gleich, ob es sich um die Schaffung eines positiven sozialen Klimas oder um die ‹Mitversorgung› von Schwachen und Hilflosen handelt – langsam schwinden, da eine allgemeine Durchsetzung und Angleichung an den dominanten ‹männlichen› Leistungstypus erfolgt, der als der höherwertige gilt, und der auch weniger eigenen Einsatz abverlangt. Eine zunehmende Kälte und Asozialität der Gesellschaft – von konservativen Politikern lange genug an die Wand gemalt für den Fall, daß Frauen nicht kostensenkend zur sanften Macht der Familie zurückfinden – wäre vermutlich die Folge, zu Lasten aller und vor allem der schwächsten Mitglieder.

Zum anderen besteht derzeit durchaus die Möglichkeit, daß durch massive äußere Maßnahmen – massenhafte Entlassungen von Frauen, bevorzugte Einstellungen von Männern, mangelnde Infrastruktur (fehlende Kindergärten und Kindertagesstätten, mangelnde Pflegeleistungen für Alte und Kranke etc.) – gezielt Frauen auf den privaten Sektor zurückgedrängt werden. Damit übernähmen sie in noch stärkerem Maße als bisher die Hauptzuständigkeit für die hier anfallenden sozialen, helfenden Arbeiten. Da dies keine gewachsene und gewollte, sondern eine erzwungene Rückentwicklung hinter bereits Erreichtes wäre (z. B. hinter berufliche Tätigkeit und Ansprüche, politischen Willen zu Mitgestaltung und Mitverantwortung), dürften die Folgen für die solcherart erbrachten privaten Fürsorge- und Unterstützungsleistungen nicht gerade rosig sein: Unzufriedene, unglückliche Frauen oder 150prozentige, neurotische Supermütter haben schon manchen Ehemann, aber auch Kinder und Alte das Gruseln gelehrt.

Die Sensibilität für die Wichtigkeit der helfenden Expertinnen-Leistungen von Frauen zu erhöhen ist daher eines der wichtigsten Ziele des vorliegenden Buches. Der Hauptakzent liegt auf dem Spektrum der qualifizierten Berufstätigkeit von Frauen im psychosozialen Tätigkeitsbereich. Dies hat seinen Grund zum einen darin, daß sich für *diesen* Bereich gesellschaftlicher Arbeit die Qualifikationen der Frauen potenzieren können: nämlich sowohl als Person, die eine weibliche Sozialisation erfahren hat, als auch als Person, die eine anspruchsvolle Berufsqualifikation im psychosozialen Feld erworben hat. Zum anderen liegt der Grund für die Schwerpunktsetzung im professionellen Spektrum darin, daß durch die hier explizit mögliche, getrennte Benennung von weiblich sozialisierten Fähigkeiten *und* professionell erworbener Ausbildung (die natürlich gut zusammenpassen) der Blick auf die im *privaten* Sektor erbrachten Hilfeleistungen von Frauen ein anderer sein kann: Die Würdigung der immensen sozialen Hilfe- und Unterstützungsleistungen, die fast alle Frauen privat erbringen – egal, ob sie auch noch berufstätig sind oder nicht –, fällt zwar verbal stets wohlwollend aus, wird aber in der Regel immer wieder unter weiblichem Wesen oder weiblicher Zuständigkeit abgeheftet (wobei es vielen Leuten heute herzlich egal ist, ob diese ‹angeboren› oder ‹erworben› ist – Hauptsache, diese Arbeit wird geräuschlos erledigt). So ändert also ein vorrangiger Blick auf die Privat- und Familienarbeiten der Frauen wenig am bewährten Arrangement, zum anderen kann etwas, das angeboren oder sozial geprägt wurde, nicht als ‹Arbeit› im engeren Sinn wahrgenommen werden – ein Kuriosum unserer Kultur.

Wenn also der Schwerpunkt der von uns zusammengestellten Beiträge zur Rolle der Helferin auf den professionell helfenden Frauen liegt, dann deswegen, weil hier die Verbindung zwischen professionell eingesetzter Fähigkeit und sozial erworbener weiblicher Kompetenz eine charakteristische Nähe zeigt, die auf ebendiese weibliche, sozial erworbene Kompetenz ein durchaus ‹professionelles› Licht wirft. Wenn professionelle Beraterinnen oder Therapeutinnen feststellen können, daß ihre sozialen Fähigkeiten oft als quasi ‹mütterliche› oder ‹hausfrauentypische› angezapft werden und konsumiert werden, dann ist dieses Bild auch umkehrbar: Per Analogie lassen sich dann selbstverständlich auch die Kompetenzen in den alltäglichen Privat-, Familien-, Verwandtschafts- und Nachbarschaftsleistungen von Frauen unter dem Gesichtspunkt ihrer Nähe zu beruflichen Qualitäten betrachten – z. B. ihr diagnostischer Blick, ihre Organisationsfähigkeit, Flexibilität, Diplomatie, therapeutische Haltung, Managementqualitäten, pflegerisches und medizinisches Wissen, etc., etc. Als Sozialexpertinnen für eine sehr breite Palette von versorgenden und organisierenden Tätigkeiten weisen ‹Privatfrauen› nicht nur Ähnlichkeiten zu bezahlten Berufen auf, sondern sie leisten zu großen Teilen tatsächlich Gleiches oder – aufgrund ihres größeren Engagements – sogar Besseres. Die qualifizierte Beziehungsarbeit von Berufsfrauen kann den Blick auf die qualifizierte Beziehungsarbeit im privaten Sektor also schärfen.

Die einzelnen Beiträge

Gleich der Themenkomplex I, «Psychosoziales Helfen als Frauenberuf», behandelt die eben genannten Berufserfahrungen von professionell ausgebildeten Frauen, die im Bereich von Beratung und Therapie außer ihren fachlichen Qualifikationen einen spezifisch weiblichen Blick und eine weibliche Sozialisation einsetzen.

Ruth Großmaß stellt die Frage, inwieweit die in Beratungseinrichtungen inzwischen anerkannte Tatsache, daß Frauen als Beraterinnen einen besonderen Nutzen für Klient*innen* haben, nicht auch das Geschlechterverhältnis innerhalb des Beraterteams berührt. Sie fragt, welche verschiedenen Blickrichtungen weibliche und männliche professionelle Berater für ihre Tätigkeit mitbringen und aufrechterhalten und wie verschieden männliche und weibliche Experten in einer Beratungsstelle mit typischen Konflikten und Überforderungen umgehen und schließlich, inwieweit die männliche Anwesenheit im Beratungsspektrum die Beratungstätigkeit von weiblichen Teammitgliedern in der Öffentlichkeit aufwertet. Sie resümiert, daß professionelle Beraterinnen als Frauen hier ganz besondere Kompromisse schließen müssen.

Kordula Langhof stellt für den Bereich klinischer Psychotherapie eine klare interne Arbeitsteilung zwischen Männern und Frauen fest, die eindeutig hierarchisch zugunsten der Männer ist und die auch von Patienten und Patientinnen entsprechend genutzt wird. Obwohl Frauen als Therapeutinnen eine Reihe von Voraussetzungen mitbringen, die sie im therapeutischen Prozeß ihren männlichen Kollegen gegenüber bevorteilen, wirken sich diese Vorteile nicht in entsprechender Anerkennung ihrer beruflichen Leistung oder in einer Förderung ihrer beruflichen Aufstiegschancen aus. Ihre These ist, daß Frauen sich durch die speziellen Beziehungs-Anforderungen dieses Berufs sowohl von Ko-Therapeuten, erst recht von Patienten und Patientinnen – aber auch durch eigene Überforderung – in die Rolle der umfassenden Versorgerin (der ‹Hausfrau›) drängen lassen. Die Autorin formuliert ihre Lösungsvorschläge in Richtung einer stärkeren Bewußtmachung dieser Rituale auf seiten der Therapeutinnen selbst, die ihrer Erfahrung nach Veränderungen eher dann erreichen können, wenn sie sich nicht mehr automatisch auf den Mann hin (hier den männlichen Therapeuten, auf männliche Erwartungen überhaupt) orientieren lassen, wie dies unausgesprochen und selbstverständlich in der Praxis noch immer geschieht.

Silvia Mai stellt für den von ihr beobachteten Bereich eines professionellen, rein weiblichen Beratungsteams mit Frauen unterschiedlicher Berufsausbildung die ‹Hausfrauenfrage› noch deutlicher: Werden Frauen in der Beratungsarbeit überhaupt als Professionelle wahrgenommen oder nicht viel eher von ihrer Klientel als weibliche Freizeithelfer vereinnahmt? Inwieweit leisten sie dieser Sichtweise durch ihr eigenes Selbstverständnis Vorschub? Bringt die Tatsache, daß in diesem Fall Frauen einmal nicht in eine hierarchische Männer-Chef-Struktur gedrängt wurden, neben dem Vorteil, die Konkurrenzfrage ausklammern zu können, auch Schwierigkeiten mit sich im – ungewohnten und unbeliebten – Umgang mit Macht? Auch sie sieht in der Nähe zwischen ‹Hausarbeit› und professioneller Sozialarbeit die Gefahr, daß die tatsächlichen Leistungen psychosozialer Arbeit, gerade wenn sie von qualifizierten Frauen erbracht werden, nicht als solche anerkannt werden, oft genug auch von den Frauen selbst nicht. Sie plädiert zur schrittweisen Auflösung dieses Dilemmas dafür, nicht den Weg des Versteckens und Anlehnens bei immer neuen therapeutischen Zusatzqualifikationen zu suchen, sondern diesen frauenspezifischen (Selbst-)Entwertungstendenzen vor ihrem gesamtgesellschaftlichen und politischen Hintergrund entgegenzutreten.

Im Themenkomplex II, «Psychosoziales Helfen als Frauenberufung?», wird versucht, den Blick in die Praxis professioneller Helferinnen um zwei grundsätzliche Dimensionen zu erweitern: den ihrer geschichtlichen Entwicklung und den der weiblichen Motivation.

Thomas Olk zeichnet die Entstehungsgeschichte des Zugangs zum Sozialarbeiterberuf für Frauen im Rahmen der ersten Frauenbewegung nach und zeigt die damals für Frauen wichtigen moralischen Motivationen des gesellschaftlichen Helfens und der ihnen erstmals möglichen professionellen Mitwirkung bei der Bekämpfung gesellschaftlichen Elends. Während bei Alice Salomon, der ‹Begründerin des Sozialarbeiterberufs in Deutschland›, eindeutig die moralische Verpflichtung zum Helfen zusammen mit einer Vermittlung der dazu nötigen professionellen Qualifikationen im Vordergrund standen (und weniger die Frage von ehrenamtlicher versus bezahlter Ausübung dieser Tätigkeit), stellt Irmgard Vogt im darauf folgenden Beitrag sehr wohl die Frage nach der – überwiegend von Frauen ausgeübten – ehrenamtlichen Tätigkeit im Bereich sozialer und fürsorgerischer Arbeiten. Sie weist nach, daß das gesamte Feld der ehrenamtlichen Arbeit stark geschlechterpolarisiert ist, mit der für Frauen typischen Häufung in den Bereichen Familie, Kranke, Alte, Behinderte, während die Männer eher in den Feldern Jugendhilfe, Straffälligenhilfe und Drogenhilfe dominieren. Diese Geschlechtertrennung ist zusätzlich vertikal: Politische und soziale Ehrenämter mit Freistellung von der Erwerbstätigkeit unter Fortzahlung der Bezüge werden überwiegend von Männern besetzt; Frauen bleiben die ‹Hilfs›dienste an den sozial Benachteiligten, die mit viel Arbeit, wenig Anerkennung und höchst geringfügigen materiellen Entlohnungen verbunden sind. Weiterhin ortet die Autorin eine höchst problematische Konkurrenz dieser ‹kostenneutralen› Liebesdienste der Frauen zu den durch Stellenabbau geschwächten sozialen Berufen und eine Zementierung der geschlechtsspezifischen Arbeitsteilung zugunsten der berufstätigen (und bezahlten) Männer. Trotz der subjektiven Befriedigung, die viele Frauen aus ihrem als sinnvoll erlebten ehrenamtlichen Engagement ziehen, plädiert Irmgard Vogt für einen besseren Zugang der Frauen auch zu den wirklich ‹ehrenvollen› *und* wohldotierten Ehrenämtern wie auch für eine familienfreundlichere Umgestaltung des Arbeitslebens in Industrie und Verwaltung, das Frauen vergleichbare Zugangschancen zu bezahlten Tätigkeiten erlaubt.

Birgit Rommelspacher spürt dem – anscheinend – veränderten Motiv nach, das die Frauen heute im Vergleich zur Zeit Alice Salomons in die helfenden Berufe zieht. Wollen diese Frauen sich heute ‹nur› selbstverwirklichen, wenn sie in der betreuten Klientin sich selbst begegnen können, und ist das rein karitative Helfen und Dienen passé? Sie zeigt, daß offensichtlich das typisch Weibliche am Helfen nach wie vor die eigene Machtlosigkeit ist, die dann sehr leicht der Versuchung erliegen kann, ‹Beziehungsmacht› auszuüben. Darüber hinaus wird klar, daß die ideologische Verknüpfung von Mitmenschlichkeit mit Machtlosigkeit die Frauen dazu verführen kann, sich mit ihrer gesellschaftlichen Ohnmacht auszusöhnen und das Protestpotential zu verschütten, das in dieser Vertretung menschlicher Werte liegt. Sehr schnell landet dann die Diskussion bei der Wertschätzung des ‹weiblichen Wesens› und seiner moralischen Höherbewertung. Weibliche Mitmenschlichkeit bliebe dann unkritisch sich selbst gegenüber und könnte so über die eigenen Anteile an der Aufrechterhaltung von Unterdrückungsverhältnissen hinwegsehen. Die Verführung für die Frauen läge darin, sich als moralisch überlegene Wesen sowohl um ihren Anspruch von Professionalität zu bringen als auch um die Verantwortung zur Einmischung in die Welt des Mannes, auf die mitzugestalten sie somit verzichten. Damit begäben sie sich gleichzeitig der Machtbasis, um männliches Handeln folgenreich zu kritisieren. Ihrer Meinung nach müssen gerade professionelle Frauen im psychosozialen Berufsfeld die Herausforderung dieser Widersprüche annehmen, weil hauptsächlich sie aufgrund der ihnen möglichen Erkenntnis der existierenden Widersprüche eine scharfe Diagnose formulieren können: so vor allem, daß das professionelle System sozialer Arbeit zu einer Maßnahme der Abwehr realer Verantwortung wird, das eher persönlichem Macht- und Statusgewinn dient. Hier erkennen gerade Frauen ein Grundmuster, das ihnen aus der Position des Mannes im privaten Bereich bekannt ist: nämlich Normen zu setzen, aber für deren konkrete Umsetzung die Arbeit der Frauen zu beanspruchen. Nur wenn Frauen aus beiden ihnen zugänglichen Bereichen Erfahrung wie Macht beziehen, besitzen sie potentiell genügend Kritikfähigkeit wie auch Öffentlichkeit, um sich professionellen ‹Sachzwängen› wie privaten Isolierungs- und Bestechungsmanövern zu entziehen und ihr eigenes Gewicht dagegenzusetzen.

Im Themenkomplex III, «Frauen helfen im Alltag – anderen und sich selbst», wird beispielhaft gezeigt, wie gerade der für Frauen nach wie vor dominierende Zuständigkeitsbereich privaten, nichtberuflichen Helfens seine volle Ambivalenz besitzt. Die hier ausgewählten Beiträge verdeutlichen die Spannbreite des alltäglichen Helfens von Frauen von ihrer systemerhaltenden bis zu ihrer systemverändernden Qualität.

Der Beitrag von Vera Grunow-Lutter zeigt für das von der bisherigen Hausarbeitsdiskussion noch wenig erforschte Betätigungsfeld der medizinischen Versorgung von Familienmitgliedern im Alltag, daß auch hier die Frauen den größten Anteil an Hilfe und Versorgung leisten, selbst wenn auch Männer hier nicht völlig abseits stehen. Sie macht deutlich, daß bei quasi-medizinischen Anforderungen und bei pflegerisch-organisatorischen Anforderungen vor allem Ehefrauen und Mütter *vor* allen anderen Familienmitgliedern die Spitzenpositionen einnehmen. Deutlich wird auch, daß sie diese laienmedizinischen Leistungen mehr für andere als für sich selbst erbringen. Die Kehrseite dieser Verhältnisse ist, daß die Frauen selbst diese Arbeits‹teilung› aufrechterhalten, indem sie sich ihrerseits kaum schonen im Falle von Krankheit. Durch Selbstausbeutung und übertriebene Selbstverpflichtung untermauern sie diese ungleichen Zuständigkeiten. Der potentielle Anteil an Selbstüberlastung und Selbstzerstörung seitens der Frauen selbst wird für diesen ‹hautnahen› Bereich der eigenen Gesundheit überdeutlich – Frauen wirken daran mit. Es wird ebenso gezeigt, daß es für sie Ansatzpunkte gäbe, weniger eigene Kraft zu opfern und mehr Rücksicht und Hilfe zurückzufordern: nämlich im Falle physischer Verausgabung bei eigener Krankheit und im Falle körperlicher und zeitlicher Verausgabung beim – nur zu gerne überlassenen – medizinischen Versorgungsmonopol der Familie.

Daß die Spezialisierung auf private wie halbprivate Hilfeleistungen auch aktiv *für* die gegenseitige Unterstützung zwischen – überlasteten – Frauen eingesetzt werden kann, daran erinnert der abschließende Beitrag von Dorothy Rerrich. Die helfenden, unterstützenden Fähigkeiten von Frauen lassen sich – das ist eine immer noch Sprengkraft besitzende Entdeckung der zweiten Frauenbewegung – eben auch *für* Frauen einsetzen. Indem Frauen sich gegenseitig zuhören, unterstützen und helfen, können sie die sonst stets an andere verausgabte Kraft auf sich selbst zurücklenken. Sie können dadurch aber auch erkenntnisbildende Kraft über die eigene Situation mobilisieren. Obwohl die (Wieder-)Entdeckung und Entwicklung dieser gegenseitigen Hilfeform für und unter Frauen inzwischen schon gut zwanzig Jahre alt ist, verdient sie es, präsent gehalten zu werden als eine nicht zu unterschätzende Strategie und als Kraftreservoir, welche Frauen von sich aus entwickeln können – ohne Kotaus vor und Kompromissen mit Männern. Frauen-Selbsthilfegruppen sind wie keine andere Alltagsstrategie in der Lage, ‹das Private› und ‹das Politische› zu verbinden – für Frauen.

I: Psychosoziales Helfen als Frauenberuf

Ruth Großmaß

Frauen in der psychosozialen Beratung: Die Seite der Helferinnen

Frauen in Beratungsstellen? Wenn ich über dieses Thema mit Kolleginnen ins Gespräch komme, entsteht schnell eine lebhafte Diskussion: Erfahrungen aus der Arbeit mit Frauen sind präsent, aufschlußreiche Erlebnisse, in denen die Diskriminierung von Frauen sichtbar wird, werden ausgetauscht – ein interessantes, kenntnisreiches Gespräch findet statt. Was keiner der Beteiligten auffällt (und auch mir erst ins Auge springt, seit ich an diesem Artikel arbeite): wir sprechen ausschließlich über unsere Klientel, über Frauen, die wir beraten; über uns selbst reden wir nur in bezug auf diese, als sie Spiegelnde oder als die Beratungsbeziehung Reflektierende. Frauen als Mitarbeiterinnen von Beratungsstellen sind kein Thema, die Berufsrolle (als Frau professionell Beratende zu sein) erscheint als etwas Selbstverständliches – quasi Natürliches.

Ich habe diese persönliche Erfahrung an den Anfang gestellt, weil sich darin Allgemeines spiegelt. Ein Blick in Jahresberichte von Beratungsstellen hinterläßt einen ähnlichen Eindruck. Und auch die inzwischen vorliegenden Schwerpunkthefte einzelner Zeitschriften zum Thema «Frauen» in Gemeinwesenarbeit, Beratung/Therapie und Studentenberatung[1] zeigen dieselbe Thematisierungslücke. Dabei ist klar: Die Gründe hierfür liegen weder in einer mangelnden Präsenz von Frauen in diesem Berufsfeld noch in deren mangelndem Wissen über Frauendiskriminierung und Geschlechtsspezifik von Professionalisierungsprozessen. In beiden Punkten ist das Gegenteil der Fall: Die Mehrzahl des Personals von Beratungsstellen im psychosozialen Bereich ist heute weiblich. In Beratungsstellen, die vorwiegend oder ausschließlich mit Männern besetzt waren, wurde schon zu Beginn der siebziger Jahre (vor jeder Quotierungsdebatte) explizit nach weiblichen Mitarbeitern gesucht, im Wissen darum, daß gerade Beratung von Geschlechtsspezifik nicht absehen kann. Auch in ihrer inhaltlichen Arbeit begannen Beraterinnen relativ früh, explizit Frauenarbeit zu leisten und Geschlechtsspezifik und -diskriminierung zum Ausgangspunkt von Arbeitsprojekten zu machen (z. B. Psychologinnengruppe München 1978; Scholz-Kerpen 1986; Aragon 1986, Großmaß 1981).

So ergibt sich eine merkwürdige Diskrepanz: Verglichen mit anderen Berufsgruppen gelingen den in der Beratung arbeitenden Frauen ihre Etablierung im Arbeitsfeld und eine deutliche Artikulation, in der viel Wissen über die Lebenssituation von Frauen, über Berufskonflikte und Sexismus vorhanden ist. Auf der anderen Seite steht fast die Weigerung, dieses Wissen auf sich selbst in der Berufsrolle als Beraterin zu beziehen. Diese Diskrepanz muß Gründe haben, denen ich in den folgenden Überlegungen auf die Spur kommen möchte, Gründe, die in der Berufsrolle selbst liegen und in denen etwas sichtbar wird über professionelle «Helferinnen» in der psychosozialen Beratung.

Einige Implikationen der Berufsrolle als Beraterin werden deutlich, wenn man die *Tätigkeit* genauer untersucht, die in Beratungsstellen ausgeübt wird. Schul-, Stadtteil-, Krisen-, Drogen-, Ehe- und Familienberatung – das Arbeitsfeld psychosozialer Beratung erscheint auf den ersten Blick als ein differenziertes und spezialisiertes Feld verschiedenartiger Tätigkeiten. Bei einem Vergleich der Angebote der verschiedenen Beratungsstellen (die den Informationsblättern der einzelnen Einrichtungen zu entnehmen sind) wird deutlich, wenn man die Kompetenzen der dort tätigen Berufsgruppen (Mediziner, Psychologen, Pädagogen, Sozialarbeiter) und überdies die gleichbleibende Arbeitsstruktur (Erstkontaktbereich, Einzelberatung, Gruppenangebote) berücksichtigt, daß die Vielfältigkeit von psychosozialen Beratungsstellen auf einer Differenzierung nach Problemschwerpunkten und/oder angesprochenen Personengruppen, nicht aber auf verschiedenen Aufgaben und Tätigkeiten beruht.

Psychosoziale Beratungsstellen haben durchgängig die identische *Aufgabe*, auf gesellschaftlich sichtbar und störend gewordene Probleme der individuellen Lebensorganisation (Drogen, Desorientiertheit bei Schülern und Studenten, Erziehungsprobleme und Gewalt in Familien) zu antworten, indem Individuen (die selbst noch nicht zum Problem geworden sind) Orientierungsmöglichkeiten, Klärungsräume, Unterstützung bei Konfliktlösungen, kurz: Beratung angeboten wird. Auch die *Tätigkeit*, mit der Beratungsstellen dieser Aufgabe nachkommen, ist (mit unterschiedlichen Schwerpunkten) dieselbe: Probleme, Konflikte, Störungen des Lebensprozesses werden in direktem, persönlichem Kontakt mit Individuen (die in der Regel freiwillig Beratung suchen) zu klären und zu lösen versucht mit starker Gewichtung der im Alltag oft ausgeblendeten emotionalen Seite (siehe Handbuch psychologischer Grundbegriffe, Stichwort «Beratung» 1981, S. 131f).

In dieser zugespitzten Formulierung ist unschwer zu erkennen, daß es sich bei psychosozialer Beratung um eine spezialisierte Form von *Beziehungsarbeit* handelt, unter der gesellschaftlichen Prämisse geschlechtshierarchischer Arbeitsteilung ein klassisch weibliches Ressort.

Damit ist auch bereits ein wesentlicher Grund für die massive Präsenz von Frauen in diesem Berufsfeld benannt: Frauen bewegen sich als Beratende in ihrem ‹ureigensten› Ressort; die zunehmende Berufstätigkeit von Frauen (der Bildungsschicht) und die Etablierung von Beratung als Profession laufen historisch parallel.[2] Die Frauenpräsenz in der psychosozialen Beratung ist somit nicht Ergebnis erfolgreicher Konkurrenz mit Männern um Arbeitsplätze (dieses Thema entsteht erst mit steigender Akademikerarbeitslosigkeit in den letzten Jahren), sondern erwächst einerseits quasi naturwüchsig aus der Ehrenamtlichkeit und wird andererseits z. T. von männlichen Kollegen zum Zwecke der Selbstkomplementierung herbeigeführt.

Daß Beratung eine «weibliche» Profession ist, erklärt nicht nur den relativ hohen Anteil weiblicher Mitarbeiter in diesem Bereich, sondern hat auch Konsequenzen für den Umgang von Beratern mit ihrem Arbeitsfeld:

Der geschlechtsspezifische Zugang zur Beratungstätigkeit

Begreift man psychosoziale Beratung als professionalisierte Form traditionell weiblicher Beziehungsarbeit, dann ist anzunehmen, daß Männer und Frauen einen unterschiedlichen Zugang zu ihrer Beratungstätigkeit haben, der sich sowohl aus ihrer unterschiedlichen Sozialisation als auch aus der gesellschaftlich herrschenden geschlechtsbezogenen Bewertung von Berufsfeldern ergibt:

Wie in anderen Bereichen auch, in denen ehemals weibliche Ressorts professionell vergesellschaftet werden, erfolgt dies in der psychosozialen Beratung durch Einführung des Expertentums. Prestige und Attraktivität des Berufes basieren darauf, und akademische Eingangsqualifikationen sichern den Expertenstatus ab. In der konkreten Beratungstätigkeit sind beide Seiten präsent, Beziehungsarbeit und Expertentum: Beziehungsarbeit im Kontakt mit dem Klienten (Herstellen einer Gesprächssituation, Einfühlung in die Person, Erspüren emotionaler Konflikte) und Expertentum (soziologisches, psychologisches und pädagogisches Wissen) verbinden sich zu der Kunstform «Beratungsgespräch». Obwohl Berater und Beraterinnen mit demselben Wissen und denselben Qualifikationen ihre Tätigkeit ausüben, erfolgt der persönliche Zugang zu ihrer Arbeit meinem Eindruck nach doch von entgegengesetzten Polen aus:

Männer, die in der Beratung arbeiten, tun dies vor allem mit dem Selbstverständnis von Experten, die in Alltagsprozesse eingreifen. Frauen, die in der psychosozialen Beratung tätig sind, verstehen ihren Beruf eher als die Verwandlung einer Seite von Reproduktions- in Erwerbsarbeit. Für beide führt diese Differenz, da geschlechtsrollenkonform, zu einer (verschiedenen, aber jeweils) positiven Selbststabilisierung in der Berufsrolle.

Für die Frauen bedeutet dies, der allgemeinen Entwertung von Reproduktionsarbeit in ihrem Arbeitsfeld entkommen zu sein, einer qualifizierten, vergleichsweise gut bezahlten Tätigkeit nachzugehen, emanzipatorische Arbeit für Frauen leisten zu können und gerade darin von den männlichen Kollegen wohlwollend akzeptiert zu werden.

Der polar entgegengesetzte Zugang von Männern und Frauen zur Beratungstätigkeit hat Folgen für die Berufspraxis. Denn obwohl in derselben Einrichtung arbeitend, mit denselben Aufgaben betraut, haben sie Verschiedenes im Blick:

Aus der *Perspektive der Beziehungsarbeit* erscheint das in der Beratungsstelle zu bearbeitende Terrain als ein komplexes Gebilde unterschiedlicher Bedürfnisse und Anforderungen, das als Ganzes zu berücksichtigen und mit verschiedenen Einzeltätigkeiten zu bewältigen ist. So reicht das, was in der Beratung gefordert ist, in der Regel von der schlichten Information über Möglichkeiten und Rechte einzelner, über praktische Tips und Hilfen beim Umgang mit Behörden und Institutionen, über klärende Gespräche zu konkreten Konflikten, über Verhaltenstraining bis zu längeren psychologischen Beratungen (die sich inhaltlich nicht von Therapie unterscheiden) und stützenden Kontakten für psychisch Kranke.

Aus der *Expertenperspektive* wird ein mehr oder weniger strukturiertes Feld von Problemen und Problemträgern sichtbar, auf das man mit einem entsprechenden Maßnahmenkatalog antwortet. Probleme, die das Arbeitsfeld Beratung ausmachen, sind z. B. Kontaktschwierigkeiten, Arbeitsprobleme, Sinnkrisen, Beziehungsstörungen, Familienkonflikte, Abhängigkeit von Drogen oder Eßverhalten, psychosomatische Beschwerden, Suizidalität. Geordnet werden sie meistens nach Geschlecht, Alter (bzw. Studienabschnitt) und Beruf (bzw. Fachrichtung) der sie thematisierenden Personen.

Jahresberichte von Beratungsstellen werden fast ausnahmslos aus der Expertenperspektive geschrieben (was nicht bedeutet, daß in jedem Fall gebündeltes Expertenwissen präsentiert wird). Diese Tatsache zeigt, welcher Zugang öffentlich vertretbar und akzeptabel scheint. Die an die Klientel gerichteten Programme von Beratungsstellen hingegen stellen in der Regel eine bunte Mischung aus einzelnen, dezidiert problemorientierten Veranstaltungen (Information zu bestimmten Themen, Entspannungskurse, Training zu bestimmten Verhaltensbereichen) und einer Fülle von merkwürdig diffusen Angeboten für einzelne und Gruppen dar. Wörter wie «offen», «Kommunikation», «Problem» und «Ängste» haben Hochkonjunktur. Somit wird deutlich, auf welcher Ebene Beratungseinrichtungen genutzt werden.

Diese verschiedenen Perspektiven, die Beziehungsorientierung und der Expertenblick, werden in der Arbeit von Beratungseinrichtungen selten reflektiert und konzeptionell integriert.[3] Vielmehr verbinden sich beide im Arbeitsalltag naturwüchsig und bleiben meinem Eindruck nach personell auf Frauen und Männer im Team aufgeteilt mit dem Effekt, daß professionelle Berater an geschlechtsspezifisch unterschiedliche Grenzen stoßen und diese Erfahrung wiederum geschlechtsspezifisch verarbeiten:

Männer stellen in ihrer Beratungsarbeit in regelmäßigen Abständen fest, daß die vorgenommene Problemdefinition und die dazugehörigen Maßnahmen nicht angemessen greifen. Sie reagieren darauf, indem sie Probleme und Ansätze nach dem Muster ‹eigentlich/uneigentlich› umdefinieren. Aus der Drogenberatung sind solche öffentlich diskutierten Paradigmenwechsel bekannt: Verlust des Familienzusammenhangs, Arbeitslosigkeit, Jugendprotest, Medienverwirrung und Konsumorientierung können wechselweise zum Leitparadigma werden. Da verschiedene Paradigmen immer auch auf verschiedene Seiten der Klientel beziehbar sind und insofern durchaus Realität repräsentieren, gewinnen solche Wechsel auch Plausibilität.[4]

Frauen erleben die Grenzen ihrer Beziehungsorientierung in der Arbeit als Überlastungsdruck (jede erfolgreiche Beratung erzeugt, weil von beiden Seiten als gelungene Beziehung und deshalb personenbezogen erlebt, neue Klientel). Beraterinnen reagieren hierauf nach dem Muster überforderter Familienfrauen, je nach Persönlichkeitstyp durch kontinuierliche Selbstausbeutung und Überarbeitung oder aber mit Chaotisierung, indem sie ihre Arbeitsabläufe durch momentane Impulse steuern.

Diese Polarisierung im Arbeitsbezug von Beratern und Beraterinnen, die sich als Problem- versus Beziehungsorientierung kennzeichnen läßt, ist weder Gegenstand der Konzepte von Beratungsarbeit noch der Fort- und Weiterbildung von Beratern.[5] Sie etabliert sich daher weitgehend hinter dem Rücken der Beteiligten und ist insofern eine gute Basis, auf der sich weitere Geschlechtskomplementaritäten herausbilden können.

Geschlechtskomplementarität und Arbeitsteilung

Die wichtigste Differenzierung, die sich auf dieser Basis herausbildet und sie zugleich fortschreibt, ist eine geschlechtskomplementäre und in einigen Punkten geschlechtshierarchische Arbeitsteilung: Die Sekretariate von Beratungsstellen, d. h. der Bereich, in dem die Beratungsarbeit vorstrukturiert wird und der am wenigsten terminlich geordnet werden kann, sind, wie andere Sekretariate auch, mit Frauen besetzt, die einer niedrigeren Statusgruppe angehören. Obwohl von der Aufgabenstellung her nicht mit der Beziehungsseite von Beratung betraut, hat der Kontakt mit der Klientel, der hier stattfindet, doch am deutlichsten die Züge klassisch-weiblicher Beziehungsarbeit (Verschiedenartigkeit der Anforderungen, geringe Steuerbarkeit des Arbeitsanfalls, geringe zeitliche Planbarkeit). Auch in Beratungsstellen wird die Hausarbeit von Frauen erledigt. Beraterinnen sind eher bereit als ihre männlichen Kollegen, sich diesem Bereich gegenüber durchlässig zu verhalten und haben deshalb diese Seite der Beratungsarbeit auch eher im Blick. In der Beratung selbst entstehen geschlechtskomplementäre Formen der Arbeitsteilung, die auf den ersten Blick naheliegend und vernünftig erscheinen: Zwar beraten in der Regel Berater und Beraterinnen Männer wie Frauen, doch haben Beraterinnen meistens in ihrer Klientel einen spezifischen Arbeitsschwerpunkt «Frauenarbeit», für den sie Analysen und Konzepte erarbeiten. Ein solcher Schwerpunkt, der keine Entsprechung auf seiten der männlichen Kollegen hat, entsteht durch das Zusammentreffen mehrerer Bedingungen:

- Fast alle psychosozialen Beratungsstellen werden von mehr Frauen als Männern in Anspruch genommen.
- Zunehmend mehr Frauen wünschen explizit, von Frauen beraten zu werden.
- Die geschlechtsbedingten Grenzen der Empathiefähigkeit sind in der psychosozialen Beratung weitgehend anerkannt.
- Bestimmte Probleme gelten dem Expertenblick als «spezifisch weibliche Probleme» (z. B. Eßstörungen, sexueller Mißbrauch) und damit als bei Frauen besser aufgehoben.
- Beraterinnen greifen diesen Arbeitsschwerpunkt gern auf, entweder aus politisch-feministischer Orientierung oder auch nur, weil sie sich Frauen näher fühlen.

Ein solcher Schwerpunkt entsteht (mit Ausnahme der Frauenberatungsstellen) meist *nicht* aufgrund von konzeptionellen Entscheidungen, die mit einer entsprechenden Ressourcenplanung verbunden sind.[6]

Dies hat zwei Konsequenzen: Zum einen bedeutet es, daß explizite Frauenarbeit ausschließlich unter der Prämisse von Kostenneutralität stattfindet. Zum anderen impliziert es, daß ein solcher Arbeitsschwerpunkt bei Beraterinnen an eine verdeckte geschlechtshierarchische Kondition geknüpft ist: an die Bedingung nämlich, männliche Kollegen zu entlasten – von einem bestimmten Teil der Klientel und, was bedeutender ist, von der Auseinandersetzung mit Sexismus. Solange Beraterinnen den Arbeitsschwerpunkt Frauenarbeit selbstverständlich und *forderungslos* übernehmen, bleibt die übrige Beratungsarbeit weitgehend frei von den damit verbundenen Auseinandersetzungen und Konflikten. Die Geschlechterdifferenz kann in der Kooperation des Teams als komplementäre, aber gleichwertige behandelt werden; und die Beratungsstelle kann sich zudem in einem fortschrittlichen Image sonnen.

Interaktionsformen im Team

Der geschlechtsspezifisch verschiedene Zugang zur Beratungsarbeit und die geschlechtsbezogenen Arbeitsschwerpunkte können vor allem deshalb folgenlos bleiben, weil Beratungsteams Interaktionsformen bevorzugen, die die Individualität der einzelnen Mitarbeiter/innen betonen und Geschlechts- und Statusdifferenzen eher zurücktreten lassen.

Denn da Beratungsteams in der Regel klein sind (3–10 Berater/-innen), können Unterschiede im Arbeitsstil und in den Arbeitsschwerpunkten als Besonderheiten der *individuellen Person* wahrgenommen werden. Konflikte sind als Personen- oder Beziehungskonflikte thematisier- und bearbeitbar. So nehmen sich die Mitarbeiter von Beratungsstellen als Individuen wahr, denen die Geschlechterdifferenz wie andere persönliche Eigenarten eher zufällig anhaftet – eine Zufälligkeit, die sich in bestimmten Arbeitsbereichen als nützlich erweist und in bezug auf die Lebensverhältnisse außerhalb der Beratungsstelle (Kommune, Ausbildungsinstitute, Wissenschaftsbetrieb) sehr wohl für machtrelevant gehalten werden kann, für das Team selbst aber keiner weiteren Reflexion bedarf.

Diese Individualisierung in der wechselseitigen Wahrnehmung wird verstärkt durch die psychodynamische Ausrichtung therapeutischer Zusatzausbildungen, die auch für psychosoziale Berater die wichtigste Fortbildungsmöglichkeit darstellen (vgl. Nestmann 1988, S. 105). Beides führt meinem Eindruck nach dazu, daß sich in der Interaktion der Mitarbeiter unbewußt eine Orientierung am *Familienmodell* durchsetzt: Man/frau arrangiert sich mit den Personen im Team. Kritik und Anforderungen werden durch die biographischpädagogische Sicht auf die Person gemildert. Aufgabengebiete werden durch implizite Delegation verteilt (man gewöhnt sich einfach daran, daß X bestimmte Aufgaben regelmäßig erledigt), ohne daß die sich daraus ergebende Spezialisierung und Arbeitserfahrung explizit geltend gemacht werden könnte. Männer und Frauen verhalten sich oft komplementär, ohne daß dies als geschlechtsspezifisch wahrgenommen wird.

Dadurch wird das Konfliktpotential im Team entschärft, Konkurrenz aus der Arbeit ausgegrenzt und die Auseinandersetzung mit dem institutionellen bzw. politischen Umfeld (wie im Verhältnis Familie – Öffentlichkeit) nach dem Muster *innen – außen* strukturiert. Die Beratungsstelle versteht sich selbst nicht als Institution, sondern entwickelt ein Selbstverständnis als macht- und hierarchiefreier (Innen-) Raum gegen eine macht- und hierarchiebestimmte Außenwelt (Träger, Verwaltung, gesellschaftliche Verhältnisse).

In der Selbstwahrnehmung der Beteiligten verschwinden sämtliche Statusdifferenzen (Besoldung, Prestige der jeweiligen Fachrichtung) einschließlich der Geschlechterdifferenz. An Stellen, an denen es unvermeidlich ist, diese Differenzen zur Kenntnis zu nehmen, wie bei der Leitungsfrage, bei den unterschiedlichen Fortbildungsmöglichkeiten der Angehörigen verschiedener Statusgruppen und der Benachteiligung von Halbtagskräften (die überwiegend weiblich sind), werden die Unterschiede den äußeren Bedingungen zugerechnet und nach innen durch egalitäre Umgangs*formen* kompensiert.

Selbstverständlich aber ist auch eine Beratungseinrichtung als gesellschaftliche Institution weder macht- noch hierarchiefrei. Entsprechend sind Beratungsteams auch nicht frei von Konkurrenz. Ihre Orientierung am Familienmodell führt deshalb nicht dazu, daß arbeitsbezogene Konkurrenz verschwindet, sondern produziert zwei Formen der Verschiebung von Konkurrenz, die wiederum dem Familienmodell entnommen sind. Erstens wird Konkurrenz im Team in eine Konkurrenz um Personen und Beziehungen umgedeutet: Wer von vielen gemocht wird, hat zu vielen Kontakt, ist entsprechend informiert und mit informeller Macht versehen. Wer Beziehungsbündnisse herstellen kann, muß seinen Einfluß nicht an Auseinandersetzungspunkten erkämpfen oder durch Kompetenz legitimieren.

Zweitens wird die Konkurrenz um Plätze in der Leistungshierarchie aus dem Arbeitsfeld «Beratung» in angrenzende, aber für das

Funktionieren der Einrichtung irrelevante Bereiche verschoben[7]: So ist es z. B. für das Ansehen von Beratern wichtig, ob und in welchem Ausmaß man/frau als Therapeut/in nachgefragt wird, ob er oder sie Ausbilder/in für ein Institut ist, das Zusatzausbildungen anbietet, und in welchem Maße es der Person gelingt, durch Habitus und Selbststilisierung ihrer Arbeit Bedeutsamkeit zu verleihen. Je nach kultureller Einbindung der Einrichtung kann dabei die exzentrische Buntheit subkultureller Lebensstile oder die pastorale Würde ernsthafter Lebenssinnsuche als Selbstinszenierung Bedeutsamkeit signalisieren.

In der sich ergebenden Prestigehierarchie nehmen Männer in der Regel die günstigeren Positionen ein.

Das Resultat solcher Verschiebungen ist, daß Konkurrenz und Hierarchien zwar vorhanden und wirksam sind, man sich ihnen jedoch nicht stellen muß und in der unmittelbaren Arbeitsplanung und Kooperation auch immer wieder davon abgesehen werden kann.

Für Frauen in der Beratungsarbeit bedeutet dies, daß sie in ihrem unmittelbaren Arbeitsfeld nicht gezwungen sind, ihre Berufsrolle als geschlechtsspezifische zu reflektieren und ihre Interessen als Frauen gegen Männer durchzusetzen. Der Kooperationsstil – der familiäre, personenbezogene Umgang – repräsentiert zugleich einen Bereich, in dem Frauen sich auskennen (und Männer sich wohl fühlen) und der institutionell-formelle Anforderungen minimalisiert.

Damit wird jedoch in Kauf genommen, daß durch geschlechtskomplementäre Kooperation und verschobene Konkurrenz männliche Dominanz – wenn auch verdeckt – etabliert wird.[8]

Außer der damit verbundenen Konfliktreduzierung profitieren Frauen vor allem in zwei Punkten von diesem Kompromiß: Die geschlechtskomplementäre Arbeitsteilung hat auch den Vorteil, den Beraterinnen einen nicht unbedeutenden eigenen Arbeitsbereich – Arbeit mit Frauen – zu sichern, der ihnen von Männern konkurrenzlos und als weitgehend selbständige Domäne zugestanden wird.

Die Verschiebung von Konkurrenz in für die Arbeit letztlich irrelevante Felder hat für die Frauen den weiteren Vorteil, Konkurrenz und Kritik untereinander nicht austragen zu müssen. Daß damit sehr wohl Konfliktträchtiges und persönlich Verunsicherndes stillgestellt wird, zeigen die wenigen Stellen, an denen sich Frauen aus Beratungseinrichtungen zu Beziehungen zwischen Frauen äußern (vgl. Rehling 1986).

Dennoch stellt sich die Frage, warum die Ausblendung der Geschlechterpolarisierung in Beratungsteams so weitgehend funktioniert, und sie stellt sich besonders deshalb, weil es sich bei Beratungsfrauen sowohl um Expertinnen für unbewußte Anteile in Beziehungen als auch – auf ihre Klientel bezogen – um Expertinnen für Frauendiskriminierung handelt.

Die Antwort auf diese Frage ist meiner Meinung nach in der gesellschaftlichen Sicht auf psychosoziale Beratung zu suchen, die eine Beratungsstelle als Ganze noch einmal mit einem ansonsten weiblichen Problem konfrontiert, dem der Entwertung von Reproduktionsarbeit.

Psychosoziale Beratung im öffentlichen Blick auf Privatheit

Allem Bemühen zum Trotz, Beratungsarbeit im politisch-institutionellen Umfeld aus der Expertenperspektive zu präsentieren, wird diese Sicht nur oberflächlich akzeptiert, indem Berater distanziert-höflich wie Experten für ein bestimmtes Arbeitsgebiet behandelt und Anliegen der Beratungsstelle in die sachlich-quantitative Sprache der Verwaltung gefaßt werden. Unausgesprochen, doch als Beunruhigung wirksam, bestimmt die Beziehungsorientierung psychosozialer Beratung den öffentlichen Umgang mit den Einrichtungen.

Und da Beziehungsarbeit durch geschlechtshierarchische Arbeitsteilung gesamtgesellschaftlich dem privaten weiblichen Sektor zugeordnet wird, unterliegt auch die Bewertung der psychosozialen Beratung den Mechanismen der Trennung von Öffentlichkeit und Privatheit.

Denn Beratung beschäftigt sich – in der Sicht der männlich strukturierten Öffentlichkeit – explizit mit Themen, die der Privatsphäre angehören, über die man öffentlich nicht spricht und deren befriedigende Lösung im beruflichen und politischen Leben vorausgesetzt ist. Beratungsarbeit soll deshalb wie andere Beziehungsarbeit auch unsichtbar erfolgen. Jedes Thematisieren von Inhalten der Beratungsarbeit wird daher als Störung wahrgenommen, die bereits dadurch, daß sie stattfindet, die Funktionsuntüchtigkeit der Beziehungsarbeiter/-innen zeigt. So wie Mütter sich in dieser Sicht bereits als unfähig erweisen, wenn sie die Öffentlichkeit (in welcher Form auch immer) zwingen, sich mit Problemen der Familienerziehung zu beschäftigen. Das sich hieraus für Träger und Verwaltung ergebende Dilemma, Beratungseinrichtungen als gesellschaftlich finanzierte Institutionen kontrollieren und als Arbeit ausweisen zu müssen, zugleich aber die «privaten» Inhalte der Arbeit auszugrenzen, wird meiner Ansicht nach gelöst, indem man die öffentlichen Darstellungen von Beratungsarbeit passieren läßt, ohne sie zur Kenntnis zu nehmen.[9] Und die «Experten»-Perspektive, aus der Beratungseinrichtungen ihre Arbeit in der Regel darstellen (Quantifizierung und Problemauflistung), kommt diesem Anliegen durchaus entgegen. Entsprechend wenig ist darüber bekannt, was in Beratungsstellen wirklich geschieht und welche soziale Realität sich in der Beratung zeigt. Da jeder Beziehungsarbeit aus seinem Privatleben kennt (mindestens als Nutznießer), glaubt jedermann sich in diesem Bereich auszukennen. Der Expertenstatus psychosozialer Beratung muß deshalb in jeder inhaltlichen Auseinandersetzung neu erkämpft werden, was möglicherweise der einzelnen Person einen diffusen Respekt einbringt, für die psychosoziale Beratung insgesamt aber folgenlos bleibt.

Auch die Aufgabenstellung an Beratungseinrichtungen folgt der flexiblen Sicht auf private Beziehungsarbeit: Der formelle Arbeitsauftrag einer Beratungseinrichtung umfaßt in der Regel ein großes Feld, das Information ebenso wie Prophylaxe sowie gezielte Projekte und Krisenintervention einschließt. Je nach tagespolitischer Aktualität werden Prioritätensetzungen verlangt – manchmal von verschiedenen Seiten verschiedene – in der stillschweigenden Erwartung, das übrige Feld bleibe gleichermaßen abgesichert. So werden psychosoziale Beratungseinrichtungen gleichzeitig in Öffentlichkeitsprojekte der jeweiligen Träger eingebunden (Informationsveranstaltungen, Pressearbeit, Projektwochen), von Ärzten und Kliniken als Nachsorgeeinrichtungen in Anspruch genommen und von Gesundheitspolitikern als Reservekapazität bei Versorgungsengpässen entdeckt.[10] Da Beratungsstellen in der Tat mit Beziehungen arbeiten, was Verbindlichkeit der Klientel gegenüber, Angewiesenheit auf soziale Akzeptanz und entsprechende Inanspruchnahme einschließt, bedeutet dies für den Arbeitsalltag der Beratungsstelle: Das offene Beratungsangebot der Einrichtung bleibt erhalten; durch Delegation von Beziehungsarbeiten verschiedenster Art an die Beratungsstelle wird es jedoch immer neuen Personengruppen (zusätzlich) angeboten.

Für psychosoziale Beratungseinrichtungen läßt sich diese Umgangsform dahingehend zusammenfassen, daß professionelle (wie private) Beziehungsarbeit in einem sich ständig ändernden Anforderungsfeld stattfindet, sich in bezug auf ihre Inhalte aber in einem fachlichen Vakuum befindet. Weder Themen noch Konsequenzen der Beratungsarbeit sind in einem solchen Vakuum kommunikabel, denn niemand hört zu.

In bezug auf Wertschätzung und Prestige unterliegen in der psychosozialen Beratung Tätige derselben Entwertung wie Frauen in privater Reproduktionsarbeit: Was geleistet wird, wird ignoriert, solange keine Störungen produziert werden. Die Beratungsarbeit wird als flexibel und beliebig belastbar eingeschätzt und im Konfliktfall für nahezu Beliebiges verantwortlich gemacht. Wertschätzung erfährt die Beratungsarbeit nur durch die Klientel. «Der Widerspruch, daß einerseits die inhaltliche Arbeit wenig bekannt und geschätzt ist (...), obwohl andererseits nur die Arbeitsinhalte Quelle für Gefühle von Zufriedenheit, Anerkennung und Erfolg sind, kennzeichnet die Situation von Studentenberatern und wird konflikthaft erlebt» – so eine Gruppe *männlicher* Berater über ihr Berufserleben (ArGe-Rundbrief 1989, Seite 6).

Was bedeutet dies nun für die in der Beratung tätigen Frauen?

Es bedeutet zunächst einmal, daß die Anerkennung ihrer Tätigkeit als bezahlte Berufsarbeit nur das bloße Faktum der Erwerbstätigkeit betrifft, nicht aber die Inhalte ihrer Arbeit. Mit Wünschen nach Anerkennung ihrer realen Tätigkeit sind sie auf ihre Klientel sowie auf Beratungskollegen und -kolleginnen angewiesen. Die Selbstwahrnehmung eines Beratungsteams als machtfreier Innenraum gegenüber einer macht- und hierarchiebestimmten Außenwelt findet hier eine Entsprechung in der «äußeren» Realität.

Es bedeutet zudem, daß Frauen in ihren Kollegen zu Recht Bündnispartner gegen eine Beziehungsarbeit entwertende Öffentlichkeit sehen. Denn die männlichen Kollegen erkennen allein durch die Tatsache, daß sie selbst professionelle Berater sind, die Beziehungsarbeit als lohnendes Objekt von Auseinandersetzungen an.

Die Ausblendung der Geschlechterpolarisierung in Beratungsteams ist, in diesem Zusammenhang gesehen, eine Kompromißleistung zur Konsolidierung des Gruppenbündnisses.

Die Frauen zahlen für diesen Kompromiß allerdings mit einem ungewöhnlichen Identitätsbruch: Gerade der Beruf, der häufig den Ausbruch aus dem weiblichen Geschlechtsrollenklischee bedeutet, ist für Frauen in der psychosozialen Beratung durch Geschlechterkomplementarität und weitgehendes Konkurrenzverbot gekennzeichnet. Und das, obwohl in der inhaltlichen Arbeit mit Frauen häufig ein besonders hohes Maß an Klarheit in bezug auf Sexismus und Frauendiskriminierung gefordert ist. Nicht selten wird dieser Identitätsbruch im beruflichen Bereich von Beraterinnen durch ein besonderes Maß Originalität in der privaten Lebensführung kompensiert.

Dieses Dilemma ist jedoch weder durch die individuelle Person der Beraterin noch durch die Profession der Berater und Beraterinnen zu lösen, sondern wird sich nur verändern, wenn die Bereiche Öffentlichkeit–Privatheit durchlässiger gegeneinander werden. Der Beitrag psychosozialer Beratung hierzu kann nur darin bestehen, Professionalität ebenso wie Beziehungsarbeit in ihren Arbeitsbereich zu integrieren. Dies bedeutet für psychosozial Beratende vor allem, sich als *Beziehungsexperten* zu verstehen und darzustellen und ihr Expertentum nicht bloß als ein die Beziehungsarbeit aufwertendes Extra zu behandeln. Die Reflexion der Kategorie «Geschlecht» für Beziehungen – auch für die Arbeitsbeziehungen untereinander – wird ihnen dann allerdings nicht erspart bleiben.

Kordula Langhof

Psychotherapeutinnen im klinischen Bereich

Die Mütterlichkeit ist bei der «Barmherzigen ausgeweitet in eine Allmütterlichkeit, mit der ungefähr alle Menschen ihrer Betreuung unterworfen werden».

(Alice Rühle-Gerstel, 1932)

Eine psychotherapeutische Behandlung in einer Klinik bietet für Patienten und Patientinnen den Vorteil, daß zur Behandlung ihrer Beschwerden ein Team aus Frauen und Männern unterschiedlichster Berufsgruppen zur Verfügung steht. Diese vielfältigen Beziehungsangebote (medizinische Versorgung, Psychotherapie, Kreative Therapien, pflegerische und sozialtherapeutische Versorgung) erleichtern es in der Regel, Probleme zu klären und zu bearbeiten. Im Gegensatz zu einer ambulanten Behandlung, bei der die Patienten nur *eine* Bezugsperson haben, sind die Möglichkeiten in einer Klinik vielfältiger. Dieses Angebot ist jedoch in die hierarchische und arbeitsteilige Struktur des Gesundheitswesens eingegliedert, eine Struktur, die auch auf die therapeutische Arbeit zurückwirkt. Sie soll deshalb vorweg skizziert werden.

Arbeitsteilung in einer therapeutischen Klinik

In eine psychotherapeutische Klinik oder Station kommen Patienten und Patientinnen, die entweder von niedergelassenen Ärzten oder Psychotherapeuten überwiesen werden, oder Patienten, die sich selbst anmelden, weil sie denken, daß eine klinische Behandlung sinnvoll wäre. In diesem Fall muß dann eine Einweisung durch niedergelassene Ärzte erfolgen, wie in jedes andere Krankenhaus auch. Die Kosten einer Klinikbehandlung werden in der Regel von den gesetzlichen Krankenkassen übernommen, denn die Leistungen, die eine psychosomatische Klinik erbringt, unterliegen dem Abrechnungssystem bzw. dem Leistungskatalog der Krankenkassen. Damit verknüpft ist die Verbindlichkeit, mit klassisch diagnostischen Kategorien zu arbeiten (nach dem ICD-Schlüssel, das ist die Diagnoseklassifikation der Weltgesundheitsorganisation). Psychische Probleme, wie sie von Patienten und Patientinnen beschrieben werden, müssen in gängige medizinisch-psychiatrische Diagnosen übersetzt werden, was ein partielles Hinweggehen über die Problemformulierung durch die Betroffenen einschließt. Die mit der diagnostischen Einordnung nach dem ICD-Schlüssel erreichte Klarheit ist jedoch in bezug auf die dann in der Klinik stattfindende therapeutische Arbeit nur eine scheinbare, da verschiedene therapeutische Richtungen und Schulen mit denselben Symptomen höchst unterschiedliche «psychogenetische Interpretationen» verbinden. Was Heilung, d. h. Ziel der therapeutischen Behandlung ist, ist durch das medizinisch-diagnostische System allerdings vorgegeben: Wiederherstellung der Arbeitsfähigkeit!

Das vielfältige und aufeinander abstimmbare Therapieangebot einer Klinik ist in eine hierarchische, arbeitsteilige Struktur eingebettet, mit dem Patienten (3/4 Frauen, 1/4 Männer) konfrontiert werden und das auch die Beziehungsangebote ordnet: Auf der untersten Ebene befinden sich die Mitarbeiter des hauswirtschaftlichen Bereichs (in der Regel Frauen), auf der mittleren Ebene der Pflegedienst (in der Regel Frauen), in der nächsten Stufe die kreativen Therapeuten und Sozialarbeiter (vom Geschlecht her etwa zu gleichen Anteilen vertreten), darüber dann die Psychotherapeuten (in den meisten Fällen überwiegend Frauen). In der medizinischen Versorgung, die der therapeutischen vorgeordnet ist, überwiegen Männer. In den Leitungsfunktionen einer Klinik sitzt in der Regel ein Mann, der zudem Mediziner ist. (Mir persönlich sind nur zwei Ausnahmen bekannt.)

Sämtliche reproduktiven Tätigkeiten in psychotherapeutischen Kliniken werden in dieser hierarchischen Struktur als erledigt und abgesichert vorausgesetzt, wenn Psychotherapeuten ihre Arbeit aufnehmen. Die organisatiorische Seite des Aufenthalts, die unmittelbare Hausarbeit und die pflegerischen Aufgaben (Terminplanung, Schriftverkehr, Organisation der Erstkontakte) werden von Sekretärinnen durchgeführt. Sie klären die Voraussetzungen, damit die Therapie stattfinden kann. Ohne die Mitarbeit des hauswirtschaftlichen Personals und des Pflegedienstes könnte die therapeutische Arbeit nicht funktionieren. Auch die Hausarbeit (Ernährung, Zimmergestaltung, Sauberkeit, Regeln des Hauses, Alltagsfragen, Massagen, Arzttermine) wird als erledigt vorausgesetzt, wenn die Psychotherapie beginnt. Dieser gesamte Problemkomplex muß also mitgedacht werden, wenn im weiteren von Therapeutinnen und ihrer Arbeit die Rede ist.

Mir scheint es so, daß sich im Rahmen der Klinikarbeit die allgemein gesellschaftliche Entwertung von Hausarbeit niederschlägt. Die Mitarbeiterinnen des hauswirtschaftlichen Bereichs haben die schlechteste Bezahlung, die ungünstigsten Arbeitszeiten und das geringste Prestige. Sie werden z. B. zu den Besprechungen des Teams über Patienten nicht hinzugezogen, obwohl sie häufig Konflikte über Alltagsprobleme wie Essen und Sauberkeit mit Patientinnen und Patienten austragen und etwa für die Ernährungsberatung mit zuständig sind. Ähnlich ergeht es den Mitarbeiterinnen des Pflegedienstes. Zu ihrer Aufgabe gehört es einerseits, jederzeit ansprechbar und fürsorglich zu sein, andererseits müssen sie die Regeln der Klinik gegenüber den Patienten vertreten – eine oft undankbare und schwierige Aufgabe. Ihre Beobachtungen aus dem Klinikalltag werden oft in Konferenzen hintangestellt, da die inneren Konflikte, die die Patienten bewegen und die von den Psychotherapeuten vorgebracht werden, beeindruckender erscheinen. Tatsächlich kann die innere Reflexion (= therapeutische Arbeit) nur fruchtbar sein, weil die sozialtherapeutischen und pflegerischen Maßnahmen (meistens) reibungslos funktionieren.

Unterschiedliche Voraussetzungen bei Psychotherapeutinnen und Psychotherapeuten

Um die Situation von Frauen, die im Bereich Psychotherapie in Kliniken arbeiten, zu verdeutlichen, möchte ich einige Vergleiche zum Therapieerfolg von Männern und Frauen vorstellen.

Barbara Gissrau referierte in ihrem Vortrag «Weibliche Spiegelungen» (15.10.88 in Heidelberg) mehrere interessante Untersuchungen, die belegen, daß Frauen als Psychothen in der therapeutischen Behandlung in der Regel einen großen Vorsprung vor männlichen Kollegen haben.

Orlinsky & Howard (1976) werteten die Daten von 150 Patientinnen aus, die von 15 Männern und 10 Frauen behandelt wurden. Danach wurden Frauen mit Ängsten und Phobien erfolgreicher von Therapeutinnen behandelt. Geradezu dramatische Vorteile hatten schizophrene Patientinnen bei Therapeutinnen (nach Gissrau 1988). Die Patientinnen wurden nach Alter und Familienstand aufgeschlüsselt, und es stellte sich heraus, daß nur «alleinstehende Mütter als einzige deutlich mehr von männlichen Therapeuten» profitierten (a.a.O., S. 4).

In einer weiteren Untersuchung von 1979 verglichen Howard & Orlinsky wenig erfahrene mit sehr erfahrenen Therapeuten und Therapeutinnen (mehr als 7 Jahre therapeutische Erfahrung). Bei der zweiten Gruppe spielte das Geschlecht für die Behandlungserfolge keine Rolle mehr. Die wenig erfahrenen Frauen (2–6 Jahre) erzielten ebensogute Behandlungserfolge wie die sehr erfahrenen Männer und Frauen. Die wenig erfahrenen Männer hatten nur etwa halb soviel Behandlungserfolge wie die wenig erfahrenen Frauen.

Kaplan (1985), die in ihren Artikeln die Forschungen der letzten Jahre zu diesem Gebiet zusammenfaßte, fragte sich dann weiter, «was wohl Frauen für den TherapeutInnenberuf mitbringen, was Männer offenbar erst lernen müssen» (in Gissrau 1988, S. 4). Zahlreiche Untersuchungen (Orlinsky & Howard 1978; Bugin & Lampert 1978; Kaplan 1985) zeigen, daß die Fähigkeit von Frauen, gute gegenseitige Beziehungen zu anderen herzustellen, das herausragende Merkmal darstellt, das mit dem guten Therapieerfolg einhergeht. Diese Fähigkeit ist *unabhängig* davon, nach welcher therapeutischen Methode gearbeitet wird.

Diese beeindruckenden Ergebnisse werden auch durch meine eigenen Erfahrungen bestätigt. Nun ist es aber bei weitem nicht so, daß die begabten, therapeutisch erfolgreichen Frauen auch in den entsprechenden beruflichen Führungspositionen ihren Platz finden würden. Vielmehr scheint es so zu sein, daß die Frauen ihre Erfolge im Verborgenen blühen lassen, sich nicht in die Konkurrenz mit den männlichen Mitarbeitern begeben und schon gar nicht in die Konkurrenz um die Leitung einer Klinik.

Warum verschenken Frauen ihren Vorteil?

Nimmt man die vorliegenden Ergebnisse zum Therapieerfolg männlicher und weiblicher Therapeuten ernst, dann bringen Frauen einen professionellen Vorteil in dieses Arbeitsfeld mit, der im Laufe des Berufslebens wieder verlorengeht. Wie kommt das zustande?

Die generellen Gründe hierfür werden bereits von Kaplan genannt: Aufgrund verschiedener Erfahrungswelten von Männern und Frauen verhält sich die Mehrzahl der Frauen auf «mindestens zwei Gebieten... eher geschlechtsrollentypisch als individuell...: Wenn es um Status geht, z. B. im Beruf, bei Freunden, verhalten sie sich eher wie Untergebene, Männer eher dominant; wenn es um ihr Selbstgefühl geht, verhalten Frauen sich als in Beziehung lebend, während Männer sich eher als autonom und getrennt darstellen» (Gissrau a. a. O., S. 4).

Für die therapeutische Arbeit in Kliniken bedeutet dies wohl, daß Männer in ihrem beruflichen Handeln als Therapeuten zunehmend Sicherheit gewinnen, während Frauen mit zunehmender Verunsicherung konfrontiert werden. Das Selbstbild von Therapeutinnen zeigt in der Regel den Wunsch, mütterlich-fürsorglich zu sein, oft mit dem Anspruch verbunden, immer für die Patienten da zu sein. Der allumfassende Versorgungsanspruch führt zuweilen zu merkwürdigen Auswüchsen, die ich als «Hausfrauisierung» (vgl. Werlhof 1983) des therapeutischen Geschehens bezeichnen möchte. Gerade in der klinischen Behandlung ist die Versuchung groß, Patientinnen und Patienten von möglichst viel Verantwortung zu befreien, ihnen Entscheidungen abzunehmen, sie zu bevormunden, weil die Fachfrau bzw. der Fachmann es «besser weiß». Dem entspricht auf der Patientenseite der Wunsch, die Therapeutin möge sich als omnipotente Mutter zeigen. Dieser Wunsch wird gleichermaßen von Frauen und Männern auf die Therapeutin übertragen. An männliche Therapeuten werden diese Erwartungen nicht in dieser Weise formuliert.

Die therapeutische Arbeit paßt sich anscheinend relativ unkompliziert in weibliche Lebensmuster ein: Die offizielle Bestimmung des Settings durch den Vorgesetzten und die Institution (einschließlich der therapeutischen Methoden) läßt den eigenen Spielraum überschaubar und durch die Interessen anderer (der Institution, Vorgesetzten, Kollegen) bestimmt sein. Interessenkonflikte werden häufig entschärft, da viele Therapeutinnen als Teilzeitkräfte beschäftigt, also auch zeitlich weniger präsent als die meist männlichen Vollzeitkräfte sind. Der moralische Anspruch, «die Patienten müssen jederzeit versorgt sein», hat oft zur Folge, daß eigene Grenzen überschritten werden, daß Schuldgefühle entstehen, zu wenig für die bezahlte Beziehungsarbeit in der Institution zur Verfügung zu stehen oder aber zu wenig für die unbezahlte Beziehungsarbeit zu Hause zu leisten. Aber nicht nur hier stehen Therapeutinnen in starken Konflikten.

In den meisten therapeutischen Ausbildungen wird als Leitbild ein auf den Mann bezogenes Verhalten gefordert. Barbara Gissrau beschreibt eine Ausbildungserfahrung: «... der Maßstab für diese Bezogenheit waren die männlichen Vorstellungen über Weiblichkeit, z. B. über Schönheit, Attraktivität, Mütterlichkeit. Der Leiter war meist ein Mann. Von ihm fühlte ich mich nur bestärkt, wenn ich mich bemühte, seinen Bildern von Weiblichkeit nachzukommen» (Gissrau a. a. O., S. 7).

Allgemein herrscht in den therapeutischen Schulen die Ansicht, nur durch die Konfrontation mit Männern könne sich die volle Weiblichkeit entfalten (nur die feministische Therapie macht hier eine Ausnahme). Nirgendwo wird problematisiert, daß dieses Ausgerichtetsein auf den Mann die Beziehungsformen der Frauen untereinander verändert. Es fördert unproduktive Konkurrenz und behindert solidarisches Verhalten – ein Effekt, auf dem erst die Klinikhierarchie ihre entsolidarisierende Wirkung entfalten kann. Mir scheint es, daß die weiblichen Qualitäten der Beziehungsarbeit durch die Zusammenarbeit mit Männern eine Entwertung erfahren.

Innerhalb der therapeutischen Arbeit tritt die Therapeutin als Person zurück, die meisten Therapeutinnen tun es aber auch bei dem Arrangement mit Kollegen, das in der praktischen Arbeit erforderlich ist. Dadurch entfällt meistens eine angemessene Würdigung ihrer Arbeit.

In familientherapeutischen Situationen versuchen oft die männlichen Therapeuten, ihre Vorstellungen von Strukturen und Inhalten im Familiengespräch durchzusetzen, ohne dies ausreichend mit der beteiligten Kollegin zu besprechen. Sie planen die Kollegin als diejenige ein, die über Freundlichkeit und Verbindlichkeit eine angenehme Atmosphäre herstellt. So sitzen die Familien in der therapeutischen Situation oft einem weiblich-männlichen Therapeutenteam gegenüber, das die traditionelle Rollenverteilung widerspiegelt. Gerade diese Rollenverteilung ist aber häufig ein massiver Konflikt innerhalb der Familien. In den Beratungspausen gilt das Augenmerk den Schwierigkeiten der Familie, und so bleibt der Rollenkonflikt zwischen Therapeutin und Therapeut in den meisten Fällen unbearbeitet stehen.

Das «Zurücktreten als Person» ist jedoch auch in der Beziehung Therapeutin–männlicher Patient problematisch. Männer kehren gegenüber einer Psychotherapeutin häufig ein Gefühl der Überlegenheit hervor, patriarchal-ideologischer Ballast erschwert die Arbeit, und es besteht nicht unbedingt – wie zu vermuten wäre – ein Solidarisierungsbedürfnis des Patienten mit der Therapeutin gegenüber einer als erdrückend empfundenen Umwelt. Oft fühlt sich der männliche Patient stärker dem gesellschaftlichen Leitbild des Mannes verpflichtet und kämpft gegen die selbst verspürte Wehrlosigkeit ehrgeizig und verbissen an – häufig in der Form, daß er die Therapeutin massiv entwerten muß.

Eine andere Form, die Therapeutin zu entmachten, besteht darin, daß sich der Patient in sie verliebt. Verliebtheit kann aus der Sicht des Mannes ein Versuch sein, das Rollengefälle in der Beziehung umzudrehen und den unbewußten Wunsch nach Inbesitznahme und Unterwerfung der Therapeutin ausdrücken. Therapeutinnen fällt es zudem schwer, verbalen Angriffen und sonstigem aggressiven Verhalten entschieden entgegenzutreten – kollidiert es doch mit dem Berufsethos, freundlich und einfühlsam sein zu müssen (vgl. Koch 1988, S. 102).

Durch Männerorientierung, Unsichtbarmachen der Person und Entwertung bietet der Therapeutinnenberuf in geradezu «idealer» Weise ein Feld für Doppelbotschaften des Patriarchats; wie z. B.:

- «Sei ein liebes Mädchen, aber ernähre dich selbst!»
- «Setze dich durch, aber ohne daß es sichtbar, hörbar, merkbar ist!»
- «Arrangiere dich mit Männern, aber verstecke deine beruflichen Erfolge!»

Die von patriarchalen Normen bestimmte Klinikhierarchie setzt den Entwicklungsmöglichkeiten von Mitarbeiterinnen enge Grenzen. Dieser Aspekt betrifft nicht nur die Therapeutinnen, sondern sowohl

Verwaltungskräfte als auch hauswirtschaftliche und Pflegedienstmitarbeiterinnen; selbst die Leitung ist davon betroffen, sofern die Klinik von einer Frau geleitet wird.

Alle Mitarbeiterinnen bewegen sich in einem starken Spannungsfeld zwischen starren, institutionellen Bedingungen und dem, was innerhalb dieses Rahmens an Beziehungserwartungen an sie herangetragen und auch von ihnen erfüllt wird. Alle leisten, voneinander isoliert und gegeneinander ausgespielt, ihren Anteil an professionalisierter Hausarbeit: die Sekretärinnen im Bereich Planung, Verwaltung, Organisation und Haushaltsführung, die hauswirtschaftlichen Mitarbeiterinnen und Krankenschwestern im Bereich Ernährung, Gesundheitspflege, sozialtherapeutischer Maßnahmen und die psychotherapeutischen Mitarbeiterinnen bei der Organisation des seelischen Innenlebens.

Entfremdete Beziehungsformen und Chancen zur Veränderung

Meines Erachtens werden die institutionellen Bedingungen einer psychotherapeutischen Klinik lebbar, ertragbar und produktiv durch das Engagement der dort arbeitenden Frauen. Um ein höheres Maß an Befriedigung aus der Zusammenarbeit von Frauen ziehen zu können, müßte der Tatsache entgegengewirkt werden, daß die arbeitsteilige-patriarchale Struktur permanent entfremdete Beziehungsformen zwischen den Frauen produziert. So verhindert z. B. die Trennung zwischen Ernährungsversorgung und therapeutisch-emotionaler Versorgung eine kollegiale Abstimmung der in beiden Bereichen arbeitenden Frauen. Das Küchenpersonal erhält Anweisung von der Klinikleitung, die Patienten tragen Konflikte um das Essen mit dem Pflegedienstpersonal und den Therapeuten aus, und alle Mitarbeiter und Mitarbeiterinnen sind von diesem «Dauerbrenner» genervt. Eine gemeinsame Abstimmung des Ernährungskonzeptes und eine entsprechende Würdigung der damit verbundenen Versorgungsleistung sind in diesem hierarchischen Zusammenhang nicht möglich. Gerade diese gemeinsame Abstimmung wäre aber dringend erforderlich, weil Institutionen wie eine Klinik mit der an Frauen gerichteten Erwartungshaltung einer imaginierten Mütterlichkeit arbeiten, einer Mütterlichkeit, «die gibt, ohne zu fordern, die da ist, ohne Raum zu nehmen, die sorgt, ohne zu klagen» (vgl. Oubaid 1990). Im Berufsalltag wird die Institution wegen dieser selbstverständlichen Erwartung oft nicht mehr als Herrschaftsinstrument wahrgenommen, sondern als Schutz, erlaubt sie den Therapeutinnen doch Abgrenzungen gegen Überforderung. Diese Überforderung wird jedoch nicht an der Anspruchshaltung von Patienten und Patientinnen festgemacht und so als grundsätzliches Problem verstanden, denn diese müssen nach der Berufsideologie auf jeden Fall und in jeder Hinsicht «versorgt» werden. Der von den Patienten ausgehende Überforderungsdruck wird statt dessen zwischen den verschiedenen Berufsgruppen hin und her geschoben als Anforderungen an die jeweils *andere* Berufsgruppe. Die Therapeuten gehen etwa davon aus, daß die Mitarbeiterinnen des Pflegedienstes ausreichend Zeit haben, Termine des therapeutischen Teams an die Patienten weiterzugeben. In der Regel funktioniert das auch. Ist der Pflegedienst aber überlastet, kann die Übermittlung manchmal nicht erfolgen, und die Termine werden an die Therapeuten zurückgereicht mit der Bitte, die Patienten selbst zu informieren. Die Folge ist oft eine erhebliche Verstimmung auf beiden Seiten, denn beide Berufsgruppen argumentieren zu Recht mit Zeitmangel. Institutionelle Hierarchiegrenzen ermöglichen diese Prozesse. Solange die unterschiedlichen Berufsgruppen voneinander nicht wissen, was sie wirklich tun, bleibt viel Raum für Phantasie. Daß die Ängste der Therapeutinnen, nicht mehr anerkannt zu sein, wenn sie den patriarchalen Erwartungen an Weiblichkeit nicht genügen, eben aus diesen Herrschaftsstrukturen resultieren, wird meist nicht mehr gesehen und reflektiert.

Carol Hagemann-White (1984) sieht eine Möglichkeit für Frauen, sich von solchen Erwartungen zu befreien, darin, die «kulturelle Zweigeschlechtlichkeit» in Frage zu stellen. Kulturelle Zweigeschlechtlichkeit bedeutet nicht nur die Polarisierung des gesamten sozialen Spektrums in weiblich–männlich, sondern schließt die Orientierung der Frauen am Mann mit ein. Hagemann-White spricht von einer «Zwangszweigeschlechtlichkeit», wenn alles, was Mädchen und Jungen bzw. Frauen und Männer tun, am Geschlecht gemessen wird. Doch allein schon das Bewußtsein dieses Tatbestandes erweitert Handlungsmöglichkeiten. Denn wenn die Frauen wissen: Liebe und Anerkennung werden ihnen nicht nur dann nicht zuteil, wenn sie «zu weit gehen», sie werden ihnen auch vorenthalten, wenn sie «nicht zu weit gehen» – dann können sie sich aufeinander beziehen und gemeinsam ihre Handlungsspielräume erweitern. Wird den Frauen deutlich, daß sie durch das Auf-den-Mann-hin-Orientiertsein dessen «Überordnung» tragen, könnten sich durch die Reflexion und Veränderung der Beziehungsformen der Frauen untereinander Herrschaftsstrukturen ein Stück weit verschieben.

Silvia Mai

Die «Hausfrauen»-Gruppe: Frauen beraten im Stadtteil

Über Helferinnen, Mütter und heilige Frauen

Alte Herren, die im Wirtschaftsleben in Ehren ergraut sind und eigentlich ihren Ruhestand genießen könnten, werden von Entwicklungshilfeorganisationen als sogenannte Seniorenexperten in Dritte-Welt-Länder geschickt, um den Macht- und Technokratie-Eliten dieser Länder mit Rat und Tat zur Seite zu stehen. Zu dieser besseren Hälfte der Menschheit gehören wir Frauen nicht: Wenn es in diesem Band um die professionelle Kompetenz von Psychologinnen, Psychotherapeutinnen oder Sozialarbeiterinnen gehen soll, so werden sie seltener Expertinnen genannt, sondern eher verharmlosend Helferinnen.

Etliche Einwände und Erinnerungen kommen mir bei diesem Begriff «Helferin» in den Sinn. Ärgerlich genug, daß dieser Begriff höchst unterschiedliche berufliche Kompetenzen verschleiert, er kennzeichnet überhaupt keine professionelle Tätigkeit, sondern allenfalls eine Kategorie von sozialem Verhalten, das einer moralischen Grundeinstellung entspringt.

Dies für Frauen gesellschaftlich Verordnete, nicht Professionelle, irgendwie weiblich Hilfreiche auch noch sprachlich festzuklopfen, widerstrebt mir, obwohl vielleicht in dieser Benennung eine zentrale Identitätsproblematik von Frauen in Berufsfeldern der Medizin und Sozialarbeit angesprochen wird.

Komposita in unserer Sprache, die aus den Wortteilen «hilfs» oder «helfer» zusammengesetzt sind, wie «Pflegehelferin, Bauhelfer, Hilfsarbeiter, Hilfsschülerin» etc., kennzeichnen immer Unzulänglichkeiten, Stellvertretertätigkeiten, Zuträgerdienste. Sie bezeichnen nicht das Eigentliche, Vollwertige, sondern den unvollkommenen Aspekt eines Nomens. Frauen, aus der Rippe des Adam geschaffen, galten und gelten in der patriarchalen Gesellschaft nicht als die eigentlichen Menschen. Könnte in der langen Geschichte des sprachlich abwertenden Umgangs mit Frauen die Assoziation «Hilfsmensch» naheliegen?

Als Frau, die ihre Mädchenkindheit in einer katholischen Familie des Nachkriegsdeutschland erlebte, fällt mir bei dem Wort «Helferin» die Geschichte der Heiligen Elisabeth von Thüringen ein, so, wie ich sie mir als kleines Mädchen vorgestellt und vor dem Hintergrund meiner Erfahrungen mit Mutter und Großmüttern ausgemalt habe.

Elisabeth ist eine schöne junge Frau, verheiratet mit dem Landgrafen Ludwig. Der muß – ähnlich wie Vater und Großväter zur Arbeit verschwanden – immer für längere Zeit mit den Kreuzzügen fort. In seiner Abwesenheit ging dann Elisabeth heimlich in den Keller – ich sah immer die wohlgefüllten Einmachgläserregale des elterlichen Kellers vor mir –, holte Lebensmittel für die Armen und Kranken und verteilte sie großherzig. Eines Tages nun kam Ludwig eher als erwartet aus dem Krieg, entdeckte Elisabeth mit dem Armenkorb, stellte sie zur Rede, und als er kontrollierend das Abdecktuch vom Korbe zog, war Brot in Rosen verwandelt und Elisabeth durch göttliche Kraft vor dem Zorn des Ehemannes gerettet.

Unentwirrbar mit den biographischen Erfahrungen eines Mädchens im Nachkriegsdeutschland habe ich folgendes über Helferinnen gelernt: Eigentlich haben sie nichts zu verschenken außer ihrem guten Herzen und ihrer Nächstenliebe. Alle Besitztümer gehören den Männern, sind von Männern erarbeitet und werden von ihnen kontrolliert. In der weiblichen Hilfeleistung verbündet sich die Geberin mit den Hilfeempfangenden zu einer heimlichen Allianz der Schwachen. Ich erinnere endlose Reden von den Männern der Familie am Kaffeetisch über Sinnlosigkeit und politische Bedenklichkeit der Einzelfallhilfe bei den zahlreichen Bettlern, die in der Nachkriegszeit noch an den Türen klingelten. Die Frauen waren gehorsam gegenüber den Männern, wenn sie kein Geld gaben, ungehorsam, wenn sie heimlich Kleidungsstücke aussortierten oder Dinge aus dem weiblichen Einflußbereich des Haushaltes verschwinden ließen, um sie den Bedürftigen zuzustecken.

Mit Elisabeth und anderen heiligen Frauen als Vorbildern wurden und werden zahllose Mädchengenerationen zum Helfen, zum Einfühlsamsein, zum Lieben erzogen, so perfekt, daß es kaum einer Ausbildung zu bedürfen scheint, wenn sie als «Helferinnen» in medizinischen und psychosozialen Berufsfeldern arbeiten. Die psychologischen, sozialen und damit eng verbunden immer auch ökonomischen Voraussetzungen bzw. patriarchalen Interessen für diese Perpetuierung von weiblich-mütterlichen Verhaltens- und Gefühlsqualitäten sind spätestens mit Beginn einer explizit feministisch orientierten Sozialforschung in den Blick geraten.

Aber es geht ja nicht nur um die Erziehung zur «Friedfertigkeit», «Liebesfähigkeit» und «Mütterlichkeit», sondern ganz konkret um die Übernahme einer zukünftigen Mutterrolle, und damit muß die Hausarbeit in den Blick geraten!

Die patriarchale Gesellschaft hat für Frauen eine Falle konstruiert, indem sie Hausarbeit mit Liebe gleichsetzt. Subsistenzproduktion, Reproduktionsarbeit, Beschaffung und Verwaltung von materiellen Ressourcen – Schwerstarbeit also – wird den Frauen auf eine für sie oft schwer entwirrbare Weise als Liebe mißdeutet, und die kostet ja bekanntlich nichts. Ganz im Gegenteil, diese wird stets verschenkt. Es ist erst den Analysen feministischer Wissenschaftlerinnen zu verdanken, daß Liebe – was immer sie sein mag – von der volkswirtschaftlich hochbedeutsamen kostenlosen Hausarbeit der Frauen getrennt betrachtet werden muß.

Wenn ich nun in den folgenden Kapiteln die Arbeit eines Frauenteams in einer Stadtteilberatungsstelle darstelle, will ich diesem Aspekt der Hausarbeit, der sich uns Frauen immer so mit Liebe und Helfen vermischt darstellt, besondere Beachtung schenken.

Meine (höchst subjektiven) Erinnerungen und Beobachtungen aus dieser Arbeit und die oben entwickelten Gedanken zum Begriff der Helferin sind nicht als strenge Hypothesenformulierung gedacht – meine Überlegungen will ich daher auch eher als Metaphern verstanden wissen.

Wenn also das weibliche professionelle Arbeiten im psychosozialen und medizinischen Feld dem privaten Lieben und Helfen so ähnlich sein soll, könnte es dann auch sein, daß Frauen in diesen Berufen die institutionelle, administrative und auch materielle Seite ihrer Berufstätigkeit «wie in einem Haushalt» begreifen und verwalten? Ob sie sich wie Elisabeth von Thüringen und viele andere Hausfrauen als Verwalterinnen fremder Güter fühlen, die sie kreativ und oft selbstausbeuterisch verwalten und verteilen in subversiven Bündnissen mit Hilfesuchenden? Ob sie selbstausbeuterisch wie die Hausfrauen mit Raum und Zeit umgehen? Vielleicht deuten sie Institutionen und administrative Regelsysteme mit deutlichen Rollenvorschriften und Hierarchiebildungen und Spezialisierungen kreativ zu familienähnlichen Strukturen um? Und vielleicht erleben sie auch die dauernden Zweifel und Selbstentwertungen der Mütter, die sich nach einem langen Arbeitstag in der Familie fragen lassen müssen, ob das nun ‹richtige› Arbeit sei.

Die Stadtteilberatungsstelle

Der Stadtteil entstand, wie im Lehrbuch der Gemeinwesenarbeit, Mitte der siebziger Jahre an der Randzone einer westfälischen Großstadt: Mehrgeschossige Siedlungshäuser, durchzogen von Grüngürteln, hin und wieder ein Hochhaus. Die 10000 Bewohner und Bewohnerinnen und ihre Kinder lebten zu überwiegendem Teil an der unteren Einkommensgrenze, oder aber sie waren arbeitslos und/oder alleinerziehend und deshalb von der Sozialhilfe abhängig, viele ehemals obdachlose Familien, Ausländer und Übersiedler – sie alle meldeten sich recht bald zu Wort: Die Stadtplaner hatten die Einrichtung sämtlicher sozialer Infrastruktur zwar nicht vergessen – sie wurde nur leider nicht zeitgleich mit den Wohnhäusern errichtet.

Nach und nach erst baute man Kindergärten, Kirchen, Supermärkte und Kneipen. Eine Bürgerinitiative setzte ein großes Bürgerzentrum durch, in dem nicht nur Sprechstunden der Ämter stattfinden sollten, sondern auch Sprechstunden der beiden innerstädtischen Erziehungsberatungsstellen sowie der Psychologischen Beratungsstelle für Erwachsene.

Nach langer frustrierender Wartezeit hinter den Bürotüren wurde den Beratern und Beraterinnen deutlich, daß diese Sorte von Hilfsangebot in diesem Stadtteil niemand haben wollte. Ein Vertreter einer innerstädtischen Beratungsstelle zog sich schmollend in die Innenstadt zurück. Übrig blieben zwei Frauen und eine dritte aus dem Gemeinwesenarbeitsteam des Bürgerzentrums, die stadtteilnahe Beratung planen und ausprobieren wollten.

Eine Diplompädagogin, eine Diplompsychologin und eine Sozialarbeiterin bildeten das Team. Später kam noch eine Sozialarbeiterin für den Bereich der Sozialhilfe- und Schuldnerberatung hinzu. Gemeinsam war den drei Frauen, daß sie ihre eigenen Kinder und Männer versorgten und deshalb nur halbe Tage arbeiten konnten. Alle drei hatten Zusatzausbildungen in psychotherapeutischen Verfahren. Auch als sich später aus diesem Frauenteam eine eigenständige Beratungsstelle entwickelte, blieben die Frauen doch bei unterschiedlichen freien Trägern angestellt. Zehn Jahre hielten sie zusammen und entwickelten ihre Vorstellungen von stadtteilnaher, auf Klientinnen zugehender Beratungsarbeit.

Wir Frauen sitzen doch alle in einem Boot – wir Therapeutinnen sitzen zufällig auf den besseren Plätzen...

1977 – zu Beginn unserer Arbeit im Stadtteil konnten wir auf nur schmale Erfahrungen mit Unterschichtsfamilien zurückgreifen: Es gab neben etlichen amerikanischen Veröffentlichungen und der breiter angelegten Diskussion über Gemeinwesenarbeit lediglich Koschorkes (1973; 1975) Aufsätze zur Beratungsarbeit mit Unterschichtsfamilien.

Unsere Erlebnisse mit guruhaften Trainern auf Wochenendworkshops, die Sprache der sich heftig entwickelnden Psychoszene, einige erste Orientierungsgänge über Spielplätze, Straßen und durch den Supermarkt des Stadtteils ließen uns den Erfolg klassischer Therapieverfahren in diesem Stadtteil skeptisch beurteilen. Im Alltag der Menschen zu beginnen, bei ihrem Selbstverständnis, bei ihrer Sprache, um so allmählich zu einem Aushandeln ihrer Probleme zu gelangen und zu einem Hilfsangebot unsererseits – das schien uns der richtige Weg zu sein.

Aus den Erfahrungen innerstädtischer Beratungsstellen wußten wir, daß vornehmlich die Frauen für sich und die Familienprobleme fachliche Hilfe in Anspruch nehmen. Wer, wenn nicht wir, die halbtags arbeitenden Frauen mit kleinen Kindern, wüßten besser, wo der

Schuh drückt?! Hatten etwa Therapie und Beratung helfen können bei der Bewältigung des alltäglichen Haushaltsfrusts, bei Kontaktbedürfnissen, der elementaren Hilflosigkeit im Umgang mit unseren eigenen Kindern? Es waren vielmehr die Nachbarinnen, die Frauengruppen, die Elternselbsthilfe-Initiativen, die uns unterstützt hatten. Was lag also näher, als genau solche Frauennetzwerke im Stadtteil zu organisieren?

Junge Frauen, so wußten wir aus eigener Erfahrung, mit Kindern im Vorkindergartenalter und den ersten Enttäuschungen einer liebevoll begonnenen Partnerschaft haben es schwer: Sie brauchen Kontakte, Austausch, Aufbau ihres angeschlagenen Selbstwertgefühls nach der Aufgabe des Berufs und vielleicht auch Unterstützung ihrer geheimen Wünsche, wieder arbeiten zu wollen. Wir sprachen also junge Frauen an und gründeten mit ihnen Mutter-Kind-Gruppen. Die Frauen kamen, und bald mußte eine zweite Gruppe aufgebaut werden. Wir Teamfrauen kochten Kaffee, deckten den Tisch, im Nebenraum wurde Spielzeug bereitgestellt, zwei Erzieherinnen kümmerten sich um die Kinder. Die Frauen genossen die Zeit ohne ihre Kinder, sie mochten sich das erst allmählich eingestehen, vorerst waren sie zufrieden, von uns zu hören, daß es den Kindern guttun könnte, einmal ohne ihre Mütter zu sein.

Wir wollten dann über einen leichten, alltäglichen Gesprächseinstieg – sei es über Strickmuster oder Kochrezepte – den Weg finden zu relevanten Themen für die Frauen: Erziehungsfragen, Fragen von Ernährung und Gesundheitsfürsorge, Beziehungsprobleme, Sexualität etc. Wenn es sich anbot, wollten wir auch immer wieder auf die Möglichkeiten von Therapie und Beratung hinweisen.

Wir waren zwar Fachfrauen für Beziehungs- und Erziehungsdinge, uns ging es jedoch als Frauen und Mütter in vielen Aspekten ähnlich wie den Frauen aus dem Stadtteil. Unsere bessere Ausbildung, die unvergleichlich gute Wohnsituation unserer Familien, unsere finanzielle Unabhängigkeit ließen in uns Schuldgefühle entstehen und die Sorge, die Frauen könnten aufgrund unserer Privilegien den Kontakt zu uns abbrechen. Wir fürchteten, unser Expertentum könnte sie abschrecken und Ohnmachts- und Minderwertigkeitsgefühle bei ihnen entstehen lassen. So haben wir oft mehr das Gemeinsame unserer Situation betont als die Unterschiede. D. h. wir haben auch unsere Kompetenzen verharmlost. Wir haben in den morgendlichen Vorstellungsrunden zwar nie unsere Berufe verschwiegen und erklärt, daß wir Mitarbeiterinnen der Beratungsstelle seien. Bei den niedrigschwelligen Gesprächseinstiegen über Strickmuster oder Ärger über den Gynäkologen war das jedoch schnell wieder vergessen, denn wie konnte es sonst passieren, daß eine Klientin mich nach etlichen Einzelsitzungen fragte, was ich denn eigentlich für einen Beruf habe. Die Sitzungen täten ihr sehr gut, und nun wolle ihr Mann doch einmal wissen, was ich gelernt habe.

Das, was wir uns mit diesen Gruppen vorgestellt hatten, war uns eigentlich gelungen: Die Gruppen fanden regen Zulauf, aus den Kontakten in der Gruppe entwickelten sich Selbsthilfenetzwerke unter den Frauen, die Frauen und auch ihre Familienmitglieder hatten offensichtlich Vertrauen in uns setzen können, so daß sie auch unsere Hilfe in Einzel- und Familiengesprächen in Anspruch nahmen. Wie bewegt, wie stolz waren wir, wenn Frauen aus den Gruppen berichteten, daß sie sich nun auch privat träfen und gegenseitig die Kinder beaufsichtigten; sie brachten Freundinnen mit in die Gruppen. Wenn Frauen bei Aufnahme ihrer Kinder in den Kindergarten die Gruppe verlassen mußten, frotzelten sie: «Na, dann krieg ich eben wieder ein Kind, damit ich wieder kommen kann.» Oder eine Frau sagte zum Abschied: «Hier habe ich endlich gelernt, zu reden und zuzuhören. Endlich kann ich mich wehren.» Eine andere: «Seit der Schule habe ich kein Buch mehr in die Hand genommen, jetzt macht es mir Spaß, mich mal wieder zu informieren.»

Wenn wir unsere Arbeit mit der anderer Kollegen und Kolleginnen im psychosozialen Bereich verglichen, z. B. in den innerstädtischen Beratungsstellen, kamen uns immer wieder starke Zweifel, ob das denn nun richtige Arbeit sei: Selbsterfahrungsgruppen, Workshops, Gruppendynamik und wie hießen alle die funkelnden Begriffe aus der Psychowelt. Wir hingegen tranken Kaffee, strickten mit Frauen und redeten irgendwie... Berichte über unsere Arbeit auf Tagungen, Literaturstudium konnten uns dann immer wieder beruhigen, daß wir durchaus eine richtige und wichtige Arbeit leisteten. Und auch ein Kollege, der uns aufsuchte, um eine ähnliche Arbeit für einen anderen Stadtteil mit uns zu planen, konnte unseren Selbstzweifeln eine unerwartete Richtung geben als er bemerkte: «Als Mann kann ich diese Gruppenarbeit ja gar nicht machen, was habe ich denn anzubieten? Ich kann ja noch nicht mal stricken.»

Daß es eines hohen Ausmaßes an Angstfreiheit, Rollenflexibilität, Kreativität und emotionalem Rückhalt im Team bedurfte, um diese Arbeit zu gestalten, konnten wir hin und wieder anerkennend über uns sagen – eine Hausfrau muß sich eben überall zurechtfinden! Dieses euphorische Gefühl wahrhaft mutiger Pionierinnen wechselte aber mit tiefen Zweifeln, nicht professionell zu arbeiten, sondern «als bezahlte Hausfrauen» – ausgeschlossen von den männlichen Gurus der Psychoszene, ausgeschlossen von der Mittelschicht, hockten wir in unserem Stadtteil, ähnlich wie unsere Klientel beruflich randständig, mißtrauisch beäugt und belächelt.

Wirtschaften wie bei armen Leuten – Frauen können noch aus dem Geringsten etwas auf den Tisch zaubern!

Wie schafften «unsere Frauen» es nur, mit diesen niedrigen Familieneinkommen oder mit diesem entwürdigend niedrigen Satz von Sozialhilfe monatlich auszukommen? Wir haben uns das oft gefragt, saßen nach der Arbeit zusammen, rechneten unsere Demeter-Naturkost-Warenkörbe gegen ihren Warenkorb der Sozialhilfe auf und entschieden, daß die Beratungsstelle ihren Beitrag dazu leisten müßte, nicht nur auf diese massenhafte Armut aufmerksam zu machen, sondern auch den Familien dazu zu verhelfen, an mehr Geld zu gelangen. Zu oft hatten wir uns ohnmächtig mitanhören müssen, wie die Frauen auf dem Sozialamt schikaniert wurden und wie sie offensichtlich um die ihnen gesetzlich zustehenden Ansprüche gebracht werden sollten. Oder aber wir hörten von den zermürbenden Kämpfen mit den Partnern um die Höhe des Haushaltsgeldes. Wir kannten uns nicht aus im Dschungel der Gesetze und Ausführungsbestimmungen zum BSHG, um Frauen zu ihrem Recht zu verhelfen und so ihre materiellen Grundlagen ein wenig zu verbessern.

Zu unserer großen Überraschung wurde eine 40-Stunden-ABM-Stelle für eine Sozialarbeiterin bewilligt, die später in eine feste Stellung übergeleitet wurde – die vierte Frau im Bunde der Kämpferinnen gegen Windmühlenflügel. Diese Frau beriet Arbeitslose und Sozialhilfeempfänger, half Formulare auszufüllen, Widersprüche zu formulieren, oder begleitete Klientinnen zu den Ämtern. Daß die Sozialverwaltung damit eine Stelle bewilligt hatte, die strukturell gegen ihre eigenen Interessen arbeitete, wurde ihr spätestens dann deutlich, als diese Kollegin mit Frauen zu den ersten Demos in der Innenstadt erschien. Quasi in Verlängerung des häuslichen Kampfes mit den Partnern um das Geld wurde der Kampf nun in wöchentlichen strategischen Frühstücksrunden gegen die Verwaltung geplant und durchgeführt – eine überaus erfolgreiche Tätigkeit, setzte sie doch in den Frauen (auch etliche Männer kamen zu dieser Gruppe) ungeheure Kräfte und Kompetenzen frei. Die federführende Kollegin wurde freilich immer mißtrauischer vom Arbeitgeber observiert.

Viele Frauen konnten keine Arbeit finden oder nur schlecht bezahlte Stundentätigkeit unterhalb der Sozialversicherungsgrenze. Der Verdienst mußte das Familieneinkommen ergänzen und reichte dennoch oft nicht für besondere Wünsche der Kinder oder der Frauen selbst, z. B. für etwas modischere Kleidungsstücke.

Das Kontaktbedürfnis der Frauen, aber auch arbeitsloser Männer, unsere Idee, Netzwerke zu initiieren, war das nicht zu verbinden mit der Möglichkeit, Geld zu verdienen oder – anders gewendet – durch den Ver- und Ankauf gebrauchter Kleidungsstücke Geld zu sparen?

Binnen kurzem entwickelte sich aus dieser Idee, die wir mit ein paar Frauen und etlichen Pappkartons mit gebrauchten Kinderkleidern zaghaft in einem kleinen Raum ausprobierten, wöchentlich einmal ein riesiger Basar mit bis zu achtzig Besucherinnen aus vielen unterschiedlichen Ländern. Schränke und Kleiderstangen mußten beschafft werden, auf einem großen Servierwagen standen jeweils vor Eröffnung des Basars riesige Mengen von Geschirr bereit, das wir wie gute Hausfrauen oder Wirtinnen auf den Tischen verteilten, ehe der Ansturm der Besucherinnen uns überflutete.

Diese Einrichtung ist aus dem Stadtteil nicht mehr wegzudenken. Stolz rechnen die Frauen uns vor, was sie – ohne daß ihre Männer es ahnten – monatlich an «Schwarzgeld» verdienten. Die Männer wußten oft überhaupt nicht, was die Frauen aus den Haushalten, aber auch aus den Kleiderbeständen der Männer verkauften! Unübersehbar war neben den wirtschaftlichen Interessen der Frauen ihr großes Vergnügen, beim Kaffee zu sitzen und den anderen beim Handeln zuzusehen. Eine kleine Gruppe entwickelte sich zu einer «Elite»: Sie übernahm regelmäßig feste Aufgaben, die zwar nicht entlohnt werden konnten, die ihr aber Ansehen, Macht und Kontrolle verschafften. Sie versuchte, ein wenig die Preise zu kontrollieren und die besten Angebote vorab für sich und ihre Gefolgschaft zu ergattern.

Daß sich unsere professionelle Identität nunmehr völlig auflöste, versteht sich von selbst – als Hausmeisterinnen, Schlichterinnen bei Streitigkeiten um Preise, als Eheberaterinnen über den Ladentisch und als Cafébetreiberinnen, die mal wieder den Kaffee zu stark gekocht hatten, wurden wir angefordert und angesprochen.

Wir fragten uns, wie die Frauen mit ihren knappen materiellen Ressourcen auskamen, und versuchten zu helfen. Kollegen und Kolleginnen von außerhalb fragten uns häufig, wie *wir* denn eigentlich mit unseren Ressourcen auskämen? Zweieinhalb Stellen für diesen Stadtteil und für diese Arbeit! Erst nach vielen Jahren bravourös jonglierter Mehrfachbenutzung zweier Büros mit etlichen anderen Kollegen im Haus ist es uns eingefallen, eine überflüssige Behindertentoilette und einen schmalen, dunklen Sanitätsraum mit Nordfenster zu weiteren Büros umzufunktionieren. Ein Anrufbeantworter, eine Schreibmaschine wurden nach endlosen Jahren bewilligt und angeschafft, an eine Verwaltungskraft war schon wegen der Räumlichkeiten gar nicht zu denken.

Unsere Arbeitskraft haben wir, verglichen mit den Arbeits- und Therapieraten klassischer Beratungsstellen, sicher bis zum letzten ausgebeutet und uns selten gegenseitig einmal bei neuen Projekten gebremst. Diskussionen über Etat- oder Honorargelderhöhungen kamen sicherlich zu kurz. Am Ende hätte es zuviel unserer Kraft und Zeit gekostet, unsere unterschiedlichen Geldgeber jeweils zusammenzutrommeln. Außerdem konnten wir so ungestört unserer Arbeit nachgehen – die immer ein wenig weiter konzipiert war, als es die Richtlinien vorsahen.

Typisch weiblich? Waren wir unerfahren, zu bescheiden oder gar ängstlich im Umgang mit der Administration, oder haben wir ganz hausfraulich das, was wir zugeteilt bekamen, kreativ verwaltet, Flicken- und Resteverwertung betrieben, fünfe gerade sein lassen und uns gefreut, daß «der Laden läuft»? Diese Selbstausbeutung ist sicherlich mit sehr viel Skepsis und Ambivalenz zu beurteilen, und der Erfolg der Arbeit sollte nicht die Mittel heiligen. Prinzipiell mag die ganze Sozialarbeit in diesem Hausfrauendilemma stecken – nämlich zu knappe Mittel ohne wirklichen Anspruch und Kontrolle zu verwalten und trotzdem damit Wunder zu bewirken. Ein Glücksfall für die Klientel, wenn die Dinge funktionieren. Die administrative und damit auch die politische Falle sollte jedoch nicht aus dem Blick geraten.

Die Eitelkeiten und Machtspiele der Männerwelt haben wir doch längst durchschaut, Schwestern – laßt uns nicht die gleichen Fehler machen!

Ähnlich dem Fuchs, dem die Trauben zu hoch hingen und der deshalb behauptet, sie zu verschmähen, haben wir über lange Jahre in diesem Team geleugnet, daß es für uns möglich sein könnte, an so etwas wie Karriere zu denken. Als Familienfrauen mit Kindern freuten wir uns, daß wir überhaupt arbeiten konnten, und genossen die wachsenden winzigen Freiräume mit dem Älterwerden der Kinder.

Zusammengewürfelt wie wir waren, mit unterschiedlichen Finanzgebern, im engen Austausch mit vielen anderen sozialen Diensten im Stadtteil, vor eine völlig neue Aufgabe gestellt, die wir sehr innovativ bewältigen sollten und auch wollten, haben wir zunächst überhaupt ignoriert, Teil einer administrativen Organisationsstruktur zu sein, in der es um Macht und Einfluß, um Konkurrenz und Hierarchiebildung gehen könnte. Konfrontiert mit einem unbekannten Stadtteil, mit skeptischer oder neugieriger Fachöffentlichkeit haben wir, um uns Strukturen zu geben und um Angst zu reduzieren, das Team zu einem familienähnlichen Gebilde umgedeutet – natürlich zu einer idealen Familie!

Ich mag nicht beurteilen, wie Eltern- und Kinderpositionen besetzt waren oder ob wir eine Schwesterngruppe waren, eines war auf jeden Fall wichtig: Bei uns gab es keinen Streit, bei uns durfte es keine Konkurrenz geben, bei uns hatte niemand das Sagen, eigentlich waren wir alle gleich. Ähnlich wie wir unsere Klientinnen nicht mit Entwertung und Konkurrenz durch uns konfrontieren wollten, weil wir das unmittelbar aus der männlichen Berufswelt kannten und verachteten, haben wir uns auch nicht unseren Unterschieden und schon gar nicht unseren Rivalitäts- und Konkurrenzgelüsten gestellt. Dieses war sicher eine Reaktionsform, die zumindest in der Anfangszeit das Team stabilisierte, die aber zunehmend hinderlicher wurde.

Daß zumindest passagere Leitungsübernahme nötig war, fiel uns spätestens dann auf, als wir mal wieder alle vier in den Supermarkt fahren wollten, um für ein Wochenende mit Stadtteilfamilien einzukaufen. Daß eine Binnendifferenzierung der Aufgaben und Neigungen innerhalb des Teams notwendig wurde, war seit eh und je für die Aufgaben der Sozialhilfeberaterin unumstritten, wir anderen drei taten uns schwer damit und haben etliche Supervisionseinheiten gebraucht, um uns diese Eigenständigkeit zuzugestehen und um sie nicht mit männlichem Konkurrenz- und Dominanzstreben zu verwechseln. Die Leugnung der Macht- und Konkurrenzfrage konnten wir uns leisten, da es in der Beratungsstelle weder Aufstieg noch unterschiedliche Positionsvergabe zu erwarten gab.

Die Psychologin im Team, die mit der Fachaufsicht betraut war, hätte zumindest die Leitungsfrage zum Thema machen können. Aber gebannt von der Vorstellung, die Rolle zwischen Xanthippe, Frau Thatcher oder einem gräßlichen männlichen Leitungsmodell schwankend auszufüllen, wurde sie geleugnet, und sogenannte «Teamentscheidungen» haben diesen unbekannten und noch zu entwickelnden Teil weiblicher Professionalität gnädig zugedeckt.

Auch wenn ein männlicher Kollege sich schwärmerisch äußerte: «Das einzige Kooperationsmodell, in dem es keinen Krach zu geben scheint...», so kann mir diese weibliche Fremd- und auch Selbststilisierung zu reinen, friedfertigen Beziehungs-Engeln nicht gefallen. Die Machtfrage muß sich ja nicht nur bei der politischen Durchsetzung der Klienteninteressen stellen, sondern auch bei der Durchsetzung von weiblichen Führungspositionen in der beruflichen Hierarchie.

Zu phantasieren bliebe noch die Ausgestaltung einer Führungs- und Verantwortungsübernahme durch Frauen ohne persönliche Profilierungssüchte, ohne psychische und materielle Ausbeutung von Mitarbeitern. Vielleicht wird die weibliche Geschichtsschreibung immer mehr Frauen mit Vorbildfunktion aus der Vergessenheit in Erinnerung bringen.

Ein Lob der Hausfrau?

Eine Geschichte wie aus den Anfängen der bürgerlichen Frauenbewegung um die Jahrhundertwende? Da ziehen bürgerliche Frauen, die ihren Beruf mehr zur Selbstverwirklichung denn zur eigenen Existenzsicherung auszuüben scheinen, aus, um ihren proletarischen Schwestern zu helfen. Sie scheinen es mit dieser, in der einschlägigen Literatur bewunderten und belächelten, engagierten Semi-Professionalität von Frauen zu tun – ohne wirklichen Macht- und Führungsanspruch, ohne wirkliche Einmischung in das patriarchale Geschäft. Kritik an dieser weiblichen Selbstbescheidung ist sicherlich berechtigt, dennoch ist es mir einmal wichtig, diese Geschichte gegen den Strich zu lesen, um der doppelten Entwertung weiblicher Sozialarbeit offensiv zu begegnen.

Zwei Pathologisierungs- bzw. Entwertungstendenzen stecken in der Debatte um die «Helferinnen»: Die Deutung von Sozialarbeit als professionell gewendete Reproduktionsarbeit von Frauen schafft Anerkennung dieser Arbeit lediglich durch die Entlohnung der Tätigkeit – die komplizierte, kenntnisreiche Tätigkeit einer Hausfrau wird damit immer noch nicht anerkannt. Dabei hat Sozialarbeit in ihren unterschiedlichen beruflichen Ausprägungen und Tätigkeitsfeldern sehr viel Ähnlichkeit mit der Hausarbeit: Verwaltung von Gütern, Organisieren von materiellen Ressourcen, Eingreifen in fremde Haushalte und nicht nur in fremdes Leben, in krisenhaften Situationen sehr schnell mit minimalen Informationen Entscheidungen treffen und vor allem immer wieder handeln in sehr diffusen, «verwurstelten» Situationen! Diese Wahrnehmung ihrer Tätigkeit von «Sozialarbeit als Hausarbeit» fehlt nicht nur in der Ausbildung, sondern auch in der positiven Selbstwahrnehmung der tätigen Frauen (und auch der Männer). Eine Möglichkeit, sich aus dieser gesellschaftlich nicht anerkannten Seite der Arbeit zu retten, scheint die «Therapeutisierung» zu sein. Therapeutische Zusatzausbildungen als ordnungsstiftendes und handlungsanleitendes Interaktions- und Diagnosewissen halte ich für unabdingbar, problematisch hingegen die Definition von Sozialarbeit als reiner Beziehungsarbeit, die ausschließlich im Gespräch und in der Begegnung stattfinden soll ohne die notwendige Einbindung in die materiellen Grundlagen und das Miteinandertätigsein.

Die therapeutische Definition von Sozialarbeit schafft ohne Zweifel Reduktion von Diffusität im Handlungsfeld, auch Statussteigerung der Berufstätigen, aber sehr oft zuungunsten der Klienten.

In der Beschreibung des sogenannten Helfersyndroms steckt jedoch schon die nächste Möglichkeit zur Pathologisierung: Das Omnipotenzverhalten der Helferinnen als Selbstheilungsversuch von narzißtisch frühgekränkten Individuen zu interpretieren ist mit der Begrifflichkeit der Psychoanalyse nachvollziehbar und bedenkenswert. Jedoch greift dieses Erklärungsmuster in der gesamtgesellschaftlichen Perspektive zu kurz und sagt überhaupt nichts aus über die unterschiedliche Geschlechtersozialisation bzw. die geschlechtsspezifische Arbeitsteilung. Erst eine Erweiterung der Debatte um die politische und moralische Dimension ihres Handelns gebe den helfenden Frauen das ihnen zustehende Gewicht.

II: Psychosoziales Helfen als Frauenberufung?

Thomas Olk

Bürgerliche Frauenbewegung und professionelle Hilfe. Das Beispiel von Alice Salomon

Frauen in helfenden Berufen: Marginalisierung oder Chance zur Emanzipation?

Charakter und gesellschaftliche Stellung der «helfenden Berufe», also der «personenbezogenen sozialen Dienstleistungsberufe», wie sie im Fachjargon genannt werden, sind auch heute noch überwiegend durch die Beteiligung von Frauen geprägt. Ob nun im Kindergartenwesen, in der Krankenpflege oder der Sozialarbeit/Sozialpädagogik, überall überwiegen – zumindest quantitativ – die weiblichen Berufsangehörigen.

Dieser Sachverhalt wird von den betroffenen Frauen unter gegebenen (berufs- bzw. arbeitsmarkt-)politischen und ökonomischen Bedingungen zumeist als Nachteil betrachtet und diskutiert: In Berufen oder Branchen, in denen der Anteil der Frauen an der Gesamtzahl der Beschäftigten ansteigt, sinken regelmäßig das gesellschaftliche Ansehen und das durchschnittliche Einkommen. Auch die «halbierte» bzw. «unvollständige» Professionalisierung sowohl des Berufes der Krankenpflege als auch der Sozialarbeit/Sozialpädagogik wird nicht zuletzt mit dem Tatbestand in Verbindung gebracht, daß diese Tätigkeiten überwiegend von Frauen ausgeübt werden. Erst seit einigen Jahren verweisen insbesondere Vertreterinnen der zeitgenössischen Frauenbewegung darauf, daß das Engagement von Frauen in pflegenden, pädagogischen und helfenden Berufen nicht ausschließlich als Defizit beklagt, sondern durchaus auch offensiv als Ausdruck der Verwirklichung *besonderer* Fähigkeiten und Möglichkeiten der Frauen verstanden werden kann: In diesen Berufen setzten die Frauen nämlich ihr «weibliches Arbeitsvermögen» ein; sie brächten also Qualifikationen in diesem Bereich gesellschaftlicher Arbeit zur Entfaltung, die ein spezifisches Resultat ihrer weiblichen Natur und/oder Sozialisation darstellten und die von Männern nicht ohne weiteres erbracht werden könnten. Aus dieser Perspektive liegt das Problem also weniger darin, daß Frauen in besonderem Maße in solchen helfenden Berufen anzutreffen sind, sondern darin, daß ihnen – jedenfalls bislang – die volle Anerkennung ihrer gesellschaftlichen Leistungen, ausgedrückt in Geld, Einfluß und sozialer Anerkennung, verwehrt wird.

Angesichts dieser Diskussion bietet es sich geradezu an, in die Geschichte der sozialen Berufe zurückzublicken. Denn insbesondere der Entstehungsprozeß von Sozialarbeit/Sozialpädagogik als Beruf, der eng mit den Zielen und Aktivitäten der bürgerlichen Frauenbewegung des 19. Jahrhunderts verbunden ist, verweist auf eine Konzeption, in der die weibliche Arbeit im sozialen Sektor als Bereicherung der gesamten Kultur, als Steigerung der Wohlfahrt aller, propagiert wird. Es ist vor allem Alice Salomon (1872–1948), die mit ihrer eigenen Person und Biographie die enge Verbindung von bürgerlicher Frauenbewegung und weiblicher Arbeit, die Verknüpfung von weiblichen Emanzipationsbestrebungen und der «kulturellen Mission» der Frau repräsentiert.

Im folgenden Beitrag kann das vielschichtige und eindrucksvolle Lebenswerk dieser äußerst aktiven und in einer bestimmten historischen Phase auch einflußreichen Vertreterin der bürgerlichen Frauenbewegung keineswegs auch nur in den wichtigsten Linien nachgezeichnet werden. Neben ihrer Tätigkeit im Bereich sozialer Ausbildung und sozialer Arbeit ist sie sowohl in Deutschland als auch international ein aktives Mitglied der bürgerlichen Frauenbewegung. Sie gehört zudem zu den ersten Frauen, die an einer deutschen Universität promovieren; sie ist eine rührige Verfasserin von Schriften zu den Themenbereichen sozialer Ausbildung, sozialer Arbeit, Sozialpolitik und Frauenbewegung. Die Bibliographie, die in der ihrem Leben gewidmten Biographie des Deutschen Vereins für öffentliche und private Fürsorge abgedruckt ist, umfaßt – obwohl sie keineswegs vollständig ist – immerhin 27 Schriften in Buchform und 247 Aufsätze und Vorträge sowie von ihr herausgegebene Schriften. Wer sich über ihr Leben und Wirken informieren will, findet die von ihr selbst verfaßten und im Jahre 1928 erstmals veröffentlichten «Jugend- und Arbeitserinnerungen» (Salomon 1933) sowie die von Rüdeger Baron und Rolf Landwehr herausgegebene deutsche Fassung ihrer für einen amerikanischen Leserkreis ursprünglich in Englisch geschriebenen Autobiographie (Salomon 1983) sowie die von ihrer langjährigen Mitarbeiterin und Sekretärin Dora Peyser (1958) verfaßte Biographie vor und kann sich zudem auf eine seit Anfang der 80er Jahre anschwellende Sekundärliteratur (z. B. Sachße 1986, Simmel 1981 sowie Wieler 1983 und 1987) stützen. In den letzten Jahren hat im Zusammenhang mit dem allgemein gestiegenen Interesse an der Aufarbeitung der Nazizeit vor allem auch eine Diskussion darüber eingesetzt, ob das spätere Schicksal Alice Salomons, die als Jüdin im Jahre 1937 zur Emigration in die USA gezwungen wurde, in der Bundesrepublik nicht allzu lange verdrängt worden und ein zu beschönigendes Bild des Verhaltens ihrer ursprünglichen Mitstreiterinnen in der Frauenbewegung vor und während des Nationalsozialismus gezeichnet worden sei.

Die folgenden Ausführungen beschränken sich auf einen kleinen, eng begrenzten Ausschnitt des Wirkens von Alice Salomon. Es geht um die von ihr geleistete Verbindung von Frauenemanzipation und sozialer Arbeit. Ihr spezifischer Beitrag zur Begründung von sozialer Arbeit als einem Frauenberuf soll untersucht werden, um an ein bestimmtes Erbe frauenbewegten Denkens zu erinnern, das viele Bezüge zu den heutigen Auseinandersetzungen – nicht zuletzt in der heutigen Frauenbewegung (Dürkop 1983) – um die Bestimmung der gesellschaftlichen Bedeutung sowohl von Frauenarbeit als auch von sozialer Arbeit als einer Form des (weiblichen) professionellen Helfens aufweist.

Der Startpunkt einer Ausbildung für soziale Hilfstätigkeiten: Die «Mädchen- und Frauengruppen für soziale Hilfsarbeit»

«Der wirtschaftliche und kulturelle Notstand in großen Bevölkerungsschichten des Vaterlandes, die zunehmende Verbitterung innerhalb weiter Kreise des Volkes rufen auch die Frauen gebieterisch zu sozialer Hilfstätigkeit auf. Es darf nicht länger verkannt werden, daß gerade die Frauen und jungen Mädchen der besitzenden Stände vielfach eine schwere Mitschuld dafür trifft, jene Verbitterung durch den Mangel an Interesse und Verständnis für die Anschauungen und Empfindungen der unbemittelten Klassen durch den Mangel jedes persönlichen Verkehrs mit diesen Volkskreisen gesteigert zu haben.» Und einen Absatz weiter heißt es dann: «Es handelt sich um keinerlei ‹Emanzipationsbestrebungen›, es handelt sich lediglich darum, junge Mädchen und Frauen zu ernster Pflichterfüllung im Dienste der Gesamtheit heranzuziehen.» (Verein ehemaliger Schülerinnen 1929, S. 1f.)

Mit diesen eindringlichen Formulierungen ruft ein Berliner Gründungskomitee die Töchter der höheren Stände zur Mitarbeit in den sogenannten «Mädchen- und Frauengruppen für soziale Hilfsarbeit» im November 1893 auf. Bei den Mitgliedern des Komitees handelt es sich um prominente und einflußreiche Vertreter der zeitgenössischen Sozialpolitik, Pädagogik und bürgerlichen Frauenbewegung. Als Initiatorinnen können Minna Cauer und Jeanette Schwerin gelten. Beide – Minna Cauer als Vorsitzende des Berliner Vereins ‹Frauenwohl› und Jeanette Schwerin zugleich als Mitbegründerin der ‹Gesellschaft für ethische Kultur› – gehören dem «radikalen» Flügel der bürgerlichen Frauenbewegung an. Die moderaten Formulierungen des Gründungsaufrufes, die deutlich machen sollen, daß es um keinerlei Emanzipationsbestrebungen geht, sind daher vor allem auf taktische Erwägungen zurückzuführen. Die Eltern der angesprochenen höheren Töchter sollen nicht unnötig verschreckt und gegen die Einrichtung eingenommen werden.

Dieser Aufruf stößt auf reges Interesse: 50 bis 60 Frauen nehmen an der Gründungsversammlung im Bürgersaal des Berliner Rathauses teil. Unter ihnen befindet sich auch die junge Alice Salomon – damals 21 Jahre alt –, die für die weitere Entwicklung der «Gruppen» und die Begründung von Sozialarbeit als Frauenberuf eine so wichtige Rolle spielen wird. Alice Salomon war am 19. April 1872 als Tochter eines wohlhabenden jüdischen Kaufmanns geboren worden; die Mutter entstammte einer Breslauer Bankiersfamilie. Ebenso wie viele andere Töchter ihres Standes leidet sie in dieser Zeit unter der für sie üblichen Form der Lebensführung: Die allgemeinbildende Schulzeit ist längst abgeschlossen, standesgemäße berufliche Ausbildungswege und Betätigungsfelder gibt es nicht, und auch das Ausmaß häuslicher

Arbeiten und Pflichten hält sich in diesen durch «dienstbare Geister» unterstützten Haushalten in Grenzen. Mit ihren eigenen Worten schildert sie ihre damalige Situation in ihren Lebenserinnerungen folgendermaßen:

> «Ich wußte nicht, was ich mit meinen Tagen anfangen sollte. Ich war zu jung, um zu einem Lehrerinnenseminar zugelassen zu werden. Zu jener Zeit gab es keine Universität, die für Mädchen zugänglich war, nicht einmal ein ‹Gymnasium› zur Vorbereitung auf die Hochschulreife. Und wenn es eins gegeben hätte, hätte ich es kaum gewußt. Ich hatte nicht einmal gehört, daß es deutsche Frauen gab, die in der Schweiz oder den Vereinigten Staaten von Amerika studierten. Schließlich ging ich auf eine Kunstschule für Nadelarbeit. Das wurde für angemessen gehalten und traf auf keinen Widerstand. Fünf Jahre lang verbrachte ich viele Stunden täglich über meinem Stickrahmen, überzeugt davon, daß *jede* Betätigung besser sei als gar keine. Alle meine Träume stickte ich in das Leinen hinein» (Salomon 1983, S. 26 f. Hervorhebungen im Original, wenn nicht anders vermerkt).

Diese unbefriedigende Lebenssituation ist natürlich kein Einzelschicksal; so wie Alice Salomon ging es fast allen Mädchen und jungen Frauen der «besseren Gesellschaft». Sie ist Ausdruck der Durchsetzung eines «neuen Frauenideals», das sich im Übergang zum 19. Jahrhundert herausgebildet hatte und zunächst einmal in den privilegierten Bevölkerungsschichten wirksam wurde. Dieses Ideal verweist die Frau auf Haushalt und Familie. Das Familienleben, das den weiblichen Mitgliedern der Gesellschaft als Aktivitätsbereich zugewiesen ist, wird in diesen – von der Romantik geprägten – Vorstellungen mit Merkmalen wie emotionale Geborgenheit, Altruismus, Zuwendung etc. belegt und der kalten, vom Konkurrenzkampf beherrschten Berufswelt gegenübergestellt, der sich der Mann zu stellen habe. Während nun in den unteren Volksklassen die Frauen im Verlauf des Industrialisierungsprozesses eher vermehrt zur Arbeit außerhalb des häuslichen Bereiches gezwungen werden, kann sich das neue Familienideal dagegen in der expandierenden städtischen Mittelklasse weitgehend durchsetzen. Hier gilt Erwerbsarbeit – zumal wenn sie niedrige Hilfsdienste einschließt, schmutzig und/oder monton ist – als nicht standesgemäß.

Doch wie bereits angedeutet, bestehen Diskrepanzen zwischen diesem Familien- und Frauenideal und den realen Lebensbedingungen, zumindest für einen erheblichen Teil der Mädchen und Frauen der bürgerlichen Mittelschichten. Sowohl das sozialpsychologische Problem der aufgezwungenen Untätigkeit und Langeweile im Leben der bürgerlichen Frauen als auch die hiermit zusammenhängenden materiellen Versorgungsprobleme, vornehmlich im mittleren und unteren Mittelstande, wo das Familieneinkommen nicht immer ausreicht, um vor allem erwachsene Töchter bis zur möglichen Verheiratung mitzuversorgen, führen dazu, daß die bürgerliche Frauenbewegung neben übergreifenden Emanzipationszielen (gleiche Rechte für Frauen und Männer) und sozialreformerischen Interessen vor allem die Eröffnung von Ausbildungs- und Berufsmöglichkeiten für Frauen in den Mittelpunkt ihrer Aktivitäten und Forderungen stellt (vgl. Greven-Aschoff 1981, S. 70 ff.).

Im Zusammenhang mit den Bestrebungen der bürgerlichen Frauenbewegung zur Förderung weiblicher Arbeit bekommen sozial-karitative Aktivitäten bzw. das Feld der sozialen Arbeit bald eine Schlüsselrolle zugesprochen. Diese hohe Bedeutung «sozialer Hilfstätigkeiten» als Betätigungsfeld für Frauen erklärt sich aus einigen Besonderheiten speziell der deutschen bürgerlichen Frauenbewegung. Anders als die Frauenbewegungen in den angelsächsischen Ländern, die in liberaler Tradition auf direktem Wege offensiv gleiche Rechte für Männer und Frauen fordern, wählt der «gemäßigte» Flügel der deutschen bürgerlichen Frauenbewegung angesichts der repressiven, obrigkeitsstaatlichen und patriarchalen Rahmenbedingungen im neu entstandenen Kaiserreich eine komplizierte Umwegkonstruktion für seine Emanzipationsbestrebungen.

Die Unterschiedlichkeit von Mann und Frau wird keineswegs geleugnet, sondern sogar emphatisch betont; zugleich wird aber die *Gleichbewertung* des männlichen und des weiblichen Prinzips in der Gesellschaft gefordert. Der Schlüsselbegriff dieser besonderen gesellschaftspolitischen Orientierung ist das Prinzip der *«geistigen» bzw. «seelischen» Mütterlichkeit* (vgl. kritisch Stoehr 1983). Dieses Prinzip soll begründen, daß die Forderung der Frauen, sich am politischen und sozialen Leben beteiligen zu dürfen, nicht ein Partikularinteresse einer gesellschaftlichen Teilgruppe darstellt, sondern daß ihre Verwirklichung dazu führt, das *Gemeinwohl* zu befördern. Denn es sei die besondere Kulturaufgabe der Frauen, die weiblichen Kräfte und Charaktereigenschaften für die *gesamte* Kultur zur Verfügung zu stellen.

Für den «gemäßigten» Flügel der Frauenbewegung erfüllt dieser Rückgriff auf das *Mütterlichkeitsprinzip* daher mindestens zwei Funktionen: Zum einen wird es nun verbandspolitisch möglich, mit der Postulierung dieses Ideals über alle sonstigen Interessenunterschiede hinweg eine den Frauen gemeinsame Interessenposition und ideologische Rechtfertigung von Emanzipationsforderungen zu geben, so daß die Frauenbewegung als *organisierte* Mütterlichkeit ihre gesellschaftspolitischen Forderungen legitimieren kann. Zum anderen kann auf diese Weise die «Veredelung» der Mütterlichkeit durch die Ausbildung der höheren Töchter und die (Weiter-)Bildung von Frauen als eine ausschließlich *weibliche* Aufgabe deklariert werden, um auf diese Weise den bestehenden Einfluß der Männer in der Höheren-Töchter-Bildung zurückzudrängen. Erste Ansätze für eine diesem Ideal entsprechende Bildungskonzeption bzw. Programmatik weiblicher Arbeit finden die Vertreterinnen der bürgerlichen Frauenbewegung in der «Mütterlichkeitspädagogik» vor, wie sie von Pestalozzi, Froebel und Henriette Schrader-Breymann entwickelt worden war (vgl. Simmel 1980): In diesen ersten Versuchen zu einer «weiblichen Pädagogik» war bereits der Gedanke formuliert, daß die «von Natur aus gegebenen» mütterlichen Eigenschaften, also die erzieherischen und pflegerischen Potenzen der Frau, einer systematischen Weiterentwicklung durch (Aus-)Bildung bedürfen, um zu einem höheren Grad der Entfaltung zu gelangen.

Wenn wir nun zur eingangs erwähnten Gründung der «Mädchen- und Frauengruppen für soziale Hilfsarbeit» zurückkommen, so wird klar, daß sich hier das spezifische Frauenideal der bürgerlichen Frauenbewegung konkretisiert, nämlich die Verknüpfung der weiblichen Emanzipationsbestrebungen mit der Verwirklichung einer besonderen Kulturaufgabe der Frau, repräsentiert durch das Prinzip der «geistigen Mütterlichkeit». Die «Gruppen» sind ein konkreter Ausdruck für das Bemühen, die gesellschaftliche Arbeit der Frau als Durchsetzung der Mütterlichkeit auch in außerfamilialen Lebensbereichen zu verstehen und zu betreiben.

Nun erschöpft sich die Bedeutung der «Gruppen» keineswegs darin, den bürgerlichen Töchtern eine Aufgabe und ein gesellschaftliches Betätigungsfeld eröffnet zu haben. Es kommt vielmehr hinzu, daß sie zugleich Qualität und Organisationsformen sozialer Arbeit auf eine neue Entwicklungsstufe stellen wollen. Von planloser, unkoordinierter und sentimentaler Wohltätigkeitsarbeit, wie sie auch damals schon von Männern wie Frauen in freien Vereinen praktiziert wird, wollen sich die «Gruppen» absetzen: Sie nehmen die Kritik der bürgerlichen Frauenbewegung am «gefährlichen Dilettantismus» jener Wohlfahrtsdamen, «die durch das Taschentuch den Arme-Leute-Geruch fernhalten wollten» (Helene Lange), auf, und es geht ihnen erstmalig um eine planvolle Organisierung der sozialen Arbeit sowie um eine praktische und theoretische Schulung der weiblichen Gruppenmitglieder. Die soziale Hilfstätigkeit soll von jeglichem «Dilettantismus» befreit und auch als ehrenamtliche Tätigkeit auf eine wissenschaftliche Grundlage gestellt werden. Die praktischen Aktivitäten werden in den Bereichen öffentlicher Armen- und Waisenpflege, Blindenanstalten, Kindergärten und Horte sowie privaten Wohlfahrtsvereinen jeweils unter der Leitung einer Frau aus dem Komitee durchgeführt. Das zeitliche Ausmaß des Engagements bei der Gruppenarbeit richtet sich nach den persönlichen Interessen und Möglichkeiten und reicht von der täglichen vollzeitlichen Beteiligung bis zu einigen wenigen Stunden pro Woche.

Auch Alice Salomons Beteiligung hält sich zunächst in einem bescheidenen Rahmen. Sie arbeitet jeden Montag nachmittag in einem Mädchenhort mit; erst später wird sie auf Hausbesuche geschickt und kommt mit den realen Lebensbedingungen der Armen- und Arbeiterbevölkerung in Berührung. Ihre weitere Entwicklung wird in den folgenden Jahren sehr stark durch die Begegnung und Zusammenarbeit mit Jeanette Schwerin geprägt, die die «Gruppen» mitbegründet hatte und von 1897 bis zu ihrem Tode im Jahre 1899 auch Vorsitzende des Komitees ist. Jeanette Schwerin, Tochter eines Arztes und selbst mit einem Arzt verheiratet, hatte mit ihrem Ehemann zu den Gründungsmitgliedern der «Deutschen Gesellschaft für ethische Kultur» gehört, die im Jahre 1892 unter der Führung von Professor von Gizycki entstanden war. Ziel dieser Gesellschaft ist es, nach dem Vorbild entsprechender Strömungen in den USA ein Denken zu befördern, das im Gegensatz zum vorherrschenden Manchester-Liberalismus die sozialen Verantwortlichkeiten der bürgerlichen Schichten für das Los der unteren Volksklassen hervorhebt, ein Denken also, das durch die Bestärkung einer gemeinwohlorientierten Pflichtethik die Klassengegensätze entschärfen möchte.

Jeanette Schwerin bemüht sich, Alice Salomon, die ein «töchterliches Verhältnis» zu ihr entwickelt, nicht nur zur praktischen Mitarbeit, sondern auch zur geistigen Weiterentwicklung anzuleiten (vgl. Peyser 1958, S. 27f.). Sie ist es auch, die Alice Salomon nicht nur mit Schriften von Goethe, Tolstoi u. a. bekannt macht, sondern ihr auch das Denken von Persönlichkeiten wie Thomas Carlyle und John Ruskin nahebringt, die gerade auch ihr späteres Konzept von sozialer Ausbildung beeinflussen werden. Die Gemeinsamkeiten dieser sehr unterschiedlichen Autoren beschreibt Dora Peyser, die langjährige Mitarbeiterin, Sekretärin und Biographin Alice Salomons: «An Stelle des Materialismus, des ‹Laisser-faire›, des Individualismus und des Glaubens an das Recht des Stärkeren trat die Anerkennung des Lebens, des individuellen Lebens, als höchster Wert und der sozialen Gerechtigkeit als des leitenden Ideals» (Peyser 1958, S. 28).

In den ersten Jahren ihres Bestehens konzentriert sich die Arbeit in den «Gruppen» auf zwei Problembereiche: Zum einen baut man eine «Vermittlung» derjenigen Mädchen und jungen Frauen auf, die von den «Gruppen» sowohl auf ehrenamtliche als auch auf besoldete soziale Hilfstätigkeiten vorbereitet werden. Die bestehenden Wohlfahrtseinrichtungen müssen zunächst einmal den Wert dieser neuen freiwilligen Kräfte anerkennen und lernen, geeignete Betätigungsmöglichkeiten für die bürgerlichen Frauen zu schaffen. Das zweite Problem besteht in der Konzipierung angemessener Formen der Unterweisung und Schulung der bürgerlichen Mädchen und jungen Frauen für soziale Arbeit. Diese ersten tastenden Versuche und Bestrebungen um eine systematische Ausbildung in der Zeit zwischen der Gründung der Gruppen im Jahr 1893 und dem Beginn des 20. Jahrhunderts sind deshalb so bedeutsam, weil sie gewissermaßen die Grundlage für die später entwickelten Ziele und Formen der Ausbildung für den Sozialarbeiterberuf abgeben. Zunächst wird mit verschiedenen Varianten der organisatorischen Ausgestaltung dieser Bemühungen und der Auswahl des Lehrstoffes experimentiert. Die Notwendigkeit hierzu ergibt sich allein schon daraus, daß die freiwillige Bereitschaft zur Teilnahme an den theoretischen Kursen nach anfänglichen Erfolgen rasch erlahmt. Zu sehr noch sind die Kurse und Vorträge vom Geist der praxisfernen universitären Lehre geprägt, und für die an wissenschaftlicher Ausbildung dieser Art nicht gewöhnten höheren Töchter ist die besondere Bedeutung dieser Ausbildungskurse für ihre praktische Betätigung auf dem Feld der sozialen Arbeit nicht unmittelbar einsichtig.

Als nach einigen Jahren des Experimentierens und des Erfahrungsammelns noch unter der Leitung von Jeanette Schwerin geplant wird, im Jahre 1899 zum ersten Mal einen Jahreskurs durchzuführen, bekommt Alice Salomon überraschend die Möglichkeit, das weitere Geschick der «Gruppen» maßgeblich selbst zu prägen und zu gestalten. Am 14. Juli 1899 stirbt die bisherige Vorsitzende Jeanette Schwerin im Alter von 47 Jahren, und die damals 27jährige Alice Salomon, die Schriftführerin der «Gruppen», wird auf Vorschlag von Emil Münsterberg, einem zeitgenössischen Experten für das Armenwesen und Stadtrat, zur neuen Vorsitzenden gewählt. So kommt es, daß Alice Salomon den bereits geplanten ersten Jahreskursus für Berufsarbeit in der Wohlfahrtspflege im Herbst 1899 eröffnet und somit am «Start» einer sozialen Berufsausbildung in Deutschland unmittelbar beteiligt ist. Dabei darf allerdings nicht übersehen werden, daß die überwiegende Mehrzahl der Teilnehmerinnen dieser Jahreskurse in den ersten Jahren noch in die *ehrenamtliche* Hilfsarbeit einmünden; die Zahl der beamteten und *besoldeten* Berufsarbeiterinnen steigt erst viel später wesentlich an.

Das Ausbildungskonzept Alice Salomons

Fortan ist es Alice Salomon, die die konzeptionelle Weiterentwicklung der sozialen Arbeit in den «Gruppen» maßgeblich gestaltet und auch darüber hinaus an der Entwicklung eines Ausbildungssystems für soziale Berufe arbeitet. Die Bedeutung des Wirkens von Alice Salomon faßt Christoph Sachße prägnant zusammen: «Sie bestimmte in der folgenden Zeit die Entwickung sozialer Arbeit und vor allem sozialer Ausbildung in Deutschland maßgeblich. Ihre besondere Leistung bestand darin, die Vorstellungen der bürgerlichen Frauenbewegung von der besonderen Kulturaufgabe der Frau mit dem Gedanken des sozialen Friedens und der sozialen Verantwortung der gehobenen Klassen, die sie aus den Werken Carlyles und Ruskins und der praktischen Arbeit der Settlement-Bewegung in England kannte, zu verbinden zu dem Konzept der besonderen Eignung *und* Verpflichtung der bürgerlichen Frau, durch soziale Arbeit an der Erhaltung des sozialen Friedens mitzuwirken. Damit entwarf sie das Leitbild, das die Entwicklung sozialer Arbeit als Frauenberuf bestimmen sollte» (1986, S. 125).

Die konzeptionellen Vorstellungen zur Höheren-Töchter-Bildung und zur fachlichen Schulung für soziale Hilfstätigkeiten, die Alice Salomon in einer Vielzahl von Schriften entwickelt und umschreibt, kreisen um einige wenige Kernpunkte, um wichtige Anliegen ihres Lebenswerkes. Zunächst spielt die moralische Schuld der Angehörigen der höheren Stände eine zentrale Rolle, und hier insbesondere der Frauen und ihre Verpflichtung zum sozialen Engagement und zur Hilfe für die Notleidenden in der Gesellschaft. Alice Salomon zufolge fristen gerade die Frauen der gehobenen Schichten unter den Bedingungen von steigendem Wohlstand und modernen Formen der Arbeitsteilung ein, wie sie es drastisch ausdrückt, «Parasitendasein». Sie seien daher geradezu verpflichtet, für sich die Möglichkeit zu erstreiten, ihre eigenen Fähigkeiten in den Dienst des Volksganzen stellen zu können.

In ihrem Aufsatz ‹Die Frau und die Arbeit› formuliert sie dies so:

> «Gerade Länder mit aufsteigender Zivilisation, mit zunehmendem Reichtum haben die *materielle Möglichkeit, ein weibliches Parasitentum zu entwickeln*; und wo eine Reichtumsquelle schnell und unvorbereitet in ein Land hineinflutet, gesellen sich zu dieser objektiven Möglichkeit leicht subjektive Parvenueinstinkte; es entstehen traditionslose Luxusbedürfnisse; eine grenzenlose Genußsucht, eine kulturwidrige Veräußerlichung und Verflachung der Lebensführung greift Platz, und alles das wirkt zusammen, um die Möglichkeit einer parasitischen Frauenklasse zur Wirklichkeit werden zu lassen» (1918a, S. 91).

Die Forderung der Frauen nach einem Recht auf Arbeit hält sie daher nicht für die Artikulation eines Eigeninteresses, sondern geradezu für eine Pflicht! Denn: «Wenn es der Grundgedanke unserer Bewegung ist, daß die Frau auch über das Haus hinaus Aufgaben zu erfüllen hat, so bedeutet das nicht, daß wir nur erlangen wollen, was man so als ‹neue Rechte› bezeichnet; sondern daß wir überzeugt sind, die Frau wird der Kultur auch etwas hinzufügen, sie wird den Reichtum und die Fülle menschlichen Strebens und Schaffens im sozialen Leben vergrößern können. Die Forderung nach neuen Entfaltungsmöglichkeiten für die Frauen beruht daher auf dem tief wurzelnden Glauben, daß es Aufgaben im sozialen Leben gibt, die die Frau ihrer Natur nach besser lösen kann als der Mann; daß die Frau einen neuen wertvollen Einschlag in die Kultur hineintragen wird, wenn sie *ihre besonderen Gaben, ihre besondere Eigenart* im öffentlichen Leben nutzen kann» (1918c, S. 130).

Diese Befreiung der bürgerlichen Frauen aus ihrem «Parasitendasein» soll natürlich nicht nur zu ihrem eigenen Wohle beitragen; es geht vielmehr darum, die Lösung der eigenen Probleme mit der Bewältigung der Probleme anderer zu verknüpfen, also einen Ausgleich zwischen den sozialen Klassen, zwischen den Privilegierten und den Benachteiligten, und hier insbesondere den weiblichen Mitgliedern auf beiden Seiten, herzustellen. Das Ziel, das die Frauenbewegung bei der Heranziehung bürgerlicher Frauen zu sozialen Tätigkeiten erreichen will, umschreibt sie daher mit den folgenden Worten:

> «Sie will einen Ausgleich schaffen zwischen dem Leben der Frau, die allein auf ihr Haus angewiesen ist und nach einem neuen und tieferen Lebensinhalt verlangt, und der Frau, die durch die Not aus ihrem Haus, aus der Familie getrieben worden ist. Sie will diese beiden Welten einander näherbringen» (1918c, S. 130f.). Sie fordert also nichts anderes als eine Geschlechtssolidarität der Frauen der höheren Stände mit den Frauen der unteren Volksklassen, denn: «Die Forderung nach tieferer Bildung, insbesondere auch nach einer stärkeren Betonung sozialer Bildungselemente bei der weiblichen Jugend; dann die Forderung nach Zulassung zu öffentlichen Ämtern und Rechten auf der einen Seite; – bessere Berufsbildung, Schaffung von Organisationen, Schutz für die Berufstätigen, Mutterschaftsversicherung auf der anderen Seite: das alles, damit die einen neue Pflichten auf sich nehmen und die Schultern der anderen, die zu sehr niedergedrückt sind, entlastet werden. Die eine Frau soll ihr Haus verlassen, um die andere wenigstens in bescheidenem Umfang ihrer Familie zurückzugeben» (ebenda).

Dieses anspruchsvolle Konzept von sozialer Arbeit als weiblichem Dienst am Volksganzen hat Konsequenzen für die Ausbildung und fachliche Schulung. Alice Salomon hat ihre Vorstellungen zur höheren Töchterbildung und zur fachlichen Schulung für soziale Hilfstätigkeiten z.B. in der im Jahre 1908 erscheinenden Schrift «Soziale Frauenbildung» dargelegt. Hier führt sie aus, daß sich die fachliche Schulung für soziale Hilfstätigkeiten nicht auf die Vermittlung wissenschaftlicher Kenntnisse und praktischer Fähigkeiten beschränken kann. Eine notwendige Voraussetzung dieser Ausbildung muß in der Vermittlung einer spezifisch sozialen Grundhaltung der künftigen Helferinnen bestehen. Alice Salomon betont den Stellenwert der sozialen Gesinnung und der Persönlichkeitsbildung nicht zuletzt deshalb so stark, weil sie bei der damaligen Generation von höheren Töchtern ein besonderes Maß an Unwissenheit und Ignoranz hinsichtlich der übergreifenden ökonomischen und politischen Zusammenhänge und Verflechtungen vermutet. Ferner geht sie davon aus, daß den betroffenen Frauen ein Verständnis für die Belange und Probleme anderer gesellschaftlicher Gruppen und Schichten fehlt und die Mehrzahl ihrer potentiellen Schülerinnen aufgrund ihrer begrenzten Erfahrungen und Partizipationsmöglichkeiten den sozialen Schäden der Zeit gleichgültig und unwissend gegenüberstehen wird.

Im Rahmen dieser Konzeption hat also die fachliche Ausbildung immer eine Doppelfunktion zu erfüllen: Es müssen sowohl Kenntnisse, Fähigkeiten und Fertigkeiten, die dem erreichten Stand der einschlägigen Wissenschaften entsprechen, als auch eine spezifische Berufsethik vermittelt werden, die erst eine verantwortungsbewußte soziale Arbeit sicherstellen kann:

«Soziale Schulung ist nicht nur eine Sache der Vermittlung von Wissen, sondern eine Sache der Entwicklung des Gewissens, der Pflege der Charaktereigenschaften, die für eine richtige Erfassung gegenseitiger Pflichten und Verantwortungen im Gemeinschaftsleben notwendig sind. Alle soziale Bildung bleibt wirkungslos und unfruchtbar, wenn sie nicht zur sozialen Gesinnung führt, wenn sie den Menschen nur etwas beibringt, was sie vorher nicht wußten, und sie nicht auch zu etwas macht, was sie vorher nicht waren. Deshalb muß eine soziale Schule mehr sein als eine Unterrichtsstätte. Sie muß eine Gemeinschaft sein, in der aus dem gemeinsamen Erleben eine Aufgabe, eine gemeinsame Gesinnung herauswächst» (Salomon 1927, S. 204).

Die Gründung der sozialen Frauenschule

Von diesen Überlegungen ausgehend, entwickelt Alice Salomon die Formen und Inhalte der sozialen Ausbildung zunächst im Rahmen der «Gruppen» weiter. Dementsprechend wird vom Jahr 1906 an mit einer zeitlichen Ausdehnung und sachlichen Differenzierung der Ausbildungskurse experimentiert. Es wird nun nach Unter- und Oberstufe unterschieden und in den jetzt zweijährigen Kursen ein differenzierter Fächerkanon angeboten, der über Volkswirtschafts- und Staatslehre bis zu Pädagogik, Psychologie und Fürsorgewissenschaft und schließlich Sozialethik und Religion eine große Spannbreite von Wissensgebieten und Disziplinen umfaßt.

Nun wird in diesen Jahren nicht nur in den «Gruppen» mit neuen Formen einer fachlichen Schulung für die soziale Arbeit experimentiert. Neben verschiedenen anderen Bestrebungen ist in diesem Zusammenhang vor allem die Gründung einer christlich-sozialen Frauenschule des deutsch-evangelischen Frauenbundes im Jahre 1905 zu erwähnen. Dieser Sachverhalt und die Tatsache, daß die Nachfrage nach beruflich geschulten weiblichen Kräften vor allem im Bereich der Gemeindeverwaltungen und Wohlfahrtseinrichtungen steigt und der Deutsche Verein für Armenpflege und Wohltätigkeit auf seiner Generalversammlung in Eisenach 1907 das Thema «Die fachliche und berufliche Ausbildung in der Armenpflege» (vgl. Levy 1907) diskutiert und damit ebenfalls die sozialpolitische Relevanz dieses Themas signalisiert, führt zu Bestrebungen in den «Gruppen», auch eine soziale Ausbildungsstätte zu gründen. Angesichts der eigenen langjährigen Erfahrungen mit den Jahres- und Zweijahreskursen, und unter Rückgriff auf das Vorbild der Kindergärtnerinnen-Seminare am Pestalozzi-Froebel-Haus, wird dann 1908 in enger Zusammenarbeit mit dem Berliner «Verein für Volkserziehung», der das Pestalozzi-Froebel-Haus trägt, in den dortigen Räumen die soziale Frauenschule gegründet.

Die konzeptionellen Grundlagen für die Aufgaben einer sozialen Frauenschule formuliert Alice Salomon in ihrer bereits erwähnten Schrift «Soziale Frauenbildung». Hier führt sie aus, daß die Unterstufe dem Ziel dienen soll, junge Mädchen unter 20 Jahren entweder zu einer Art von Schulabschluß zu führen oder aber für die berufsbezogene Ausbildung in der Oberstufe vorzubereiten. Inhaltlich geht es hier nicht um berufliche Bildung, sondern um Höhere-Töchter-Bildung: Die Töchter aus «gutem» Hause, die bislang allenfalls mit schöngeistigen Bildungsinhalten oder aber mit Wissensbeständen und Techniken in Berührung gekommen sind, die sich auf ihre zukünftigen Hausfrauen- und Mutterpflichten beziehen, sollen mit dem sozialen, ökonomischen und politischen Leben vertraut gemacht werden. Gerade Fächer wie die Volkswirtschaftslehre und Staatslehre sieht sie neben der Sozialpädagogik und Sozialethik als geeignet an, um ein pragmatisches Bildungsideal zu verwirklichen, das sie folgendermaßen umreißt:

> «Denn sie werden ein *konkretes* Bildungsideal haben, statt wie bisher ein abstraktes, rein schöngeistiges. Man braucht die ästhetischen Bildungselemente keineswegs zu unterschätzen; eher kann man wünschen, daß sie an die richtige Stelle gerückt werden. Sie sollen auch für die Frauen die *Krone* der Bildung sein, nicht ihre Basis. Auch für sie sollten an Stelle der dekorativen Grundrichtung der Erziehung eine praktische, auf das *reale Leben* gerichtete treten, die ihnen sicherlich lebensnötiger und nützlicher ist. Solches konkretes Bildungsideal nur kann sie dazu führen, die reale Welt der Gegenwart zu begreifen und sich in ihr handelnd zu betätigen. Die Bildung wird dann nicht mehr einseitig das Gemüt und die rezeptiven Neigungen der Mädchen entwickeln, sondern auch Tatkraft und Tatbedürfnis in ihnen hervorrufen» (Salomon 1908, S. 31f.).

Die Oberstufe, deren Bildungsziele und -inhalte sie im zweiten Teil der erwähnten Schrift entwickelt, dient dann der Vorbereitung auf die berufliche Betätigung im Feld der sozialen Arbeit. Hier drückt sie noch einmal in polemischen Formulierungen ihre Kritik an Dilettantismus und Ignoranz der herkömmlichen Praxis planloser, unqualifizierter Hilfstätigkeit aus und begründet die Notwendigkeit einer Vermittlung von Wissen und Können, die unter den komplizierten wirtschaftlichen und sozialen Verhältnissen notwendig sind, um effektiv soziale Hilfe zu leisten:

> «Es ist ganz merkwürdig zu beobachten, wie viele Frauen überzeugt sind, auf einem Gebiete etwas leisten zu können, das ihnen so fremd wie ein unerforschter Weltteil ist; wie viele glauben, daß sie imstande sind, hierbei geldwerte Leistungen einzusetzen, ohne

etwas gelernt zu haben, während sie sich doch niemals anmaßen würden, ohne besondere Kenntnisse erworben zu haben eine Schreibmaschine bedienen, Spitzen klöppeln oder griechischen Unterricht erteilen zu können» (Salomon 1908, S. 38).

Diese Form des Dilettantismus sieht sie sowohl in der besoldeten als auch in der ehrenamtlichen sozialen Arbeit, und zwar sowohl bei Männern wie auch bei Frauen stark ausgeprägt. In der öffentlichen Armenpflege wie auch in den freien Wohlfahrtsvereinigungen bringen die meisten Mitarbeiter nichts mit als ihre Lebenserfahrungen. Dieses Wissens- und Qualifikationsdefizit ist aber bei den Frauen besonders stark ausgeprägt:

«Den Frauen, die sich der sozialen Arbeit zuwenden (...), fehlt es an jeder Vorbildung für ihre Arbeit. Zu den mangelnden beruflichen und persönlichen Erfahrungen gesellt sich noch die Unkenntnis der Einrichtungen von Staat und Gemeinde, der Hilfsmittel der Wohlfahrtspflege, die bei ihnen weit größer ist als bei den Männern – aufgrund ihrer schlechteren Schulbildung, ihres Ausschlusses von politischen Rechten und Pflichten – zu sein pflegt. Daß es eine *öffentliche* Armenpflege gibt, daß aus Steuermitteln für Kranke und Bedürftige gesorgt wird, ist vielen ‹gebildeten› Frauen (denn unter Bildung wird meist das Verständnis literarischer, künstlerischer – nicht politischer oder sozialer Angelegenheiten verstanden) fremd» (ebenda, S. 42).

Aus diesen Gründen plädiert sie für eine systematische Vermittlung theoretischer und technischer Kenntnisse, die über die praktische Einführung in die Arbeit hinausgehen und mithin in einer gesonderten schulischen Berufsausbildung organisiert werden sollten. Allerdings müssen die Formen und Inhalte dieser systematischen Berufsausbildung auf die besonderen Bedürfnisse der jeweiligen Adressatengruppe abgestimmt werden. Alice Salomon faßt die Erfahrungen mit diesen Experimenten zusammen:

«Die Kurse wurden mehr und mehr dem Bedürfnis der praktischen Arbeit angepaßt; die Technik der sozialen Arbeit wurde bei der Unterweisung mehr berücksichtigt, indem Kurse zur Vorbereitung für die praktische Betätigung in Kindergärten und Horten (Sozialpädagogik, Handfertigkeit), Kurse über solche Fragen der Gesetzgebung, die das Armenwesen, die Jugendfürsorge, die Arbeiterinnenfürsorge betreffen, eingerichtet wurden. Und auf diese vorzugsweise technischen Fächer bauten schließlich einige Kurse auf, die mehr dem Bedürfnis der *Helferinnen* als den Erfordernissen der praktischen Arbeit selbst entsprachen. Nämlich Kurse, die vor allem die Helferinnen befähigen sollten, sich eine *eigene* Stellung zu den sozialen Problemen, die ihnen durch die Hilfsarbeit nahetreten, zu erarbeiten. Es waren das Kurse über die Entwicklung der Volkswirtschaft, über die Entstehung der Arbeiterfrage, über soziale Ethik und dgl. In den letzten Jahren wurden die Kurse in eine Ober- und Unterstufe geteilt, da es sich als notwendig erwies, neben den Einführungskursen, die der Belehrung der alljährlich hinzutretenden Mitarbeiterinnen dienen, auch den älteren Mitarbeiterinnen die Möglichkeit der Fortbildung und Vertiefung zu geben» (Salomon 1908, S. 55f.).

Obwohl mit der Eröffnung der sozialen Frauenschule ein weiterer Schritt hin zur Verberuflichung getan wird, geht es Alice Salomon auch zu diesem Zeitpunkt keineswegs primär um die Schaffung eines Erwerbsberufes. Das Berufsverständnis, wie es ihr vorschwebt, ist von idealistischen und sozialreformerischen Einflüssen geprägt und weit von unseren heutigen Vorstellungen abhängiger Erwerbstätigkeit entfernt. Diese Vorstellung von sozialer Arbeit als einer «Berufung», einer außergewöhnlichen Aufgabe, die im Sinne eines «Eignungsberufes» von «charismatischen» Persönlichkeiten übernommen wird, entwickelt sie auch in ihrer Rede, die sie am 15. Oktober 1908 zur Eröffnung der sozialen Frauenschule hält. An den Anfang ihrer Ausführungen stellt sie das Wort Carlyles «Gesegnet ist der, der seine Arbeit gefunden hat!» Zum Verständnis dieser Losung führt sie aus:

«*Arbeit*, d. h. nicht Beschäftigung, nicht Zeitvertreib, sondern eine Tätigkeit, die nicht nur Ihre Zeit – sondern auch Ihre Gedanken, Ihr Interesse in Anspruch nimmt, die zunächst für einige Jahre den Inhalt Ihres Lebens ausmachen soll, um den herum alles andere, was das Leben Ihnen an Freuden, Genüssen, Anregungen bietet, sich nur – gleichsam wie eine schmückende Arabeske – als Beiwerk gruppiert. Arbeit, die Sie nicht nur erfüllt, solange Sie als Schülerinnen in diesem Hause ein- und ausgehen; sondern Arbeit, die Sie mit hinausnehmen, wenn Sie die Schule verlassen, als einen Teil Ihres Lebens, der nicht zugrunde gehen *kann*, der zu Ihnen gehört, der Ihre Lebensauffassung und Ihr Tun bestimmt, wo das Schicksal Sie auch hinführt, welcher Platz Ihnen auch einmal später zugedacht sein mag.

Das gilt für alle unsere Schülerinnen, gleichviel ob sie sich für freiwillige Hilfstätigkeit oder für eine besoldete Berufsarbeit vorbereiten wollen. Dem soll ihre Ausbildung dienen. (...) So sollen Sie durch unsere Schule eine Arbeit finden, zu der Sie sich verpflichtet fühlen, zu der Sie der Ruf einer inneren Stimme treibt; eine Arbeit, die man nicht aufnehmen oder lassen kann, wie andere Beschäftigungen, sondern die von Ihnen allen – auch wenn sie als unbezahlte freiwillige Arbeit ausgeübt – als Beruf aufgefaßt wird; d. h. als eine Aufgabe, zu der jeder von uns *sich berufen fühlt*.

Aber das Wort Carlyles enthält noch eine tiefere Bedeutung, läßt noch eine andere Anwendung auf unsere Schule zu. Es sagt: ‹Gesegnet, wer *seine* Arbeit gefunden hat.› Sie sollen hier *Ihre* Arbeit finden, d. h. nicht eine Arbeit, die man nur als Mühe; sondern eine Tätigkeit, bei der jede ihre *individuellen* Kräfte nutzen kann, bei der jede das Gefühl hat, daß sie gerade für diese Arbeit geboren und bestimmt ist» (Salomon 1908a, S. 103f.).

Im Anhang ihrer Schrift «Soziale Frauenbildung» findet sich mit dem Lehrplan der Schule gewissermaßen die Umsetzung dieser konzeptionellen Überlegungen in ein Curriculum. Zur Abgrenzung der Ausbildungsziele von Unter- und Oberstufe führt sie aus:

«Die *Unterstufe* soll der Fortbildung der jungen Mädchen *für den Pflichtenkreis in der Familie* dienen, und daneben ihr *Interesse für soziale Aufgaben* erwecken. Die pädagogischen Fächer werden in der Unterklasse daher in den Mittelpunkt des Unterrichts gestellt, und durch praktische Unterweisung 1. im Kindergartenbereich, 2. durch technische Fächer (Handarbeit, Handfertigkeit, Hauswirtschaft) ergänzt.

Die *Unterstufe* soll aber gleichzeitig die *Grundlage für eine Ausbildung von besoldeten und freiwilligen Kräften zur sozialen Hilfsarbeit bieten*, dazu einer wirksamen sozialen Fürsorgetätigkeit – neben den erforderlichen Fachkenntnissen – auch ein *allgemeines* Verständnis der sozialen Probleme wünschenswert, ein gewisses

Maß hauswirtschaftlicher und pädagogischer Kenntnisse aber *unerläßlich* ist. (...)

Die *Oberstufe* soll den Schülerinnen eine *fachliche Ausbildung für soziale Arbeit* vermitteln und *Berufsarbeiterinnen* und *Helferinnen* für alle Gebiete sozialer Fürsorge (insbesondere für Armenpflegevereine, für die soziale Jugendfürsorge, für Volksbildungsvereine, für Vereine zur Förderung der Volksgesundheit, für Anstalten zur Fürsorge für Arbeiterinnen) ausbilden. Der Besuch der oberen Klasse soll im allgemeinen auf den der Unterstufe aufbauen. Doch können auch Schülerinnen, die hauswirtschaftliche, pädagogische oder soziale Ausbildung nachweisen, direkt in die obere Klasse aufgenommen werden. Dem Lehrziel entsprechend treten in dieser Klasse die Sozialwissenschaften und die für soziale Arbeit notwendigen Fachkurse in den Vordergrund» (Salomon 1908, Anhang, S. 94f.).

Aus dieser generellen Aufgabenstellung ergibt sich, daß in der Unterstufe Erziehungslehre, Einführung in das Leben und Wirken bedeutender Pädagogen, Hygiene, Volkswirtschaftslehre, Bürgerkunde und Einführung in die soziale und pädagogische Literatur als wissenschaftliche Fächer, Handfertigkeit und Handarbeit als technische Fächer sowie Arbeit im Kindergarten, Kochen und häusliche Beschäftigung als praktischer Teil angeboten werden. In der Oberstufe schließlich stellen Volkswirtschaftslehre, Bürgerkunde und Familienrecht, Sozialethik, Pädagogik, Soziale Hygiene sowie Einführung in die pädagogische und soziale Literatur die wissenschaftlichen Fächer, Einführung in die Probleme der sozialen Arbeit, Theorie und Geschichte des Armenwesens und der Armenpflege sowie Theorie der Jugendfürsorge die technischen Fächer dar. Abgesehen von dieser schulischen Ausbildung wird von den Schülerinnen auch eine praktische Mitarbeit in irgendeinem Gebiet der Wohlfahrts- bzw. Armenpflege in je nach Ausbildungsziel unterschiedlicher Intensität verlangt (vgl. ebenda, S. 95f.).

Weibliche Emanzipation und soziale Arbeit: Vom Verblassen einer Idee

Die hier nachgezeichnete Entwicklung einer Ausbildung für soziale Hilfstätigkeiten – oder, wie wir heute sagen würden: für Sozialarbeit/Sozialpädagogik – in der Phase zwischen der Gründung der «Mädchen- und Frauengruppen für soziale Hilfsarbeit» 1893 und der Einrichtung der ersten nicht-konfessionellen sozialen Frauenschule 1908 ebenfalls in Berlin hat verdeutlicht, daß die Herausbildung eines Ausbildungswesens für soziale Arbeit eng mit den Intentionen und Aktivitäten der bürgerlichen Frauenbewegung im Übergang vom 19. zum 20. Jahrhundert verbunden ist. Es geht Alice Salomon, die man mit Recht als die «Begründerin des sozialen Frauenberufes in Deutschland» bezeichnet hat, keineswes darum, einen «ganz normalen» Erwerbsberuf zu schaffen. Vielmehr zielt ihr Ausbildungskonzept «auf einen homogenen sozialen Adressatenkreis: Mädchen und junge Frauen aus dem gehobenen bürgerlichen Mittelstand, deren Kräfte ‹brachlagen› und die durch fachliche Kenntnisse und Fertigkeiten, vor allem aber durch die Erzeugung einer sozialen Motivation in die Lage versetzt werden sollten, durch kompetente soziale Hilfstätigkeit ihrer gesellschaftlichen Verpflichtung, der spezifischen Kulturaufgabe der bürgerlichen Frau, nachzukommen und damit zugleich ihre eigene Emanzipation zu betreiben. Demgegenüber war die Frage, ob die soziale Hilfstätigkeit ehrenamtlich oder beruflich ausgeübt wurde, sekundär» (Sachße 1986, S. 145).

Das Element der Verfachlichung und Qualifizierung sozialer Arbeit ist hier also noch von dem Element der Hauptamtlichkeit bzw. des Berufsstatus säuberlich getrennt. Der Grund hierfür liegt – wie gezeigt – darin, daß Alice Salomon die Beteiligung der Töchter gehobener Stände an sozialer Arbeit als eine soziale Verpflichtung, als Ableistung einer Dankesschuld konzipiert, die gerade die «parasitären» weiblichen Mitglieder des Großbürgertums gegenüber den (weiblichen) Mitgliedern der benachteiligten Schichten zu begleichen hätten. Die soziale Hilfe, die auf diese Weise organisiert werden soll, ist primär eine «Hilfe von Frauen für Frauen», denn die sozialen Arbeiterinnen haben es zumeist mit den Frauen der Arbeiter- und Armenfamilien zu tun; ihnen sollen sie bei der Bewältigung ihrer schwierigen, oft hoffnungslosen Lage beistehen, ihnen sollen sie Formen einer sparsamen Haushaltsführung, angemessene Methoden der Säuglingspflege und Kindererziehung sowie Wege der Erschließung materieller Hilfen und Unterstützungen vermitteln. Zugleich erweist sich das Verhältnis zwischen bürgerlicher Frauenbewegung und entstehender sozialer Arbeit – wie es der bereits erwähnte zeitgenössische Fachmann für das Armenwesen Emil Münsterberg im Jahre 1889 formuliert – als eine vertrackte Kombination von Selbst- und Fremdhilfe: Indem die bürgerlichen Frauen sich selbst für soziale Hilfstätigkeiten zur Verfügung stellen, lösen sie ein doppeltes Problem: Zum einen tragen sie zur Verbesserung der Lage der unteren Klassen bei – und leisten so Fremdhilfe –, und zum anderen eröffnen sie für sich selbst bislang verschlossen gebliebene Zugänge zu gesellschaftlichen Arbeits- und Einflußfeldern und leisten auf diese Weise Selbsthilfe.

Aus unserer heutigen Sicht wissen wir, daß viele der Ideen und konzeptionellen Überlegungen von Alice Salomon und weiteren Verfechterinnen der Ziele der bürgerlichen Frauenbewegung in der sozialen Arbeit die historische Entwicklung nicht überleben konnten. Sozialarbeit/Sozialpädagogik ist heute ein Erwerbsberuf «wie jeder andere», wenn auch mit den speziellen Eigentümlichkeiten und Spannungen behaftet, die alle «personenbezogenen Dienstleistungsberufe» (vgl. Olk 1986) aufweisen. Und obwohl auch heute noch Frauen in diesem Beruf in quantitativer Hinsicht überwiegen, so ist er doch längst kein exklusiver Frauenberuf mehr. Wie fast überall sonst, haben sich vielmehr auch hier die üblichen Formen geschlechtsspezifischer Arbeitsteilung durchgesetzt: Die Frauen besetzen die eher rangniedrigen, ausführenden Positionen, die Männer dagegen behalten sich die leitenden, ranghöheren Positionen vor.

Freilich ist offensichtlich, daß die eigentümliche Verbindung von fachlicher Ausbildung und ehrenamtlicher Tätigkeit in dem Moment zusammenbrechen muß, wo sich die ursprünglich zugrundeliegenden gesellschaftlichen Bedingungen ändern. Es überrascht daher kaum, daß mit den wirtschaftlichen und sozialen Umwälzungen infolge von Erstem Weltkrieg und Inflation die Verberuflichung sozialer Arbeit rasch voranschreitet und neue Interessentengruppen in die Ausbildungsstätten eindringen. Es geht nun immer weniger darum, die «weibliche Kulturaufgabe» der Frau zu erfüllen, sondern in den Mittelpunkt der Aufmerksamkeit dringt das Erwerbsmotiv, also das Interesse an einer «dauerhaften Erwerbschance» (Max Weber 1972).

In den zwanziger Jahren dieses Jahrhunderts kommen die Entwicklungen der Verberuflichung sozialer Arbeit zu einem vorläufigen Abschluß. Inzwischen sind eine große Anzahl von sozialen Ausbildungsstätten entstanden; die Dauer der Ausbildung sowie die curriculare Gestaltung der Unterrichtsinhalte sind in staatlichen Prüfungsordnungen (vom 22.10.1920) und «Richtlinien für die Lehrpläne der Wohlfahrtsschulen» (vom 10.4.1930) geregelt. Die Sozialarbeiter und Sozialarbeiterinnen (es sind nun auch männliche Berufsinteressierte zugelassen) sind in Berufsverbänden (ab 1916) organisiert, und die Nachfrage nach fachlich geschulten Kräften steigt insbesondere seit dem Ersten Weltkrieg kräftig an. In der Bezirksfamilienfürsorge endlich findet die soziale Arbeit eine organisatorische Form, die auch für die weitere Entwicklung prägend sein wird. Sozialarbeit/Sozialpädagogik ist nun ein fester Bestandteil der kommunalen Fürsorgeapparatur und hat sich als sozialer Dienstleistungsberuf etabliert.

Alle diese Entwicklungen führen dazu, daß sich der ursprüngliche Zusammenhang von weiblicher Emanzipation, Verwirklichung einer «kulturellen Mission» der Frau in der Gesellschaft und Verfachlichung sozialer Arbeit allmählich auflöst. Man kann sogar sagen, daß Sozialarbeit/Sozialpädagogik als Erwerbsberuf ein «nicht-intendiertes Projekt der bürgerlichen Frauenbewegung» (Olk 1986) darstellt. Dennoch gilt, daß der Zuschnitt der beruflichen Aufgabenstellung, wie ihn Alice Salomon konzipiert hat, trotz aller inzwischen erfolgten Weiterentwicklungen in seinen Grundzügen bis heute erhalten geblieben ist. Gegen den damals vorherrschenden repressiven und ordnungspolizeilichen Umgang mit Armen und Hilfsbedürftigen entwikkelt sie nämlich ein *pädagogisches* Konzept der sozialen Arbeit. Alice Salomon liegt also nicht weit von der heutigen Wirklichkeit entfernt, wenn sie formuliert, daß die zentrale Aufgabe sozialer Arbeit darin bestehe, «die einzelnen Individuen so zu beeinflussen, daß sie ihren Lebensumständen gerecht werden; oder aber die Lebensumstände, die Umgebung so zu gestalten, daß die Individuen geeigneter für die Erfüllung ihrer Lebenszwecke werden; daß sie die ihnen gegebenen Kräfte entwickeln und ihre Möglichkeiten erfüllen können» (Salomon 1927, S. 77). In dieser Hinsicht wirkt der Einfluß von Alice Salomon bis heute nach, ob wir dieses nun gutheißen oder nicht.

Irmgard Vogt

Ehrenarbeit als Liebesdienst: Frauen in der ehrenamtlichen Hilfe

Ehrenamtliche soziale Arbeit: Für Frauen Ehrensache?

«Warum sollte eine Mutter von zwei Kindern nicht für die Kleinen aus der Nachbarschaft eine Krabbelgruppe anbieten – auch wenn sie früher als Erzieherin für die gleiche Tätigkeit entlohnt wurde? Warum soll eine vierzigjährige Frau, deren Kinder das Haus verlassen haben, nicht Ausländerkindern bei den Schularbeiten helfen – auch wenn ihre Rechtschreibkenntnisse ihr früher als Sekretärin einen guten Lohn eingebracht haben? Warum soll eine Sozialpädagogikstudentin nicht während des Studiums eine Mädchengruppe im Jugendzentrum unentgeltlich betreuen – auch wenn sie für die gleiche Arbeit in ein paar Jahren eventuell einmal bezahlt werden wird?»

Mit diesen Fragen beginnt Luise Drasdo (1984) ihren Artikel über «Die nützlichen Idiotinnen» und ihre «Gedanken über die bezahlte und unbezahlte Arbeit von Frauen». Und mit diesen Fragen umreißt sie zugleich das Spannungsfeld, innerhalb dessen sich jede Diskussion über die ehrenamtliche unbezahlte Arbeit von Frauen im sozialen Bereich bewegt, also zwischen sozialem Engagement und «Liebesdienst» einerseits und ökonomischen sowie arbeitsmarktpolitischen Rahmenbedingungen andererseits. Es ist wohl diese Mischung ganz unterschiedlicher Betrachtungsweisen und Einschätzungen der ehrenamtlichen Arbeit, die dazu einlädt, die Diskussion über ihren Stellenwert emotional aufzuladen je nach dem Standpunkt, den Frauen und Männer dazu einnehmen. Das trägt gelegentlich dazu bei, daß statt mit nüchternen Fakten mit Meinungen argumentiert wird, die man als Tatsachen ausgibt und die sich bei näherer Betrachtung nicht selten als Vorurteile entschleiern. Will man die ehrenamtliche Arbeit einer kühlen Kosten-Nutzen-Analyse unterziehen und die Vorteile gegen die Nachteile aufwiegen, dann sind solche emotionalen Betrachtungsweisen eher hinderlich. Jedenfalls tragen sie wenig dazu bei, den Blick frei zu halten für die Analyse der Zusammenhänge, die einer Bewertung der ehrenamtlichen Arbeit im sozialen Bereich allemal vorausgehen sollte.

Zu diesem Zweck soll hier erst einmal definiert werden, was im folgenden unter ehrenamtlicher Arbeit im sozialen Bereich verstanden werden soll und in welchem Verhältnis sich diese Arbeit zur Erwerbsarbeit befindet.

«Nach den gängigen Arbeitstheorien, die sich fast alle auf Lohnarbeitstätigkeiten in Industrie und Verwaltung beziehen, ist ehrenamtliche Arbeit keine Arbeit. Sie findet außerhalb bezahlter Lohnarbeit statt und gehört in den ‹Restbereich›, der für die Reproduktion der menschlichen Arbeitskraft zuständig ist» (Notz 1987, S. 38). Ehrenamtliche Arbeit im sozialen Bereich nimmt also eine Zwischenstellung ein zwischen Hausarbeit auf der einen Seite und Erwerbsarbeit auf der anderen; ebenso wie die Hausarbeit wird ehrenamtliche Arbeit nicht bezahlt, und anders als die Erwerbsarbeit ist das Arbeitsverhältnis unverbindlich. Da die ehrenamtliche Arbeit nicht an Lohn gebunden ist, wird sie, wenn überhaupt, honoriert. Allerdings sind solche Honorierungen im sozialen Bereich eher die Ausnahme und nicht die Regel. Mittlerweile ist jedoch die Kostenerstattung üblich, die nicht immer ausreicht, um die tatsächlich anfallenden Kosten der ehrenamtlichen Arbeit abzudecken (vgl. Vogt et al. 1987). Dazu kommen seit neuestem auch Experimente mit Aufwandsentschädigungen, also einer Art Entlohnung, wobei die Bezahlung der (Sozial-)Arbeit weit unter der Entlohnung bei Erwerbsarbeit steht. Welche Auswirkungen diese Art der Entlohnung auf niedrigstem Niveau und jenseits aller tariflichen Regelungen auf die ehrenamtliche Arbeit hat, läßt sich derzeit noch nicht absehen. Es ist aber durchaus denkbar, daß auf diesem Wege ein neues Proletariat im tertiären Sektor geschaffen wird.

Ehrenamtliche soziale Arbeit kann man individuell organisieren und leisten: es steht jeder Person frei, ihre Arbeitskraft im sozialen Bereich unentgeltlich zur Verfügung zu stellen. Ehrenamtliche Arbeit wird jedoch auch über die Träger der Freien Wohlfahrtsverbände organisiert. Zu den Spitzenverbänden rechnet man das Diakonische Werk, den Deutschen Caritasverband, das Deutsche Rote Kreuz, den Deutschen Paritätischen Wohlfahrtsverband, die Arbeiterwohlfahrt und die Zentrale Wohlfahrtsstelle der Juden in Deutschland. Dazu kommen heute die von den neuen sozialen Bewegungen ins Leben gerufenen und getragenen Initiativen und Projekte, von denen wiederum besonders viele im sozialen Bereich angesiedelt sind (vgl. Vilmar 1986).

Nach Untersuchungen von Noelle-Neumann & Piel (1983) bestätigen rund 4 Prozent von in Zufallsstichproben Befragten ihre Bereitschaft, in einem der etablierten Wohlfahrtsverbände ehrenamtlich tätig zu sein (für Einzelheiten vgl. Vogt 1987). Rechnet man diese Zahlen hoch, dann muß man von schätzungsweise 2,5 Millionen Bürgerinnen und Bürgern ausgehen, die sich ehrenamtlich engagieren wollen. Rund die Hälfte davon arbeitet im sozialen Bereich. Dazu kommen nochmals rund 1 Million Personen, die in den neuen sozialen Bewegungen und den von diesen vorangetriebenen Initiativen und Projekten mitarbeiten. Mindestens die Hälfte aller dieser Aktivitäten liegt im Gesundheitsbereich, den man mit gutem Grund zum sozialen Bereich dazuschlagen kann. Alles in allem genommen muß man also davon ausgehen, daß etwa 3 bis 4 Millionen Personen ehrenamtlich engagiert sind und von diesen wiederum rund 2 Millionen Personen unbezahlte Arbeiten im sozialen Bereich übernehmen.

Für diejenigen, die in den etablierten Wohlfahrtsverbänden ehrenamtlich arbeiten, hat die Bundesarbeitsgemeinschaft der Freien Wohlfahrtsverbände Schätzungen angestellt über den volkswirtschaftlichen Gesamtwert, der von ihnen erwirtschaftet wird. Er wird mit 2 bis 3 Milliarden DM pro Jahr angegeben (vgl. Notz 1989, S. 67; Bundesarbeitsgemeinschaft 1982). Es handelt sich also um ganz erhebliche Leistungen, die von den Ehrenamtlichen erbracht werden. Dazu gehört sowohl die Arbeit im sozialen Bereich als auch die im politischen, also z. B. im Management der Verbände usw. Die Freien Wohlfahrtsverbände, das kann man leicht an diesen Zahlen ablesen, funktionieren nicht zuletzt deswegen in bewährter Weise, weil sie von ehrenamtlich Arbeitenden mitgetragen werden.

Wer arbeitet wo ehrenamtlich

Soviel über ehrenamtliche Arbeit geredet und geschrieben wird, sowenig weiß man über die Ehrenamtlichen. Berger (1987, S. 23) hat dazu festgestellt, daß das Statistische Jahrbuch zwar ausweist, «wie viele Frauen im Deutschen Sportbund aktiv sind und wie viele im Sängerbund», daß es aber keine Angaben enthält über die unbezahlte ehrenamtliche Arbeit von Frauen. «Auf diese Weise» sagt sie, «wird ehrenamtliche Arbeit von Frauen zur unsichtbaren Arbeit», vergleichbar der Hausarbeit, die nicht zuletzt aus ebendiesem Grund noch immer von Ökonomen wie von Politikern nicht als Arbeit verstanden wird (Bock & Duden 1977). Anders als die Hausarbeit, die fast ausschließlich von Frauen erledigt wird, wird die ehrenamtliche Arbeit sowohl von Frauen wie von Männern geleistet. Allerdings findet man die geschlechtsspezifische Arbeitsteilung (Beck-Gernsheim 1980) auch bei der ehrenamtlichen Arbeit wieder: Männer übernehmen bevorzugt *politische* Ehrenämter, d. h. sie sind vorzugsweise im Management der Freien Wohlfahrtsverbände zu finden (Wagner 1987), neuerdings auch in dem der neuen sozialen Bewegungen. Frauen engagieren sich dagegen mehr im *sozialen* Bereich. Es gibt aber auch einige wenige Abweichungen von diesem Mustern, d. h. es gibt Praxisbereiche, die von Männern dominiert werden, nicht von Frauen, und es gibt Managements, die Frauen übernommen haben, nicht Männer. Darauf wird gleich noch näher einzugehen sein.

Nach einschlägigen Schätzungen ist der Anteil der Ehrenamtlichen in den Spitzenverbänden der Freien Wohlfahrtspflege sehr unterschiedlich. Nimmt man alle vorhandenen Informationen zusammen, dann kommt man zu den in der folgenden ersichtlichen Angaben (vgl. Bundesarbeitsgemeinschaft 1983, 1985; Informationen des Deutschen Caritasverbandes 1983; Kirberger 1978; Niedrig 1977; Vogt 1987).

In die Zusammenstellung sind alle Angaben zur ehrenamtlichen Arbeit eingegangen; eine Unterscheidung nach der Art der Arbeit wurde nicht vorgenommen. Diesen Schätzungen zufolge kommt man auf eine Gesamtzahl von über 2 Millionen Personen, die sich ehrenamtlich in den Wohlfahrtsverbänden engagieren.

Wie man sieht, sind in den kirchlich gebundenen Verbänden besonders viele Personen ehrenamtlich engagiert. Der relative Anteil der Ehrenamtlichen im Verhältnis zu den Erwerbstätigen im Diakoni-

Spitzenverband*	Ehren-amtliche	Relativer Anteil (% Erwerbstätige)
Diakonisches Werk	1000000	40%
Caritas	600000	30%
Deutsches Rotes Kreuz	300000	15%
Deutscher Paritätischer Wohlfahrtsverband	100000	5%
Arbeiterwohlfahrt	80000	5%

* Für den Zentralwohlfahrtsverband der Juden in Deutschland sind keine Angaben zur ehrenamtlichen Arbeit bekannt.

schen Werk und in der Caritas ist folglich recht hoch. Die Ehrenamtlichen decken demnach in beiden Verbänden einen ansehnlichen Anteil der Arbeit ab; man kann sich anhand dieser Zahlen ein Bild davon machen, in welchem Ausmaß diese Verbände auf die Mitarbeit ihrer Ehrenamtlichen angewiesen sind.

Zum besseren Verständnis der Angaben muß man allerdings bedenken, daß der Deutsche Paritätische Wohlfahrtsverband in den letzten 15 Jahren viele Selbsthilfegruppen aufgenommen hat (vgl. DPWV und Selbsthilfe-Initiativen 1985), also Zusammenschlüsse von Laien, die bestimmte Probleme und Schwierigkeiten innerhalb einer Gruppe zu lösen versuchen. So gesehen handelt es sich dabei um ehrenamtliche Betreuer und Betreute zugleich. Demnach engagieren sich eben auch im Deutschen Paritätischen Wohlfahrtsverband wesentlich mehr Personen ehrenamtlich als aus der Zusammenstellung hervorgeht; allerdings haben sie dort meist andere Funktionen als die Ehrenamtlichen im Diakonischen Werk und in der Caritas.

Wie bereits erwähnt sind viel weniger Frauen als Männer in politischen Ehrenämtern und im Management der Verbände tätig, wenngleich sich langsam Veränderungen ankündigen. Betrachtet man nur den *sozialen Bereich*, dann ergibt sich folgende Verteilung der Geschlechter (s. Tabelle S. 112).

Frauen engagieren sich also in anderen Bereichen der sozialen Arbeit als Männer; sie übernehmen auch hier besonders diejenigen Be-

Arbeitsbereich/Einrichtung	Frauen %	Männer %
Frauenprojekte	100	
Familienhilfe	90	10
Altenhilfe	90	10
Behindertenhilfe	80	20
Krankenhäuser	80	20
Alternative Gesundheitsprojekte	70	30
Jugendhilfe	30	70
Straffälligenhilfe	30	70
Suchtkrankenhilfe	30	70
Arbeitslosenhilfe	30	70

reiche, die der Haus- und Familienarbeit am ähnlichsten sind, wie z. B. die Familien- und die Altenhilfe. Neben Erziehungsaufgaben, die Frauen etwa in der Familienhilfe übernehmen, ist es der Gesundheitsbereich, in dem Frauen unbezahlt arbeiten. Das gilt nicht nur für die Altenhilfe, sondern auch für die Behinderten- und Krankenhaushilfe. Dazu kommen noch unzählige Initiativen und alternative Projekte im Gesundheitsbereich, die Frauen in den letzten 15 Jahren angeregt und auf den Weg gebracht haben. Man denke hier nur an die Frauenhausbewegung, die ursprünglich ausschließlich vom ehrenamtlichen Engagement der Frauen getragen worden ist (vgl. Lösch-Sieveking 1987, Vogt 1989). In diesem Bereich findet man heute übrigens auch eine ansehnliche Zahl von ehrenamtlich arbeitenden Frauen im Management der Verbände (vgl. z. B. den Sozialdienst Katholischer Frauen; Notz 1989, S. 118). Die Frauenhäuser und die Einrichtungen für mißhandelte Mädchen sind weiterhin auf die ehrenamtliche Arbeit von Frauen angewiesen, ohne die sie den Betrieb nicht aufrechterhalten könnten (z. B. Bergdoll & Namgalies-Treichler 1987; Laudan 1986).

Männer sind im sozialen Bereich am häufigsten in der Jugendhilfe zu finden, ebenso in der Jugendarbeit und in den Sportvereinen. Die Daten sagen allerdings nichts darüber aus, in welcher Weise sich Männer in der Jugendhilfe und -arbeit engagieren. Vieles spricht dafür, daß sie im wesentlichen mit Organisationsaufgaben befaßt sind und die Arbeit vor Ort, also mit den Jugendlichen, den Frauen überlassen.

Da Männer aber auch in den alternativen Jugendprojekten und Selbsthilfegruppen besonders oft vertreten sind, leisten sie doch wohl mehr Basisarbeit als gemeinhin angenommen wird. Jedenfalls spielen sie in der Jugendarbeit eine gewichtige Rolle. Darüber hinaus sind Männer durchweg in den Sektoren der Sozialarbeit aktiv, in denen sie besonders häufig die problematische Klientel stellen, also im Strafvollzug, bei den Alkohol- und Drogenabhängigen (Vogt 1985) und in Arbeitsloseninitiativen.

Insgesamt genommen arbeiten sehr viel mehr Frauen als Männer im sozialen Bereich ehrenamtlich, also unbezahlt. Die Daten lassen den Schluß zu, daß rund ¾ aller Ehrenamtlichen in der Sozialarbeit Frauen sind und ¼ Männer (Kammerer & Deutsch 1986). Geht man von einer geschätzten Gesamtzahl von 2 Millionen Personen aus, dann heißt das, daß den rund 1,5 Million ehrenamtlich arbeitenden Frauen im sozialen Bereich lediglich ½ Million Männer zur Seite stehen.

Kurz, ehrenamtliche Sozialarbeit ist ganz überwiegend Frauenarbeit.

Die Ehrenamtliche

Untersucht man genauer, welche Frauen ehrenamtlich arbeiten, dann stellt man schnell fest, daß mehr Vorurteile über diese Personengruppe im Umlauf sind als konkrete Kenntnisse. Das Bild der Ehrenamtlichen sieht im Klischee folgendermaßen aus: Man geht davon aus, daß sie 50 Jahre oder älter ist, von «Beruf» Hausfrau – wobei stets ein abwertender Ton bei der Erwähnung des «Berufs» mitschwingt – mit mittlerweile erwachsenen Kindern, weshalb man weiterhin von ihr annimmt, daß sie über freie Zeit verfügt. Die Zuwendung zur ehrenamtlichen Arbeit soll ihr helfen, ihre Probleme zu meistern, die mit dem Auszug der Kinder und der «Pensionierung der Mutter» verbunden sind (Vogt 1989). Weiterhin nimmt man an, daß sie in guten finanziellen Verhältnissen lebt, d. h. man rechnet damit, daß ihr Mann der Mittel- oder Oberschicht angehört. Daraus wird dann der Schluß gezogen, daß sie es sich leisten kann, auf eigene Kosten anderen zu helfen. Die ehrenamtliche Arbeit soll ihr Selbstbewußtsein heben und der Sinnstiftung dienen: im (Liebes-)Dienst an anderen soll sie sich bewähren und «sich selbst verwirklichen» können.

In der Realität sieht vieles anders aus. Ganz pauschal genommen kann man die Ehrenamtlichen mit guten Gründen entlang der Altersvariablen in zwei große Gruppen teilen, also den 20–50jährigen auf der einen Seite und den 50–85jährigen auf der anderen Seite. Beide Gruppen unterscheiden sich stark, sowohl was ihre Motivation zur ehrenamtlichen Arbeit angeht als auch was die von ihnen bevorzugten Organisationsformen betrifft. Wenn im folgenden diese beiden Gruppen einander gegenübergestellt werden, dann handelt es sich bei dieser Darstellung um eine Grobskizze. Ganz gewiß findet man bei einer genaueren Untersuchung der Ehrenamtlichen in verschiedenen Arbeitsbereichen mehr Gruppen und typische Konstellationen als die hier vorgestellten zwei großen Altersgruppen. Angesichts der spärlichen empirischen Daten, die über die Ehrenamtlichen vorliegen, können hier jedoch lediglich Hinweise darauf gegeben werden, in welchen Dimensionen sich ehrenamtlich arbeitende Frauen im sozialen Bereich voneinander unterscheiden.

a) Die 20–50jährigen Ehrenamtlichen

Der Anteil der Frauen dieser Altersgruppe, die ehrenamtlich arbeiten, ist bei weitem höher als allgemein angenommen wird. Allerdings findet man sie nicht nur in den Freien Wohlfahrtsverbänden wie z. B. im Diakonischen Werk oder beim Caritasverband, sondern ebenso oft oder noch häufiger in alternativen Projekten. Das Engagement vornehmlich in Frauen- und Selbsthilfeprojekten und in der Alternativszene ist vielleicht einer der Gründe dafür, daß die jüngeren Frauen in Abhandlungen über die «Ehrenamtlichen» (Boll & Buschmann 1986; Süssmuth 1985) so oft übersehen werden. Daher sollen die Charakteristika der Frauen zwischen 20 und 50 Jahren, die in Selbsthilfeprojekten ehrenamtlich arbeiten, im folgenden in den Mittelpunkt der Betrachtung gestellt werden.

Am Anfang aller Arbeit von Frauen in Selbsthilfeprojekten steht die «persönliche Betroffenheit», also die Erfahrung einer schwierigen Lebenssituation oder die Wahrnehmung solcher Erfahrungen bei anderen. Die «persönliche Betroffenheit» verbindet Frauen über alle Ausbildungs- und Schichtunterschiede hinweg als eine Gruppe von Personen, die ähnliche Lebenserfahrungen gemacht haben, die es nun in der Selbsthilfegruppe aufzuarbeiten gilt. Damit verbunden ist der Wunsch nach Selbstentfaltung in der Gruppe, d. h. nach Entwicklung der eigenen Fähigkeiten und Kompetenzen.

Das Engagement in Selbsthilfeprojekten geht fast immer Hand in Hand mit einer *politischen Zielsetzung*, oft mit frauenpolitischem Schwerpunkt. Die Frauen im Alter zwischen 20 und 50 Jahren erwarten nicht, daß die traditionellen Institutionen der Sozialarbeit ihre Interessen in ausreichendem Maß wahrnehmen. Gerade deswegen werden sie selbst aktiv und schließen sich zusammen. Die Selbsthilfegruppen oder -projekte zeichnen sich durch einen hohen Grad an Eigeninitiative aus, was ihnen sowohl zum Vorteil wie zum Nachteil geraten kann (vgl. Vogt et al. 1987, S. 122ff.).

Persönliche Betroffenheit ebenso wie politisches Engagement bringen es mit sich, daß die Frauen, die in Selbsthilfegruppen und -projekten arbeiten, sich sehr stark mit ihrem Projekt *identifizieren*. Tatsächlich sind ja viele Projekte aus dem ehrenamtlichen Einsatz einer Gründergruppe hervorgegangen und von diesen entgegen allen Widrigkeiten und Widerständen am Leben erhalten worden. Vielfach dauert es Jahre, bevor alternative Projekte auch nur notdürftig finanziell abgesichert werden. Das Bewußtsein, am Aufbau eines solchen Projektes beteiligt (gewesen) zu sein, schafft Selbstbewußtsein, das die Frauen in den Auseinandersetzungen mit der Bürokratie gezielt einsetzen.

Die Zielgerichtetheit der Aktivitäten der ehrenamtlich arbeitenden Frauen zwischen 20 und 50 Jahren kommt wohl auch daher, daß viele von ihnen Qualifikationen für einen Beruf im Sozialwesen erworben haben. Ihr Einstieg in die ehrenamtliche Arbeit ist oft anders motiviert, als es das Klischee vorgibt: Tatsächlich suchen viele dieser Frauen einen Erwerbsarbeitsplatz, den sie jedoch nicht finden. Aus der Not machen sie eine Tugend und engagieren sich in der ehrenamtlichen Arbeit auch mit dem Ziel, ihre berufspraktischen Fähigkeiten und Kenntnisse zu erweitern. Das erhöht am Ende ihre Chancen, einen Erwerbsarbeitsplatz zu finden, denn in fast allen Sparten der Sozialarbeit werden heute Berufsanfänger nur noch dann genommen, wenn sie schon über Berufserfahrung verfügen. Dies ist zwar ein Widerspruch in sich, der aber längst zum festen Bestandteil bei Stellenvergaben geworden ist. Auch die Europäische Gemeinschaft empfiehlt ihren Mitgliedsstaaten mittlerweile, «potentielle Arbeitgeber dazu anzuhalten, bei der Bewertung von Bewerbungen um eine hauptamtliche Tätigkeit im Sozialbereich entsprechende Erfahrungen der betreffenden Personen in der freiwilligen Arbeit als ein Zeichen von Engagement und Motivation zu berücksichtigen» (Eildienst LKT NW Nr. 6/86 – 50-10-50/1-). Das Verfahren hat also mittlerweile Methode. Da Frauen im sozialen Bereich mehr Erwerbsarbeitsplätze nachsuchen als Männer (BMJFFG 1986), treffen sie solche Erwartungen und Anordnungen ungleich härter als letztere. Angesichts solcher Entwicklungen sind die Frauen klug beraten, wenn sie sich beizeiten in der ehrenamtlichen Arbeit umsehen.

Dazu kommt aber auch noch, daß die Frauen sich für die Belange und Probleme von Frauen einsetzen wollen, die nach ihrem Verständnis in der traditionellen Sozialarbeit eher vernachlässigt werden. Das Engagement der Frauen zwischen 20 und 50 Jahren erschöpft sich also nicht darin, sich über die ehrenamtliche Tätigkeit für irgendeine Erwerbsarbeit zu qualifizieren, sondern für Arbeitsplätze, die ihnen eine sinnvolle Arbeit mit Frauen ermöglichen. Das heißt auch, daß diese Frauen die gängigen Angebote in der Sozialarbeit in Frage stellen und neue Standards aufstellen für die professionelle Arbeit mit Frauen (vgl. Rerrich 1990; Vogt 1990 a und b).

Die kritische Einstellung, die Frauen dieser Altersgruppe zu einer von Männern dominierten und bestimmten Sozialarbeit haben, trägt wohl auch dazu bei, daß man ihr ehrenamtliches Engagement gerne verschweigt, wenn man sich mit ehrenamtlicher Arbeit grundsätzlich auseinandersetzt. Sie sind es, die in den letzten 20 Jahren immer von neuem auf die Defizite der traditionellen Sozialarbeit aufmerksam gemacht und die frauenfeindlichen Strukturen in den Institutionen angeprangert haben. Gerade wegen ihres gesellschaftspolitischen Engagements weichen diese Frauen am weitesten vom gängigen Klischee der Ehrenamtlichen ab, mit der man gemeinhin das Bild von der barmherzigen älteren und mütterlichen Frau assoziiert, die sich in Nächstenliebe übt, aber mit Politik nichts zu tun haben will.

b) Die 50–85jährigen Ehrenamtlichen

Diesen Vorstellungen entsprechen wohl noch am ehesten die Frauen zwischen 50 und 85 Jahren, die sich über die Freien Wohlfahrtsverbände in der Familien- und Altenhilfe engagieren. Bei genauerem

Hinsehen stellt man aber schnell fest, daß man eine Reihe von Untergruppierungen voneinander unterscheiden und abgrenzen muß.

Da sind zunächst einmal die Frauen, die nach der Erziehungsphase und mit der «Pensionierung der Mutter» vor einer Neuorientierung stehen. Manche dieser Frauen versuchen, einen Erwerbsarbeitsplatz in ihrem alten Beruf zu finden. Erst wenn sie nach vielen vergeblichen Bemühungen am Arbeitsmarkt gescheitert sind, bietet sich dann die ehrenamtliche Tätigkeit an, die immerhin mit einer Erweiterung des eigenen Lebensraumes einhergeht. Die Aufnahme der ehrenamtlichen Tätigkeit geht jedoch nicht ganz reibungslos vonstatten und belastet die Frauen vornehmlich in der Anfangszeit. Da vielen dieser Frauen die Routine einer Erwerbsarbeit fehlt, resignieren sie leicht vor den neuen Anforderungen, oder sie überlasten sich mit viel zu vielen Aufgaben, die sie schließlich überfordern. Manche Frauen brechen ihr ehrenamtliches Engagement schon nach wenigen Wochen wieder ab, weil sie mit dem ungewohnten Arbeitsstreß nicht zurechtkommen.

Mit zunehmender Kenntnis über die Problemlagen ihrer Klientel und der Arbeits- und Behandlungsmöglichkeiten erleben viele der Frauen, die die Anfangsphase erfolgreich überstehen, die ehrenamtliche Arbeit als sehr befriedigend. Das liegt in erster Linie daran, daß die Arbeit der Frauen auf ganz andere Weise als in der Familie geschätzt und anerkannt wird. Immer von neuem erfahren sie sowohl von den Institutionen wie von den Hilfsbedürftigen, daß man sie als Hilfskräfte im sozialen Bereich dringend braucht. Sie sehen den gesellschaftlichen Nutzen ihrer Arbeit, und sie sind stolz darauf, als Ehrenamtliche unterwegs zu sein. Das hebt ihr Selbstbewußtsein und hilft vielen aus der Lebenskrise heraus, in die sie in der Lebensmitte zu stürzen drohen.

Die Frauen, die zu dieser Untergruppe gehören, können allerdings nur dann eine ehrenamtliche Arbeit aufnehmen, wenn alle Familienmitglieder, besonders aber die Ehemänner, damit einverstanden sind. Dieses Einverständnis müssen die Frauen schon deshalb einholen, weil sie in der Regel ökonomisch abhängig, also auf die finanziellen Ressourcen der Familie bzw. des Ehepartners angewiesen sind. Dazu kommt noch, daß ehrenamtliche Arbeit nicht nur unbezahlte Arbeit ist, sondern oft auch noch etwas kostet. Die Familienangehörigen, insbesondere die Ehemänner, müssen also gewillt sein, die materiellen ebenso wie die immateriellen Kosten zu tragen, die ihnen aus der ehrenamtlichen Arbeit der Frauen entstehen. Da die Frauen mindestens in der Anfangsphase, meist aber über einen längeren Zeitraum hin, psychische Unterstützung benötigen, gelingt ihnen der Einstieg ins Ehrenamt gewöhnlich nur dann, wenn die Familienangehörigen der Neuorientierung positiv gegenüberstehen. Widersetzen sich die Familienmitglieder auf die eine oder andere Weise dem Engagement dieser Frauen, dann vermeiden sie lieber den Konflikt und verzichten auf die Arbeit.

Daneben gibt es aber eine fast ebenso große Gruppe von Frauen, die selbst berufstätig ist oder war, die also ökonomisch mehr oder weniger unabhängig ist und die sich schon immer außerhalb der Familie und des Hauses engagiert hat. Diese Frauen verfügen von Anfang an über viele verschiedene Kompetenzen, die sie in die ehrenamtliche Arbeit miteinbringen. Sie sind selbstbewußt, und sie wissen, was sie wollen. Aus vielerlei Gründen nehmen sie die ehrenamtliche Arbeit auf, von der sie sich immateriellen Gewinn versprechen, gelegentlich auch politische Einflußnahme.

Frauen, die zu dieser Untergruppe zu rechnen sind, haben kaum noch Ähnlichkeiten mit dem eingangs dargestellten Klischee der typischen Ehrenamtlichen. Ganz im Gegenteil findet man unter ihnen viele Frauen, die selbständig und erfolgsgewohnt sind und die sich aus ganz anderen Motiven der ehrenamtlichen Arbeit zuwenden, sei es noch während sie voll im Erwerbsleben stehen, oder sei es an dessen Ende.

Faßt man alle vorliegenden Untersuchungsergebnisse zusammen, kommt man zu folgenden Feststellungen:

1. Frauen zwischen 20 und 50 Jahren sind viel häufiger unter den Ehrenamtlichen zu finden, als das im allgemeinen wahrgenommen wird. Das liegt wohl auch daran, daß viele dieser Frauen in Selbsthilfeprojekten und in Frauengruppen arbeiten, und dies sind beides Arbeitsfelder, die gewöhnlich nicht berücksichtigt werden, wenn man von ehrenamtlicher Arbeit spricht. Viele dieser Frauen sind auf der Suche nach einer Erwerbsarbeit. Manche begreifen die unbezahlte Arbeit als Sprungbrett in eine ihren Interessen entsprechende Erwerbsarbeit. Die Zukunft wird zeigen, ob sich, wie Janssen (1984) es formuliert hat, «aus unbezahlten Selbsthilfeaktivitäten von Frauen neue Berufe» entwickeln lassen.
2. Höchstens die Hälfte, wahrscheinlich nur ein Drittel der Frauen,

die ehrenamtlich, also unbezahlt arbeiten, sind Hausfrauen aus der Mittelschicht, die sich nach der Familienphase im Alter von 50 Jahren nach einem neuen Engagement umsehen. Sie steigen ein als ehrenamtliche Helferinnen bei den Freien Wohlfahrtsverbänden. Allerdings gelingt ihnen der Schritt aus dem Familienalltag in die ehrenamtliche Arbeit nur, wenn sie von den Familienmitgliedern positiv unterstützt werden.

3. Schließlich gibt es noch eine zweite Gruppe von ehrenamtlich arbeitenden Frauen zwischen 50 und 85, die selbst erwerbstätig sind oder waren. Diese Gruppe nimmt ständig zu. Frauen mit langjähriger Berufserfahrung übernehmen sowohl soziale wie politische Ehrenämter sowie Managementfunktionen in den Freien Wohlfahrtsverbänden und gelegentlich auch in alternativen Projekten.

Es liegt auf der Hand, daß die Frauen auf sehr unterschiedliche Weise Gewinn und Nutzen aus der ehrenamtlichen Arbeit ziehen. Die unbezahlte Arbeit im sozialen Bereich hat viele Facetten, und viele Frauen finden dort entweder vorübergehend oder auf die Dauer ein Betätigungsfeld, das der Arbeitsmarkt ihnen nicht bietet.

Erwerbsarbeit und ehrenamtliche Arbeit

An dieser Stelle ist es unerläßlich, über den Zusammenhang von Erwerbsarbeit und ehrenamtlicher Arbeit zu reflektieren. Wie bereits erwähnt, gilt ehrenamtliche Arbeit in den Arbeitstheorien nicht als Arbeit. Nach dieser Definition ist ehrenamtliche Arbeit also keine Arbeit. Frauen, die tatsächlich und praktisch ehrenamtlich arbeiten, tun dies theoretisch nicht – und daraus folgt dann ganz zwingend der Schluß, daß sie eben darum anderen Frauen die Arbeitsplätze nicht wegnehmen können. Leider folgt die Praxis nicht der Theorie, und das hat Folgen für den Arbeitsmarkt.

Wie wir wissen, ist die Lage der Frauen auf dem Erwerbsarbeitsmarkt im Vergleich zu derjenigen der Männer pauschal genommen ziemlich schlecht. Das läßt sich u. a. ablesen an den Berufspositionen, die Frauen in verschiedenen Bereichen von Industrie und Verwaltung erreichen. Wie Untersuchungen aus allen Industrieländern belegen, erlangen Frauen unabhängig von ihrer Arbeitsleistung nicht dieselben hohen Positionen in den Berufshierarchien. Diejenigen, die es schließlich doch schaffen, sind in der Regel erheblich älter als ihre männlichen Kollegen. Zudem verdienen sie in der Wirtschaft selbst bei gleichen Positionen erheblich weniger. Die geschlechtsspezifische Einkommensdifferenz in den alten Ländern der Bundesrepublik Deutschland liegt bei 25 bis 30 Prozent. Die Schlechterstellung der Frauen auf dem Erwerbsarbeitsmarkt schlägt noch einmal durch in der Arbeitslosenstatistik, denn wiederum sind die Frauen in viel stärkerem Maß von Arbeitslosigkeit betroffen als Männer (vgl. neben vielen anderen BMJFFG 1989; Lappe 1981).

Eine ähnliche geschlechtsspezifische Auffächerung des Marktes findet man auch in der Ehrenamtsarbeit. Politische und soziale Ehrenämter, die mit einer Freistellung von der Erwerbsarbeit unter Fortzahlung der Bezüge oder mit ansehnlichen Aufwandsentschädigungen gekoppelt sind, werden im allgemeinen von Männern besetzt. Frauen bleibt dagegen der Hilfsdienst an den sozial Benachteiligten, also diejenigen Ehrenämter, die mit viel Arbeit und wenig Prestige und ganz geringfügigen materiellen Belohnungen verbunden sind.

Neben der Kostenerstattung gibt es neuerdings auch Versuche, Frauen mit ganz geringen Entlohnungen zu ködern, z. B. mit einer Honorierung von 5,- DM pro Stunde in der Familien- oder Altenhilfe. Mit diesem System unterlaufen die Verbände sämtliche Erwerbsarbeitsverträge. Zugleich locken sie Frauen in die ehrenamtliche Tätigkeit, die dort bislang kaum zu finden waren, nämlich Frauen aus der Unterschicht, die selbst erhebliche materielle Sorgen haben, aber auch keine Aussicht darauf, ihre ökonomische Lage aus eigener Kraft nachhaltig ändern zu können. Welche Auswirkungen diese moderne Form der Ausbeutung der Arbeitskraft von Frauen auf den Stellenmarkt im sozialen Bereich sowie auf das Lohnniveau haben wird, läßt sich zur Zeit nicht absehen. Man kann jedoch vermuten, daß diese Entwicklung langfristig zum Stellenabbau führen wird, denn so billig wie in ehrenamtlichen Arbeitsverhältnissen kann keine Organisation oder Institution heute noch Sozialarbeit einkaufen.

Zugleich stellen die Frauen die vom Arbeitsmarkt benötigte Manövriermasse dar, sowohl im Erwerbssektor wie in der ehrenamtlichen Arbeit. In Zeiten des Arbeitskräftemangels werden Frauen in die Erwerbsarbeit einbezogen und zur Berufstätigkeit animiert. Flaut die Konjunktur ab und droht eine Beschäftigungskrise, verdrängt man die Frauen aus dem Erwerbsleben und verweist sie auf ehrenamtliche Tätigkeiten. Beschäftigungskrisen gehen stets einher mit Sparprogrammen im sozialen Bereich, d. h. mit dem Abbau von Stellen und von Projekten. Da die Probleme nicht verschwinden, wenn man im sozialen Bereich Stellen kürzt, erhebt sich für den Staat, das Land, die Gemeinde und die Wohlfahrtsverbände die Frage, wie man denn die Lücken wieder auffüllen kann, die der Stellenabbau aufgerissen hat. Und genau hier bieten sich die ehrenamtlichen Helferinnen als billiger Ersatz von Arbeitskräften an, als «Arbeiterinnen zum Nulltarif» (Notz 1986). Wie anders wären denn sonst all diese Appelle an die Frauen zu verstehen, sie müßten sich endlich wieder mehr engagieren für ihre Mitmenschen statt ständig nach materiellem Ausgleich zu schielen (für einzelne Beispiele vgl. Notz 1987, S. 42; siehe auch Geißler 1984). Ohnehin, so wird dann weiter argumentiert, sei der Wunsch der Frauen nach Selbstverwirklichung schon viel zu weit gegangen, dem sei gegenzusteuern, und ehrenamtliche Arbeit von Frauen im sozialen Bereich sei ein erster Schritt in die richtige Richtung.

Die wichtigsten Argumente, die sich hinter der ganzen Debatte verbergen, hat Notz (1987, S. 38) in 3 Thesen zusammengefaßt:

> «1. Die Ausdehnung ehrenamtlicher sozialer Arbeit von Frauen und ihre Propagierung dient der Verschleierung der (...) zunehmenden Erwerbslosigkeit von Frauen. Sie beschleunigt auch das Herausdrängen von Frauen aus dem Erwerbsarbeitsmarkt und verhindert die Reintegration vorübergehend Ausgeschiedener.
> 2. Die Propagierung ehrenamtlicher sozialer Arbeit für Frauen dient der Zementierung der geschlechtsspezifischen Arbeitsteilung, die zunächst für Männer die Erwerbsarbeitsverhältnisse sichert.
> 3. Sozialabbau und vermehrte ehrenamtliche soziale Arbeit schaffen die materiellen Voraussetzungen für eine erhöhte Ausbeutung der weiblichen Arbeitskraft im Reproduktionsbereich.»

So problematisch die Analyse der ehrenamtlichen Arbeit unter arbeitsmarktpolitischen Gesichtspunkten sich ausnimmt, so darf man dennoch nicht übersehen, daß für viele Frauen die Aufnahme einer ehrenamtlichen Arbeit ein wichtiger Zugang zur Arbeitswelt ist: Frauen zwischen 20 und 50 Jahren können auf diesem Wege die notwendige praktische Qualifikation im sozialen Bereich erwerben, und

Frauen zwischen 50 und 85 kommen in Kontakt mit anderen Frauen und Männern außerhalb ihrer Familie. Aus welchen Motiven Frauen auch immer eine ehrenamtliche Arbeit aufnehmen, viele Frauen erleben sie als besonders befriedigend, weil sie auf diesem Wege ihren Wünschen nach einer Erwerbsarbeit näherkommen, oder weil sie erfahren, daß man ihre Arbeitskraft und ihren Einsatz schätzt, daß man sie braucht und sie «etwas leisten können».

Die subjektiven Wahrnehmungen der Ehrenamtlichen und ihre Selbstbeurteilung machen deutlich, daß Konflikte zwischen ihnen und den Erwerbstätigen in der Sozialarbeit nicht gerade selten sind (ausführlich bei Notz 1989; Vogt et al. 1987). Dazu kommt noch, daß die meisten Ehrenamtlichen selten oder nie darüber nachdenken, ob sie anderen Frauen Arbeitsplätze wegnehmen. Tatsächlich gefährden sie den Arbeitsmarkt im sozialen Bereich, d. h. sie drängen in Arbeitsfelder, die andernfalls mit erwerbstätigen Frauen besetzt werden müßten (Derschau 1984).

Das ist die Falle, in die die ehrenamtlich arbeitenden Frauen hineintappen: Sie verschärfen ungewollt die Konkurrenz auf dem Arbeitsmarkt um die verhältnismäßig wenigen Arbeitsplätze, die Frauen im sozialen Bereich angeboten werden. So tragen sie dazu bei, den geschlechtsspezifischen Arbeitsmarkt zu zementieren. Die meisten ehrenamtlich engagierten Frauen sind sich dieser Problematik nicht bewußt, sie erleben vielmehr ihr Engagement als sehr befriedigend, ziehen sie daraus doch ein neues Selbstvertrauen und Selbstbewußtsein.

Folgerungen und Forderungen

So wichtig und wünschenswert meiner Meinung nach ehrenamtliche Arbeit im sozialen Bereich ist, sie darf nicht auf Kosten von Erwerbsarbeitsplätzen gehen. Daher ist zunächst einmal zu fordern, daß der Erwerbsarbeitsmarkt für Frauen insgesamt verbessert und die Gestaltung des Arbeitslebens sowohl in der Industrie wie in der Verwaltung familienfreundlicher wird (Born & Vollmer 1983). Natürlich heißt das auch, daß Frauen bessere Aufstiegsmöglichkeiten im Erwerbsleben erhalten müssen und die Einkommensschere zwischen ihnen und den Männern in vergleichbaren Positionen schrumpfen muß. Letztlich geht es um gleiche Chancen für Frauen im Erwerbs- und Berufsleben wie für Männer. Frauen sollten endlich ebenso gute Bedingungen wie diese vorfinden, um Karriere zu machen. Da wir von solchen Bedingungen noch weit entfernt sind und von Chancengleichheit der Geschlechter im Beruf keine Rede sein kann, werden Frauen ihre Rechte weiterhin über Quotenregelungen oder über Frauenförderpläne usw. einfordern müssen.

Ebenso wie der Erwerbsarbeitsmarkt ist auch der ehrenamtliche Arbeitsmarkt mit höchst unterschiedlichen Aufgaben und Ehren neu zu verteilen. Frauen müssen auch in diesem Bereich Zugang erhalten zu den angesehenen und wohldotierten Ehrenämtern in der Wirtschaft und der Politik sowie in den Verbänden, und Männer müssen wesentlich mehr ehrenamtliche Hilfsdienste übernehmen. Diese Forderung ist längst nicht so utopisch, wie sie manchen vorkommen mag. Bekanntlich haben sich Erwerbsarbeit und Hausarbeit auch erst mit der Industrialisierung als unvereinbare Arbeitsbereiche herausgebildet. Hausarbeit, wie wir sie heute kennen und für selbstverständlich nehmen, ist demnach kaum älter als 200 Jahre (Bock & Duden 1977). Mit der Veränderung der Arbeitsplätze im Computerzeitalter und mit der Verlagerung derselben zurück in den Haushalt könnten sich noch einmal unsere Vorstellungen von der Arbeitswelt radikal ändern. Arbeitswelt und Familienleben wären dann nicht mehr zwei getrennte Bereiche, sondern wären wieder enger aufeinander bezogen. Unter diesen Bedingungen wäre es Männern ein leichtes, mehr Haus- und Familienarbeit zu übernehmen, als sie das heute tun.

Schließlich müssen aber auch die Frauen selbst Klischees und Vorstellungen von ihrer Rolle in der Welt kritisch untersuchen und gegebenenfalls revidieren. Wenn Frauen ihr Leben anders gestalten wollen, dann müssen sie lernen, ihre Interessen ebenso ungeniert einzufordern wie Männer. Dazu gehört Gleichberechtigung nicht nur auf dem Papier, sondern in der Praxis. Daß da Fortschritte zu erreichen sind, zeigt die Entwicklung der letzten 15 Jahre. Positive Ergebnisse lassen sich allerdings auf die Dauer nur erreichen, wenn Frauen sich solidarisieren und die Machtmittel benützen, die ihnen tatsächlich zu Gebote stehen. Von Macht zu reden im Sinne von Machtmitteln und Machtkampf, ist im Rollenklischee von Frauen nicht vorgesehen. Gerade deswegen meine ich, daß Frauen nicht nur um ein größeres Stück vom Kuchen bitten, sondern es sich einfach nehmen sollten.

Birgit Rommelspacher

Weibliche Sozialarbeit: Dienst am anderen oder Selbstverwirklichung?

Diese Frage könnte leichterhand mit Hilfe einer historischen Zuordnung beantwortet werden: Früher wurde soziale Arbeit in erster Linie als Dienst am anderen verstanden, heute wird sie von Frauen eher als eine Möglichkeit zur Selbstverwirklichung gesehen. Diese Behauptung liegt nahe, vergleicht man die Literatur aus den Anfängen sozialer Arbeit mit der unserer Zeit. Heute ist es geradezu verpönt, das karitative Motiv, den Dienst am anderen, in den Vordergrund zu stellen, wohingegen die Verknüpfung von sozialer Arbeit mit Eigeninteressen eben im Sinne des Strebens nach Selbstverwirklichung vermutlich bei den Pionierinnen dieses Berufs auf Unverständnis gestoßen wäre (vgl. dazu etwa Dürkop 1983).

Wie kommt diese Verschiebung zustande? Ist sie als Hinweis auf einen grundlegenden Wandel im Charakter sozialer Arbeit und dem Selbstverständnis der Helfenden zu verstehen? Oder handelt es sich hier lediglich um einen Etikettentausch, um andere Begriffe für dieselbe Sache?

Motive des Helfens

Eine genauere Betrachtung der Motivation von Frauen zur Zeit der Entstehung sozialer Arbeit Anfang dieses Jahrhunderts zeigt – und hier kann als Kronzeugin Alice Salomon gelten, die Gründerin einer der ersten sozialen Frauenschulen und Wegbereiterin der sozialen Frauenberufe in Deutschland –, daß vor allem zwei Motivbündel damals für die Studienwahl der Frauen bestimmend waren: Zunächst waren es karitative Motive, den Armen, insbesondere den armen Schwestern des Proletariats, zu helfen und zu dienen. Angesichts des furchtbaren Elends jener Zeit war dies Motiv unmittelbar einsichtig.

Ein zweites Motivbündel entsprang der Lebenssituation der Helfenden selbst. Die Studierenden waren zunächst ausschließlich Frauen aus ‹gutem Hause›, aus den materiell und bildungsmäßig privilegierten Schichten (wenn sich auch hinter der wohlsituierten bürgerlichen Fassade vielfach schon reale Armut versteckte). Diese Frauen hatten bestimmte Vorstellungen vom guten und richtigen Leben, zugleich aber selbst keinen Zugang zu gesellschaftlicher Wirksamkeit. Sie hatten in erster Linie ihre Bestimmung als Frau und Mutter zu erfüllen, und wenn sie das nicht taten, wurden sie als ‹überzählig› betrachtet und behandelt. Zugang zu gesellschaftlicher Wirksamkeit war nur indirekt über den Mann möglich. Alice Salomon, die selbst diesen Ausschluß als sehr drückend empfunden hat, formulierte diesbezüglich ihre Intention für die Gründung der sozialen Frauenschule: Sie wolle die jungen Frauen «vor der Wüste der Nutzlosigkeit bewahren» (1983, S. 98).

Heute hingegen haben Frauen eher Schwierigkeiten, sich auf ein karitatives Motiv bei ihrer Studienwahl zu besinnen. Schon der Begriff ‹helfen› ist anrüchig geworden. Völlig abgelehnt werden Begriffe wie ‹retten› oder ‹dienen›. Bei einer Befragung von Frauen[1] aus psychosozialen Berufen nach dem Ziel ihrer Arbeit war der Tenor ihrer Antworten im allgemeinen eher vorsichtig: Ob sie helfen wollten, wüßten sie nicht, vielleicht eher etwas bewirken. Und wenn der Begriff helfen gebraucht wurde, wurde schnell nachgeschoben: Aber mit dem Ziel zur Selbsthilfe. Helfen soll also keinesfalls in sich selbst einen Zweck haben, sondern nur insoweit, als es sich selbst tendenziell wieder aufhebt.

Was den Vergleich mit dem zweiten Motivbündel anbetrifft, so geht es den heutigen Frauen weniger darum, sich überhaupt nützlich zu machen, sondern der Akzent liegt stärker auf dem Bedürfnis nach Selbstverwirklichung. Es ist nicht mehr der Ausschluß von gesellschaftlichen Funktionen, der ihnen droht – Arbeit oder zumindest eine Berufsausbildung ist inzwischen auch für Frauen zur Selbstverständlichkeit geworden –, heute steht vielmehr die Furcht vor dem Verlust von Sinnhaftigkeit im Vordergrund.

Häufig ist diese Sinnhaftigkeit eine von den befragten Frauen bewußt gesetzte Differenz im Vergleich zu anderen Berufen, etwa in Form von Antworten wie: Soziale Arbeit sei das einzig Sinnvolle im Leben. Alles andere, wie Büro, Verwaltung, technische Berufe oder gar Wirtschaft, sei dagegen öde und leer. Das bringe ihnen nichts. Und weiter gefragt, stoßen wir auf Antworten wie: *Im Kontakt mit Menschen, das ist das Spannende an diesem Beruf, da erlebst du dich selbst – immer ist die Situation eine andere. Die andern verändern sich, und du spürst, wie du dich selbst veränderst und du dich entwickelst.* Soziale Arbeit gibt dem eigenen Leben Sinn, ja läßt den Lebensprozeß selbst spüren.

Nun fragt es sich, ob die heutigen Sozialarbeiterinnen in ihrer Motivstruktur tatsächlich so weit entfernt sind von ihren Vorläuferinnen. Das Bedürfnis, etwas Sinnvolles zu tun und diese Sinnhaftigkeit im Kontakt mit anderen Menschen zu suchen, ist beiden wohl gemeinsam.

Allerdings sind auch die Unterschiede nicht zu übersehen. Sie sind erheblich: Helfen im traditionellen Sinn erinnert an die klassische Form von Mütterlichkeit, wo die Mutter weiß, was das Beste für das Kind ist. Sie kennt den richtigen Weg und hat auch die Mittel und die Macht, das Kind dorthin zu geleiten. Der Preis für diese machtvolle Überlegenheit und Gewißheit war die Selbstlosigkeit der Mutter, die ihre individuellen Interessen und Bedürfnisse weitgehend aus dem Spiel ließ.

Nicht so die heutige Sozialarbeiterin. Sie sieht ihr eigenes Bedürfnis nach einem befriedigenden Lebensentwurf. Sie ist in ihrer Arbeit auch auf der Suche nach ihrem eigenen Selbst. Damit begreift sie sich selbst bereits als Suchende, als bedürftig, und legt so die Überlegenheitspose der unfehlbaren Mütterlichkeit ab. Die Beziehung Sozialarbeiterin/Klientin wird persönlicher und intimer. Die Formulierung von Eigeninteressen sprengt die Unantastbarkeit der eigenen Position. Sie macht den Weg frei für eine gemeinsame und wechselseitige Suche nach Problembewältigung und Entwicklung.

Sosehr das Bedürfnis nach mitmenschlichem Kontakt und sozialer Verantwortung gleich geblieben ist, sosehr hat sich jedoch das Selbstverständnis der Sozialarbeiterin wie auch ihr Verständnis der helfenden Beziehung geändert. Die Sozialarbeiterin ist ihrer Klientel nähergerückt, sie ist offener, läßt sich als Person mehr ein und gewinnt damit auch die Chance, von anderen lernen zu können. Diese größere Offenheit im Kontakt ist, wie wir sehen werden, Teil eines allgemeinen gesellschaftlichen Trends der Intimisierung, der sich gleichermaßen in privaten wie in professionellen Beziehungen äußert.

Intimisierung der Arbeit

Nicht nur das Selbstbild der Sozialarbeiterin hat sich geändert, dasselbe gilt auch für das Leitbild von Mütterlichkeit: Heute weiß die Mutter nicht von vorneherein alles besser. Sie ist selbst auch auf der Suche, offen für Entwicklungen beim Kind wie bei sich selbst. Auch sie sieht Erziehung nicht sosehr als Vermittlung, sondern eher als einen gemeinsamen Entwicklungsprozeß. Ihre Aufgabe besteht weniger im Leiten und Lenken als mehr in der persönlichen Teilhabe mit dem Ziel, dem Kind zur persönlichen Entfaltung zu verhelfen und seine Einzigartigkeit zu stützen.

Das persönliche Näherrücken von Sozialarbeiterin und Klientin spiegelt sich z. B. auch in einer Verschiebung der Themen sozialer Frauenarbeit wider. Ging es früher vornehmlich um das Herstellen von Familie, so wird heute gewissermaßen in die Familie und ihre Binnendynamik hineingeschaut. Persönliche Befindlichkeiten und die Besonderheit der individuellen Biographie spielen eine weitaus größere Rolle. Es werden gewissermaßen nicht mehr allein die Bedingungen zur Konstituierung von Beziehungen geschaffen, sondern die Beziehungen selbst werden Thema.

Die zunehmende Intimität als größere Offenheit und als Abbau von Autoritätspositionen basiert auf einem demokratischeren Verständnis helfender Beziehung, läuft aber zugleich auch Gefahr, die existierende Machtdifferenz zu psychologisieren. Psychologisierung der Machtdifferenz bedeutet, daß die realen Barrieren in einem Goodwill-Akt übersprungen werden und die Illusion eines quasi machtfreien Raums persönlicher Begegnung hergestellt wird. Diese neue Form von Beziehung ist jedoch nicht weniger zwingend als die frühere. Macht wird zwar nun nicht mehr exekutiert in Form von Vorgaben: ‹Ich weiß alles besser als du, ich weiß, wohin du zu gehen hast.› Macht äußert sich hier in der Zumutung einer komplementären Rolle, die zum Selbstbild der Helfenden paßt. Etwa in Form der Klientin als ohnmächtigem und unschuldigem Opfer, wie das sehr genau Margit Brückner (1983) in ihrer Analyse der Beziehungsdynamik zwischen Helferin und Klientin beschrieben hat. D. h. je intimer die Beziehung ist, desto offener wird sie zugleich für Projektionen. In der Intimität der Begegnung sucht die Helfende das wortlose Einverständnis. Die Beziehung wird dann überformt von einer «symbiotischen Illusion» (Hendrika Halberstadt-Freud 1987): ‹Wir empfinden dasselbe, ohne daß wir darüber sprechen müssen.› Das wortlose Verstehen wird zur psychischen Vereinnahmung und Angleichung. ‹Mir geht es genauso wie dir› ist eben auch als Umkehrung gedacht: ‹Dir hat es genauso zu gehen, wie ich mir das vorstelle.›

Dieses Phänomen haben von einer ganz anderen Warte aus auch Angelika Burger und Gerlinde Seidenspinner (1988) beobachtet. Sie haben in ihrer Repräsentativ-Untersuchung über Mädchen in der alten BRD festgestellt, daß Mütter und Töchter in fast allen Familien diejenigen sind, die am engsten miteinander verbunden sind (mit Ausnahme der 9 Prozent sogenannter ‹Vätertöchter›). In den qualitativen Interviews stießen sie nun auf ein eigentümliches Phänomen: Wenn sie die Töchter über sich befragten und ebenso die Mütter über die Töchter, so waren die Berichte der beiden so verschieden, wie wenn es sich um zwei verschiedene Personen gehandelt hätte. Dasselbe galt für die Beschreibung der Mütter durch die Töchter und deren eigene Selbstdarstellung. Und das, obgleich beide jeweils davon ausgingen, daß sie sehr genau über die andere Bescheid wüßten. Die tatsächliche Beschreibung war aber völlig verschieden voneinander. Dies Phänomen war für die Forscherinnen so auffallend, daß sie es als ein Phänomen der «getrennten Welten» bezeichneten.

Es wäre jedoch einseitig gedacht, in der Intimisierung der sozialen Arbeit lediglich den Aspekt psychischer Bemächtigung zu sehen. Denn in der zunehmenden Offenheit liegt ebenso die Chance, das Gemeinsame von Erfahrungen überhaupt erst wahrzunehmen und herauszuarbeiten, anstatt primär von der Differenz auszugehen. «Mir geht es genauso wie dir», das bedeutet nicht nur Verführung zur gegenseitigen Angleichung, sondern ist auch Basis für ein Bündnis und Ausgangspunkt für Solidarisierungen und Parteilichkeit. Denn: Gemeinsame Betroffenheit ist nicht nur ein psychologischer, sondern auch ein politischer Begriff.

Und hier sehe ich den entscheidenden Unterschied zum Selbstverständnis traditioneller Sozialarbeit: Die früheren Sozialarbeiterinnen haben ihre eigenen Diskriminierungen und Marginalisierungen nicht zur Grundlage ihrer Arbeit gemacht. Sie waren möglicherweise ihrem privilegierten Stand soweit verpflichtet und verwachsen, die sozialen Gegensätze waren insgesamt soviel schärfer, daß sie die Unterschiede zwischen sich und den ‹armen Schwestern› weit stärker gesehen haben als die Gemeinsamkeiten. Wie sonst ließe sich der Widerspruch erklären, daß dieselben Frauen, die vielfach aus der bürgerlichen Familien ausgeschlossen wurden, in dem sie in der Sprache sozialer Ächtung drastisch als ‹überzählig› definiert wurden, daß diese so marginalisierten Frauen selbst in ‹der Familie› das Kernstück aller sozialen Arbeit sahen, das Allheilmittel für alle sozialen, physischen und psychischen Mißstände, die via regia zu persönlicher Wohlfahrt und moralischer Aufrichtung. Die sogenannten ‹geregelten Verhältnisse› in Form der gesunden Familie sollten die Männer aus dem Wirtshaus und die Kinder von der Straße holen. Sie sollten ein in jeder Hinsicht gesundes Leben gewährleisten (Donzelot 1980).

Somit haben die Sozialarbeiterinnen jenes Ideal vertreten und durchsetzen helfen, das sie selbst zu Ausgestoßenen gemacht hatte. So fällt in den Lebenserinnerungen von Alice Salomon immer wieder auf, wie sehr ihre kritische Position gegenüber der patriarchalen Familie durch ihren Klassenstandpunkt begrenzt ist. Für die Proletarierinnen ist die legale Ehe nach Alice Salomon eine «Sicherheitsgarantie» (1983, S. 127). Wohingegen sie den «ehrenhaften Stand», d. h. die Familie des bürgerlichen Milieus so interpretiert, daß er schließlich nur bedeute, «daß die Frauen ihren Ehemännern in jeder Hinsicht wie Dinge gehören» (ebd., S. 47). Und sie meint, sie selbst wäre für eine Ehe kaum in Frage gekommen, da sie nicht nur nicht gut aussah und auch nicht reich war, sondern, so fährt sie fort, «was noch schlimmer war, ich war ernsthaft, nachdenklich und intellektuell. Ich erwartete von Männern, daß sie meinen Vorstellungen von gleichen moralischen Normen für beide Geschlechter gerecht würden» (ebd., S. 49). Und solche Männer gab es ihrer Meinung nach in der bürgerlichen Gesellschaft kaum. Sie mißt also mit zweierlei Maß, bzw. sie begreift die Rolle der bürgerlichen Frau und der proletarischen Frau als komplementäre entsprechend dem Motto ihrer Mentorin Jeanette Schwerin: «Die bürgerliche Frau muß ihr Haus verlassen, um der Arbeiterin zu helfen, in das ihre zurückzukehren» (ebd., S. 43).

Demgegenüber gehen heute die Sozialarbeiterinnen, die sich als feministisch verstehen, von einer zumindest partiell gemeinsamen Betroffenheit aller Frauen aus. Die gemeinsame Diskriminierung zu erkennen und deren Grundlage zu verändern wird zu einem wesentlichen Motiv ihrer Arbeit. Das bedeutet auch die Bereitschaft, sich selbst in Frage stellen zu lassen, von den Klientinnen zu lernen, sich als offen zu verstehen und damit die Basis für ein demokratisches Verhältnis anzubieten. Dies Verständnis sieht deutlicher im Kampf um die Veränderung der Situation der Klientinnen auch die Veränderung der eigenen Situation und der Frauen insgesamt. So kann dieses Veränderungsbegehren als gemeinsames Anliegen formuliert werden.

Insofern kann die Entscheidung für soziale Arbeit eine Entscheidung von Frauen für sich selbst sein, sich als Frau in der Arbeit mit und für andere Frauen selbst zu erfahren, sich zu entwickeln und somit auch zum Subjekt der Verhältnisse zu werden. Andererseits ist diese Entscheidung aber zugleich immer auch eine Entscheidung für die traditionelle Frauenrolle, für eine Tätigkeit im Rahmen traditioneller Verpflichtungen und Aufgaben. Damit geraten sie in den Widerspruch, ihre Situation dadurch ändern zu wollen, indem sie traditionelle Positionen übernehmen. Die Tradition wird verstärkt, um sie aufzuheben.

Mit der Entscheidung für Sozialarbeit bleiben Frauen ihrer angestammten Sphäre verhaftet. Das war damals so und ist bis heute so geblieben. Der Unterschied ist allerdings der, daß früher den bürgerlichen Frauen so gut wie nichts anderes übrigblieb, wollten sie aus dem Haus kommen. Heute hingegen ist dies eine Wahl zwischen mehreren Möglichkeiten. Im Prinzip stehen Frauen heute so gut wie alle Berufe offen. Diese eminente Ausweitung des Entscheidungsspektrums ist in gewissem Sinn jedoch eine scheinbare. Wie die Erfahrungen von Frauen in Männerberufen zeigen, gibt es zahllose Mechanismen, Frauen qua offener oder versteckter Diskriminierung, wobei auch die sexuelle Belästigung einen wichtigen Anteil hat, in ihre ‹angestammte› Rolle zurückzustoßen. Dennoch werden diese Befürchtungen selten zur Begründung von Frauen für ihre Berufswahl angeführt. Sondern sie glauben bis zu einem gewissen Grad, durchaus diese Berufe positiv von sich aus gewählt zu haben. Das könnte darauf schließen lassen, daß der gesellschaftliche Placierungsprozeß, der Frauen in der Berufswelt ihren Ort zuweist, ebenfalls einer Psychologisierungstendenz unterworfen ist, also der Tendenz, gesellschaftliche Vorschriften subjektiv als persönliche Entscheidungen wahrzunehmen.

Der Trend zur Psychologisierung gesellschaftlicher Prozesse ist ebenso Teil einer allgemeinen Entwicklung unserer modernen Gesellschaft wie die oben beschriebene Neigung zur Psychologisierung von Machtunterschieden (Senett 1983). Die Frauen werden in die sozialen Berufe gedrängt, und zugleich entscheiden sie sich dafür. Sie entscheiden sich für Berufe, in denen persönliche Beziehungen zentral sind. Diese wiederum unterliegen einem allgemeinen Trend der Intimisierung, in der nach Richard Senett die Suche nach dem anderen letztlich immer auf eine Suche nach dem eigenen Selbst hinausläuft. Die Frage bleibt aber, wie allgemein dieser Trend ist, bzw. ob er für Frauen und Männer in gleichem Maße gilt. Denn trotz einer wachsenden Zurückgeworfenheit aller Individuen auf sich selbst in den westlichen Industriegesellschaften bleibt immer noch wahr, daß es vornehmlich Frauen sind, die auf diese Bedürfnisse nach Beziehung eingehen, sei es privat oder im Beruf. So liegt die Vermutung nahe, daß der von Senett geschilderte Narziß eher männlichen Geschlechts ist, wohingegen die Spiegel, die er um sich aufstellt, weibliche Züge tragen.

Aber so einfach ist die Sache nicht, denn wie wir sahen, sind es ja auch Frauen, die in der sozialen Beziehung auf der Suche nach ihrem eigenen Selbst sind. Sie suchen sich in der sozialen Arbeit selbst zu verwirklichen. D. h. wir stehen vor der Frage, ob die hier angesprochene ‹Selbst›-Verwirklichung dasselbe meint wie die Selbst-Suche des modernen Menschen/Mannes im Sinne Senetts. Oder ob Frauen sich bei ihrer Motivanalyse nur eines männlichen Vokabulars bedienen, in Wirklichkeit sich dahinter jedoch ihre traditionelle Aufgabe verbirgt. D. h. ob Selbstverwirklichung für Frauen und Männer dasselbe bedeutet, oder ob sich hinter diesem gleichmachenden Etikett das traditionelle Rollenspiel versteckt, in dem der Mann der sich selbst setzende Mensch ist, die Frau hingegen das ‹andere Geschlecht›, das dazu da ist, ihm Ergänzung und Spiegel zu sein. Ob sie weiter für ihn das ‹andere Geschlecht› ist (Simone de Beauvoir 1968), auf das er seine Wünsche und Befürchtungen projizieren kann, da dies Geschlecht selbst nicht Anteil an gesellschaftlicher Macht hat und so auch konturlos bleibt.

Wenn sich allerdings hinter dem neuen Begriff der ‹Selbst›-Suche die alte weibliche Rolle verbirgt, dann gingen ‹Dienst am anderen› und ‹Selbstverwirklichung› ineinander auf und die früheren wie heutigen Sozialarbeiterinnen sagten das gleiche, nur mit anderen Worten. Der einzig konstatierbare Unterschied läge dann nur noch in der Form. Denn formal verfällt das Selbst, vom anderen nicht mehr so geschieden, viel leichter der Illusion, im anderen die eigenen Bedürfnisse zu befriedigen. Die Intimisierung hätte dann lediglich dazu geführt, das eigene Selbst noch viel mehr mit dem Schicksal des anderen zu verknüpfen und dabei den Verzicht auf eigene Bedürfnisse nicht mehr so deutlich spüren zu lassen.

Doch ist das Erleben von Gemeinsamkeit in der Beziehung der Helfenden zur Klientin auch eine wesentliche Voraussetzung für Parteilichkeit und Solidarisierung. Insofern wird zu fragen sein, was eine weibliche Position ausmacht, die im Helfen sowohl sich selbst verliert als auch sich selbst zu finden sucht.

Das typisch Weibliche am Helfen

Ein theoretisches Konzept, das den Zusammenhang von Sozialbezogenheit und Selbstlosigkeit bei Frauen zu klären versucht, ist das Konzept der Beziehungsmacht: Die Frau reduziert sich auf ein Nichts, um für alle da zu sein. So kann sie sich Macht aneignen über andere, indem sie unentbehrlich wird. Sie nützt diesen Zugang zu dieser, wenngleich prekären und teilweise irrealen Macht als Kompensation für ihre eigene Machtlosigkeit. Sie ringt um die ‹Macht der Liebe›, die sie für ihre Zurücksetzungen entschädigen soll (vgl. hierzu Brückner 1983, 1987; Hagemann-White 1987; Rommelspacher 1989).

Ein Weiblichkeitskonzept, das Frauen verbietet, offen und direkt Macht auszuüben, macht diesen Weg über psychische Machtausübung attraktiv. Allerdings ist ein solches Weiblichkeitskonzept bereits Resultat der relativen Machtlosigkeit von Frauen. Denn psychische Bemächtigung steht insofern auch den real Machtlosen offen, als sie nicht nur eine Frage realer Macht, sondern auch eine Frage der Bedürftigkeit der anderen ist. Psychische Macht setzt ein Bedürfnis nach Zuwendung beim anderen voraus. Es setzt voraus, daß es jemand gibt, der auf die Fürsorge oder Anteilnahme angewiesen ist.

Die Helfende kann jedoch diesem Bedürfnis nur gerecht werden, wenn sie auch auf dieses Bedürfnis des oder der anderen eingeht, d. h. aber, daß sie auf ihre eigenen Bedürfnisse weitgehend zu verzichten hat.

Das ist der Preis für die psychische Bemächtigung. Und so kommt diese eigentümliche Doppelwertigkeit der Beziehungsmacht zustande: Einerseits ist sie machtvoll, da sie die/den anderen in die gewünschte Richtung lenken und für die eigenen Zwecke funktionalisieren kann. Andererseits ist sie machtlos, als sie verbietet, die Befriedigung eigener Bedürfnisse unmittelbar einzuklagen. Im Gegenteil, Beziehungsmacht basiert weitgehend auf der Verleugnung eigener Bedürfnisse und erlaubt ihnen allein den Weg der indirekten und mittelbaren Befriedigung.

Die Begründung weiblicher Beziehungsmacht liegt hier in erster Linie im patriarchalen Lust- und Autonomieverbot für Frauen, das ihnen verwehrt, direkt und unmittelbar ihre eigenen Bedürfnisse zu befriedigen, so daß ihnen vornehmlich ein Leben mit und durch andere bleibt. Das Streben nach Beziehungsmacht wird als Reaktion auf die Reduktion realer Macht und auf die Einschränkung von Ressourcen verstanden, also im Sinne einer Reaktion auf verweigerte Möglichkeiten zur Selbstentfaltung und zunächst nicht als ein eigenständiges Motiv.

Solange das weibliche Motiv des Helfens allein als Reaktion auf Ohnmachtserfahrungen interpretiert wird, gerät man/frau schnell in den Sog einer psychoanalytischen Argumentation, die *alle* Beziehungsarbeit als eine maskierte Form der Selbstliebe versteht, als Kompensation für narzißtische Wunden. Und welche Frau hätte nach dieser Auffassung nicht an irgendeiner Wunde zu laborieren? Das Konzept des sogenannten ‹Helfersyndroms› (Schmidbauer 1977) z. B. zielt in diese Richtung: Im Helfen sollen Versagungen und mangelnde Zuwendung in der Kindheit wettgemacht werden. Im Klienten tröste und liebe sich der/die Helfende selbst. Diese Argumentation bleibt allerdings die Antwort darauf schuldig, warum denn nun viel mehr Frauen als Männer helfen? In den sozialen Berufen haben wir in der Regel einen Frauenanteil von über 80 Prozent. Man müßte also dann schlußfolgern, daß Frauen in ihrer Kindheit sehr viel weniger Zuwendung bekommen hätten, bzw. daß sie sehr viel mehr narzißtische Kränkungen erdulden mußten. Wenn dem so wäre, müßte man allerdings weiter nach den Ursachen dieser Benachteiligungen fragen.

Der Unterschied zur feministischen Argumentation liegt darin, daß es nicht vorrangig um individuelle psychische Benachteiligungen in der Kindheit geht, denn es ist keineswegs ausgemacht, daß Mädchen immer und überall schlechter wegkommen (vgl. dazu etwa Schmauch 1987; Hagemann-White 1984). Es geht vielmehr um den Ausschluß von Frauen von gesellschaftlicher Macht in Form einer geschlechtsspezifischen Arbeitsteilung, die Beziehungsarbeit vorrangig an Frauen zuweist und sie zugleich abwertet. Auf diese ihre zukünftige Rolle werden Mädchen allerdings bereits von klein auf vorbereitet. Und indem sie soziale Verantwortung zu übernehmen mehr oder weniger gezwungen werden, und im Wissen darum, daß sie damit später schlechte Karten haben, kann man dann sehr wohl sagen, daß Mädchen schlechter wegkommen. Sie werden angelernt, eine recht einseitige Rolle zu spielen, die wiederum vielseitige Zurücksetzungen erwarten läßt.

Es geht in der feministischen Diskussion jedoch nicht nur darum, anstelle individueller Schicksale gesellschaftliche Rollenzuweisungen zu setzen und die soziale Verantwortung, Personenorientierung und Beziehungskompetenz von Frauen als Reaktion auf gesellschaftliche Diskriminierung zu begreifen, sondern es geht in der Diskussion auch darum, in der Beziehungskompetenz von Frauen ebenfalls eine *eigenständige* Kompetenz zu sehen und nicht allein eine Reaktionsbildung; und zwar eine menschliche Kompetenz, die eine unabdingbare Voraussetzung jedes individuellen und sozialen Lebens ist. D. h. soziale Verbundenheit in Form persönlicher Verantwortung gehört ebenso zur ‹Verwirklichung› des Menschen wie die Entfaltung individueller Kompetenzen.

Jessica Benjamin etwa spricht in diesem Sinn von den «zwei fundamentalen Fähigkeiten, die zumindest in unserer Kultur die menschliche Entwicklung gestalten: Das Streben zum anderen nach persönlicher Beziehung, Bindung, Nähe; und das Streben nach Selbstbehauptung, nach Aktivität, Bewältigung und Erforschung» (1982, S. 438).

Folgt man dieser Auffassung, so bleibt immer noch offen, warum es gerade die Frauen sind, die vorrangig auf Mitmenschlichkeit, Verbundenheit und soziale Verantwortung festgelegt werden, wohingegen

Männer ihre Männlichkeit qua Individualität, Unabhängigkeit und Durchsetzungskraft beweisen müssen. Zu dieser Frage hat die Frauenforschung inzwischen relativ vielseitige Arbeiten vorgelegt: Angefangen im deutschsprachigen Raum mit Ilona Ostner (1982) und Elisabeth Beck-Gernshcim (1981) und ihrem Konzept vom ‹weiblichen Arbeitsvermögen›, und in der US-amerikanischen Diskussion vor allem Carol Gilligan mit ihrem Konzept der ‹Moral der Fürsorge› (1984), Sarah Ruddick mit ihrem Konzept der ‹mütterlichen Praxis› (1984) und aus psychologischer Sicht Jean Baker Miller (1980), Dorothy Dinnerstein (1979) und Nancy Chodorow (1985) sowie Jessica Benjamin (zusammenfassend 1990).

Aus diesen Arbeiten lassen sich für unseren Zusammenhang folgende relevanten Elemente herauskristallisieren:

1. Die Erfahrungen von Hausarbeit und Mutterschaft lenken Frauen auf spezifische Beziehungsmuster hin, auf ein anderes als das herrschende Verständnis von Arbeit, Macht und Glück. Diese Erfahrungen orientieren Frauen hin auf personbezogene, individuelle, leibbezogene und immer wiederkehrende Bedürfnisse. Sie erleben tagtäglich, wie wichtig persönliche Anteilnahme und gemeinsames Miterleben ist und wie sehr diese Notwendigkeiten die gesellschaftlich gültigen Standards in Frage stellen. Entsprechend ihrer stärkeren Verbundenheit erfahren sie etwa die Wirksamkeit einer Beziehungslogik, die der Marktlogik von Geben und Nehmen entgegengesetzt ist. Auf dem Markt gilt das Tauschgesetz: Wenn ich dem anderen etwas gebe, muß ich ein Äquivalent dafür zurückbekommen. In der Beziehung bekomme ich auch etwas zurück, wenn ich etwas gebe. Denn jede positive Interaktion gibt nicht nur dem anderen etwas, sondern reflektiert auf das Selbst zurück im Miterleben der Erfahrungen des anderen aufgrund der Verbundenheit mit ihm. Nach dieser Logik heißt es dann: Geteiltes Leid ist halbes Leid, geteilte Freude ist doppelte Freude. So kann Helfen auch ohne notwendige Gegen‹leistung› zu einem in sich befriedigenden Motiv werden.
2. Eine stärkere Personenorientierung und psychische Verbundenheit bei Frauen stellt sich in unserer Gesellschaft ständig dadurch wieder her, daß die ersten Bezugspersonen von Mädchen und Jungen in der Regel Frauen sind. Sie, die Mütter, erleben ihre Töchter als dem gleichen Geschlecht zugehörig, sich selbst eher ähnlich und

als Fortsetzung ihrer selbst, so daß oft sehr lange eine enge Mutter-Tochter-Bindung aufrechterhalten bleibt, die dem heranwachsenden Mädchen Trennung und Individuation zu einer schwierigen Aufgabe macht. Der Junge, als anderes Geschlecht, wird hingegen von der Mutter viel früher als Gegenüber betrachtet und behandelt, so daß er viel mehr in der Abgrenzung, im Nichtweiblichen, seine Identität als Junge bzw. Mann suchen muß. Diese Unterschiede in der Beziehung zur primären Bezugsperson bewirken, daß das Mädchen eine Bindungsfähigkeit und auch Bindungsabhängigkeit entwickelt, die das Selbst des Mädchens und später der Frau sehr viel mehr von dem sozialen Selbst, dem ‹self-in-relation›, wie Jean Baker Miller es nennt, bestimmen läßt als von einem abgetrennten individuellen Selbst. Männer hingegen müssen Beziehungsbedürfnisse stärker verdrängen. Und Chodorow formuliert: «Wir können also die männliche Persönlichkeit eher in Begriffen von Beziehungsverleugnung und Leugnung der Verbundenheit (und Verleugnung der Weiblichkeit) definieren, während die weibliche Persönlichkeit eine grundlegende Definition des Selbst in Beziehung zu anderen einschließt» (1985, S. 217).
3. Die Beziehungsorientierung von Frauen ist zugleich Ausdruck ihrer Machtlosigkeit. Aufgrund des gesellschaftlichen Ausschlusses sind Frauen gezwungen, mit und durch andere am Leben teilzuhaben. Insofern hat die Moral der Fürsorge auch sklavische Aspekte, nämlich das Wohlergehen des anderen immer in den Vordergrund stellen zu müssen, sich selbst nicht ebenso wichtig nehmen zu können. Oder, wie Jean Baker Miller (1980) ausführt, ist Empathie, die Einfühlung in die anderen, immer notwendige Überlebensstrategie machtloser Gruppen gewesen, um sich auf die Launen der Herrschenden einstellen zu können.

Mitmenschlichkeit wird so zum spezifischen Arbeitsvermögen der Beziehungsarbeiterin Frau, zum Resultat einer geschlechtsspezifischen Erziehung, aber auch zum Ausdruck von Machtlosigkeit. Dementsprechend sind auch die Grenzen ihrer Bedeutung zu sehen. Oder anders formuliert: Dem weiblichen Dasein-für-andere haftet ihre Herkunft an. Aus der Ohnmacht geboren, reproduziert sie die eigene Machtlosigkeit und unterstützt die vorgefundenen Machtverhältnisse. Die allgemeinen Zusammenhänge geraten so aus dem Blick.

Damit wird auch diese Moral tendenziell ungerecht, aber vor allem sich selbst gegenüber unmenschlich.

Deshalb stellt auch Gilligan (1984) der Moral der Fürsorge, die auf die einzelnen in ihrer je besonderen Situation abzielt, als notwendige Ergänzung eine Moral der Gerechtigkeit gegenüber, wo es um das Wohl aller geht. Die Gegenüberstellung der beiden Moralen ins Bild gefaßt, könnte man sich das so vorstellen: Hier die Mutter, die für ihr einzigartiges Kind sorgt und das Beste für es will. Dort der Lehrer, der allen Kindern gleichermaßen Wissen vermitteln, allen gleiche Chancen geben möchte.

Beide Orientierungen müssen für sich und absolut genommen in ihrem moralischen Anspruch scheitern: Die Mutter, die das Beste für ihr Kind will, will notwendig für alle andern Kinder das Schlechtere, zumindest unter der Bedingung knapper Ressourcen. Der Lehrer, der allen Kindern das gleiche vermittelt, wird so letztlich keinem gerecht, weil er dies nicht in bezug auf die Eigenart jedes einzelnen tun kann. Insofern, so argumentiert Gilligan, müßten diese beiden Orientierungen miteinander verbunden werden.

Das scheint sinnvoll, geht aber, so fomuliert, doch etwas über die Dramatik der hier zu überbrückenden Gegensätze leichtfüßig hinweg. Denn genau hinter diesen beiden polaren Orientierungen verbergen sich unterschiedliche Lebenserfahrungen. Es verbirgt sich die Spaltung der Lebensbereiche und deren Hierarchisierung, die, anstatt sich aufeinander zuzubewegen, im Gegenteil heutzutage eher immer weiter auseinanderdriften, und zwar in eine Arbeitswelt, die immer weniger mit dem Lebenskontext der einzelnen verwoben ist, und auf der anderen Seite in eine in sich abgekapselte Intimität, die in ihren Ansprüchen absolut wird (vgl. dazu etwa Beck 1986). Im Extrem finden wir dann am einen Pol die unmenschliche Institution, die allein nach ihren Regeln funktioniert und die Individuen für sich funktionalisiert, und am anderen Pol steht die destruktive Gemeinschaft im Sinne einer «Tyrannei der Intimität» (Senett 1983).

Angesichts dieser Entwicklung bedarf es einer sehr deutlich formulierten Positionsbestimmung weiblicher Eigenart, die ihre Verankerung in ihrer gesellschaftlichen Machtlosigkeit sieht und sich nicht mit einfachen Idealisierungen abspeisen läßt. D. h. es muß deutlich gesehen werden, daß weibliche Sozialbezogenheit als ein Produkt gesellschaftlicher Machtlosigkeit genau diese Machtverhältnisse immer wieder reproduziert. Oder anders formuliert: Weibliches Beziehungsbedürfnis ist ebenso Ausdruck weiblicher Beziehungsorientierung wie auch Ausdruck weiblicher Zweitrangigkeit.

Allein den Aspekt der *Machtlosigkeit* berücksichtigend, wäre die Frage nach dem Motiv weiblichen Helfens in der Zustimmung zur eigenen Unterwerfung erschöpfend beantwortet. Die Frau findet ihre Bestimmung im Dienst am Mann, als Helfende, Heilende, Tröstende, als Spiegel im Dienste seiner Selbst-Darstellung. Wird hingegen das *zweite Moment* betrachtet, so entpuppen sich Frauen in ihrer Personenorientierung als Vertreterinnen elementarer menschlicher Werte, die sie auch gegen gesellschaftliche Mißachtung zu leben versuchen. Hierin liegt ihr Protest.

Die fatale Verknüpfung von Mitmenschlichkeit und Machtlosigkeit hat oftmals dazu geführt, Machtlosigkeit zur Vorbedingung von Mitmenschlichkeit zu erklären. Oder noch weitergehend, im Verzicht auf Macht den eigentlichen Beweis für Mitmenschlichkeit zu sehen. Auffallend an diesem Versuch, der ausschweifend argumentierend und ethisch begründend die einzig wirkliche menschliche Beziehung in der machtfreien Beziehung sehen will, in einer Beziehung, in der nicht nach Lohn gefragt wird, ja die geradezu von ihrer Jenseitigkeit von Geld und Macht und Gesellschaftlichkeit lebt, auffallend an diesem anhaltenden Versuch ist, daß er immer auf weibliche Beziehungsarbeit zielt.

Männer scheinen für Beziehungsarbeit stets Geld, Befugnisse und Wissen zu benötigen, während diese Komponenten die weibliche Beziehung denaturieren. So ist und bleibt die Mutterliebe ‹unbezahlbar›, wohingegen die Bezahlung der Zuwendungsbemühungen des Lehrers oder Therapeuten eine bare Selbstverständlichkeit ist. Es kann so nie der Verdacht entkräftet werden, daß es sich bei diesen Lobpreisungen typisch weiblicher Anteilnahme und Fürsorge um das eifrige Bemühen handelt, Frauen mit ihrer Machtlosigkeit auszusöhnen und sie dort zu halten.

Und das ist eine Ursache für das Unbehagen, das den heutigen Frauen die Formulierungen der älteren, sogenannten ‹gemäßigten› Frauenbewegung bereitet, indem hier immer wieder die Wesenhaftigkeit der Frau über ihre Dienstbarkeit definiert wird. Sie kann bei allen emanzipatorischen Bemühungen, von deren Früchten wir heute profitieren, nicht deren Zustimmung zu Anpassung und

Unterwerfung verleugnen. Und die Geschichte gibt diesem Unbehagen weitgehend recht. Wie oft war die Idealisierung weiblicher Tugend gleichbedeutend mit einer Entschädigung für Verzicht, Macht, Ansehen und gesellschaftlicher Partizipation. Vor allem die bürgerliche deutsche Frauenbewegung zeichnete sich durch eine eilfertige Bestätigung herrschender Strömungen mit ihrer chauvinistischen und rassistischen Geschichte aus. So scheuten sich die bürgerlichen Frauen nicht, Alice Salomon, eine ihrer kompetentesten und aktivsten Mitstreiterinnen, als Jüdin und Pazifistin im Bund Deutscher Frauenvereine immer weiter zu isolieren. Und es regte sich keinerlei Widerstand, als sie 1933 aller öffentlichen Ämter enthoben, ihr Name von der von ihr gegründeten Schule getilgt und sie 1937 ins Exil gejagt wurde.

Gerade das Wissen um diese Geschichte sollte uns veranlassen, sehr genau hinzuschauen, was Gemeinsamkeiten und Unterschiede im Selbstverständnis helfender Frauen damals und heute sind. Gemeinsam ist beiden die Formulierung weiblicher Kompetenz in ihrer persönlichen Verantwortung und Fürsorge. Die Ethik der Fürsorge und persönlichen Verantwortung liest sich bei Alice Salomon in der Sache nicht anders als bei Carol Gilligan. Wenngleich die Begründung sehr wohl differiert: War es damals die Wesenhaftigkeit der Frau, die ihre Bereitschaft zum Helfen zu einer zeitlosen Tugend weiblicher Seele stilisierte, so liegt heute die Begründung in den spezifischen Lebensbedingungen von Frauen und der ihr eigenen psychischen Entwicklungslogik. Thema werden damit heute gesellschaftliche und historisch bedingte, d. h. also hergestellte und prinzipiell veränderbare Umstände.

Allerdings ist auch bei der heutigen Diskussion nicht zu übersehen, daß – vor allem in ihrer psychologisch/psychoanalytischen Variante – die weibliche Beziehungsorientierung leicht von der Machtdimension abgekoppelt und dabei so mit ethischer Wertschätzung aufgeladen und zur Persönlichkeitskonstante von Frauen hochstilisiert wird, daß wir unversehens wieder beim Konzept weiblicher Wesenhaftigkeit landen. (Vgl. dazu die Kritik von Lynne Segal, 1989, am ‹Essentialismus› des modernen Feminismus.) Und es liegt dann der Verdacht nahe, daß je weiter auch die heutige Auffassung in Richtung Essentialismus driftet, desto stärker wird sie ähnlich affirmative Tendenzen unterstützen wie in der früheren Frauenbewegung. Die Frauen würden durch die Tröstungen im Glauben an ihre moralische Überlegenheit mit ihrer Position in der Gesellschaft und deren Machtverhältnissen ausgesöhnt. Und damit würde sich die feministische Position ihres kritischen Potentials entledigen. Dies kritische Moment liegt, um es nochmals zu sagen, darin, gleichzeitig beide Aspekte zu sehen, weibliche Fürsorge als Ausdruck von Mitmenschlichkeit und von Machtlosigkeit.

Wird weibliche Mitmenschlichkeit von der Machtdimension abgekoppelt, so bleibt sie allein kritisch der Gesellschaft gegenüber, die Mitmenschlichkeit entwertet und ausgrenzt. Sie bleibt jedoch unkritisch sich selbst gegenüber. Und sie sieht dann im Zuge der Selbstidealisierung großmütig über die eigenen Anteile an der Rekonstruktion von Unterdrückungsverhältnissen hinweg. Wie zeitgemäß lesen sich doch etwa folgende Zeilen von Alice Salomon: Frauen «haben mehr Neigung, der zivilisatorischen Ordnung der Dinge kritisch gegenüberzustehen, schon weil sie nicht daran mitgeschaffen haben. Sie haben nicht die heilige Achtung vor dem bestehenden Zustand der Dinge, die so viele Männer blind und achtlos gegenüber schreienden Mißständen im Wirtschaftsleben und in der Verwaltung machen. Frauen sind viel weniger bereit, es ruhig hinzunehmen, daß die Städte voller Rauch, die Straßen voller Schmutz sind, daß Menschen in den Fabriken durch schlechte Verkehrsordnungen verstümmelt werden; daß Kinder im zarten Alter eine Erwerbsarbeit tun müssen, die keinen erzieherischen Wert hat, und mehr in sozialer Arbeit zu voller Entfaltung kommen, und deshalb finden die Frauen hier in besonderer Weise einen ihnen gemäßen Beruf» (nach Dürkop 1983, S. 60). Und genau in dieser Aussage ist die Selbstbestätigung der Position der Frau mitformuliert. Denn solange die Frau ihr kritisches Potential allein aus der Distanz zur Gesellschaft schöpft, gibt sie dies ja notwendig auf, wenn sie sich in die Gesellschaft hineinbegibt. Es geht also nicht nur darum, die Kritik an der Gesellschaft als etwas den Frauen Äußerliches zu formulieren, sondern ebenso darum, das weibliche Handeln als Resultat ebendieser Gesellschaft zu begreifen und dann ebenso kritisch zu hinterfragen.

Auch Simone de Beauvoir (1968) hat die kritische Position der Frau aus ihrer gesellschaftlichen Randständigkeit abgeleitet, jedoch gleichzeitig immer auch deren bestätigende Rolle mitgedacht. In ihrer Randständigkeit bietet die Frau sich als Objekt für idealisierende wie entwertende Projektionen des Mannes an. Und die Verführung für die Frau liegt darin, diese Projektionen anzunehmen und, sich in Selbstidealisierungen und Selbstentwertungen gefallend, die Geschäfte der Gesellschaft dem Mann zu überlassen. So trägt sie ebenfalls Verantwortung durch ihre Nichteinmischung und dadurch, daß sie die Projektionen des Mannes bestätigt. In den helfenden Beziehungen geschieht dies vor allem durch den beharrlich genährten Glauben an die moralische Überlegenheit von Frauen. Wobei nicht zu übersehen ist, daß diese Selbstidealisierungen auch strategisch genützt worden sind. So hat die frühere Frauenbewegung die angeblich besondere Begabung von Frauen in Sachen Soziales immer auch bemüht, um damit ihren Anspruch auf Berufstätigkeit zu legitimieren und die Männer aus diesen Berufen zu verdrängen.

Das Resultat dieser Strategie sehen wir heute, wo es den Frauen in der Tat gelungen ist, im Bereich sozialer Arbeit vielfältigste Berufe zu etablieren. Es sind inzwischen Bedingungen geschaffen worden, von denen die Pionierinnen nur träumen konnten. D. h. im sozialen Bereich kann keineswegs mehr von einer gesellschaftlichen Randständigkeit von Frauen gesprochen werden. Daraus ergibt sich die Frage, ob damit auch das spezifisch weibliche Anliegen persönlicher Verantwortung und Fürsorge in die Berufe hineingetragen wurde. Ist die Welt dadurch menschlicher geworden, so, wie sie es gehofft hatten? Und konkreter: Ist der soziale Beruf weiblicher geworden?

Auch Alice Salomon hatte bereits gesehen, daß es nicht genügt, wenn Frauen sich Berufspositionen erkämpfen, solange diese weiterhin von Männern geprägt sind. So klagt sie darüber, daß Frauen in diesen Berufen Männern unterstellt werden, die völlig andere Ansichten hätten als sie, die Ansichten von Verwaltungsbeamten. Sie beruft sich dabei auf Klagen von Sozialarbeiterinnen, die besagen:

> «Für sie (die Männer) gibt es keinen Unterschied zwischen denjenigen, die in einem Finanzamt oder Wasserwerk arbeiten, und denen, die mit Menschen und ihren Schwierigkeiten umgehen müssen. Sie tadeln mich, wenn ich nicht eine große Anzahl von Berichten und Formularen bewältige.» Und sie fährt fort: «Ein Angehöriger des öffentlichen Dienstes in Deutschland war dazu ausgebildet, in Funktionsbegriffen zu denken, nicht dazu, das Leben als Ganzes zu sehen, menschliche Wesen in realen Verhältnissen zu betrachten oder mit menschlichen Angelegenheiten umzugehen.

Diese hochgebildeten und sozial gesinnten Frauen mit ihrem Verlangen nach menschlichen Lebensbedingungen mußten gemäß den Normen einer bürokratischen Maschinerie arbeiten; mußten arbeiten wie Ermittlungsbeamte der Polizei und ihre eigenen Ansichten von persönlichem Dienst verleugnen» (Salomon 1983, S. 214).

Es ist nun die Frage, inwieweit diese Analyse auch heute noch zutrifft.

Weiblichkeit und Professionalität

In den sozialen Berufen sind nach wie vor weibliche Qualifikationen gefragt wie soziale Sensibilität, Empathie und die Sorge um den anderen. Darüber hinaus wird erwartet, daß frau mit den meist geringen Mitteln zurecht kommt, das Beste daraus macht, erfinderisch ist in der Auswahl und Kombination der Mittel, um den größtmöglichen Nutzen für die Beteiligten herauszuziehen; kurz, die Fähigkeiten anzubringen, die man unter «Haushalten» versteht (Balbo 1984). So nützlich diese Fähigkeiten für die tägliche Arbeit sind, so wenig werden sie im System der Professionalität anerkannt, ja größtenteils sind sie sogar kontraindiziert in einem System, in dem es darum geht, durch Selbstdarstellung im Kampf um Macht und Gelder Einfluß zu gewinnen und seine Position zu behaupten. Für erfolgreich gilt derjenige, dem es gelungen ist, für «sein» Ressort möglichst viel Mittel herausgeschlagen zu haben, der viele Mitarbeiter «unter» sich arbeiten hat, dessen Wort weit über seine Amtsstube hinaus Bedeutung hat und gehört wird. In allen Bereichen sind die Fähigkeiten, die «oben» erwartet werden, ziemlich andere als die, die im Kontakt mit Klienten «unten» wichtig sind. Bei den meisten Frauen steht gerade der unmittelbare Kontakt mit den Klienten im Vordergrund der Berufsmotivation. Das ist für sie das eigentlich «Sinnhafte», der Bereich, in dem sie sich kompetent und wissend fühlen. Und diese Qualifikationen sind «oben» nicht gefragt. Und Frauen werden auch so lange Berufskarrieren für sich ablehnen wie jede Sprosse auf dieser Leiter sich als eine neue Barriere von Macht und Bürokratie zwischen sie und die Klienten schiebt. Das heißt das ‹weibliche Arbeitsvermögen› ist zwar gefragt, bzw. es wird erwartet, aber es wird nicht honoriert bzw. kann sich nur in relativ machtlosen Ebenen etablieren.

Die Abwertung weiblicher Qualifikationen durch das professionelle Wertesystem reicht jedoch noch tiefer: Der unmittelbare, persönliche Kontakt, die eigentliche Domäne der Frau, ist hier seiner Privatheit enteignet und hat nach Gesetzen zu funktionieren, die dem Erfahrungswissen der Frauen widersprechen. Sich spontan zu verhalten widerspricht dem Postulat methodischer und systematischer Professionalität. Sich auf den einzelnen in seiner besonderen Situation einzulassen steht im Gegensatz zu Erfordernissen einer Berufsstruktur, die eine Vielzahl von «Fällen» zur Bearbeitung vorlegt, und die unter «Bearbeitung» dieser Fälle die richtige Anwendung von Richtlinien, Hilfe für den einzelnen durch die richtige Anwendung wissenschaftlicher Methodik oder die Vermittlung von allgemein gültigem Wissen versteht.

Mit ihrem Bezug auf den einzelnen in seiner individuellen Situation verwirkt frau so ihren Anspruch auf Professionalität und geht damit der offiziellen Anerkennung verlustig. Es wird durchaus gerne gesehen, wenn Frauen sich «aufopfernd» und warmherzig um ihre Anbefohlenen kümmern, aber als professionell gilt das nicht. Interessant ist dabei, daß diese Auffassung nicht nur Vorgesetzte, Wissenschaftler oder männliche Kollegen vertreten, sondern bis zu einem gewissen Grade auch Frauen selbst, die die Hierarchie zwischen professionellem und privatorientiertem Helfen verinnerlicht haben. Sie werden das Gefühl nicht los, oft eigentlich nichts «Ordentliches», nichts «Richtiges» zu tun und haben vielfach den Eindruck, sich in ihrer Arbeit etwas «zusammengewurstelt» zu haben, das das Licht professioneller Beurteilung zu scheuen hat. Ihr «persönlicher Stil» wird abgewertet und in den geheimen Raum privaten Wissens verbannt (Rommelspacher 1987). Es bleibt ihre individuelle Erfahrung, die sich der öffentlichen Diskussion und damit auch öffentlicher Kontrolle entzieht. Einher geht damit in gewissem Sinn auch ein Verzicht auf gesellschaftliche Wirklichkeit.

Schließlich verstärken nicht zuletzt auch die Klienten und Klientinnen die Hierarchie dieses Bewertungssystems: Auch sie schätzen persönliche Anteilnahme durchaus; aber je mehr Zeit sich der/die Professionelle für sie nimmt, desto geringer schätzen sie dessen/deren professionellen Status. Gilt dies für professionelle Männer und Frauen, so doch nicht für beide im selben Maße (Gürtler 1987). So haben beispielsweise auch Linguistinnen festgestellt, daß für

Patienten gegenüber der Ärztin ein Statuskonflikt entsteht zwischen dem hohen Status des Arztberufs und dem niedrigen der Frau. Zumindest die männlichen Patienten entscheiden sich eindeutig für den niedrigeren Status, was daran festzustellen ist, daß sie die Ärztin häufiger unterbrechen als umgekehrt, was sich die männlichen Patienten gegenüber dem männlichen Arzt keineswegs trauen (West 1984).

D. h. die Bewertung weiblicher Professionalität ist vor dem Hintergrund zu sehen, daß dabei in erster Linie die Frau und erst in zweiter Linie die Professionelle gesehen wird. Das wäre wohl weiter nicht schlimm und könnte gerade im sozialen Bereich produktiv sein, wenn damit nicht eine Statusminderung einherginge, die die gesellschaftliche Mißachtung von Frauenarbeit erneut reproduziert. In diesem Sinne holt die Frauen in ihrer beruflichen Praxis die Diskriminierung aus dem Privatbereich wieder ein und führt sie zurück in die Position der Machtlosigkeit. Diese offizielle Mißachtung versuchen die Frauen häufig mit viel persönlicher Hingabe wieder wettzumachen. Jedoch kompensieren sie so vielfach den Mangel an Anerkennung, den Mangel an Ressourcen und den Mangel an öffentlicher Wirksamkeit in mütterlichen Allmachtsphantasien, den Phantasien über die unbeschränkte Macht ihrer Zuwendung. Damit wachsen die Ansprüche an sie selbst immer weiter, und entsprechende Erwartungen der Klienten und Klientinnen werden genährt, ohne daß sich real an der Versorgungssituation etwas ändert (Hagemann-White 1987).

Und so schließt sich der Kreis: Die Abwertung weiblicher Qualifikationen im Beruf durch die Verweigerung von Karrierechancen, durch Abwertung qua Wissenschaft und berufsoffizielle Normen sowie durch die Mißachtung der Person Frau verstärken in ihr die Aufwertung ihrer «heimlichen Qualifikationen». Sie kehrt die Mißachtung kompensatorisch um in Allmachtsvorstellungen, die in der Mystifizierung mütterlicher Praxis bereits angelegt sind. Das selbstlose Dasein für andere läßt sie wiederum auf Gratifikationen in der Arbeit verzichten.

Damit etabliert sich auch hier wieder die Geschlechterhierarchie in Form der Hierarchisierung von Tätigkeiten (Drake 1980), und Frauen manövrieren sich selbst ein Stück weit in die Machtlosigkeit hinein. Sie reproduzieren Verhältnisse, die Mitmenschlichkeit und Machtlosigkeit verquicken, und stricken mit am Mythos, daß Mitmenschlichkeit vor allem jenseits von Macht lebbar wäre. Damit begeben sie sich auch der Machtbasis, die ihnen die Möglichkeit verschaffte, männliches Handeln folgenreich zu kritisieren.

Fazit

So wäre zu resümieren, daß die Eroberung des Berufsstandes der sozialen Berufe zur Durchsetzung weiblicher Visionen vom besseren Leben wenig getaugt hat. Vielmehr hat sich im Beruf lediglich eine neue Form der Hierarchie zwischen weiblicher Beziehungsarbeit und männlicher Normsetzung etabliert. Die Berufstätigkeit als solche hat kaum eine Aufwertung weiblicher Arbeit gebracht, sondern sie fördert eher die Wiederkehr patriarchaler Strukturen in der Arbeitswelt zutage.

Jedoch sind auch sehr viele Impulse der neuen Frauenbewegung von Frauen aus sozialen Berufen ausgegangen. Sie haben den Beruf genutzt, um die desolate Lage von Frauen zu skandalisieren und öffentlich zu machen. Denken wir etwa nur an das Thema Gewalt gegen Frauen in den Familien oder den sexuellen Mißbrauch von Kindern. Gerade Frauen aus sozialen Berufen waren offenbar in der Lage, das Ausmaß des Elends zu erkennen, die Mißstände anzuprangern und Gegenmaßnahmen zu fordern und teilweise auch durchzusetzen. Sie hatten damit die Losung der neuen Frauenbewegung ‹Das Private ist politisch› zu einer gesellschaftlichen Wirklichkeit werden lassen.

Insofern könnte man mit Natalie Sokoloff (1980) von einer dialektischen Beziehung zwischen Haus- und Berufsarbeit sprechen: Einerseits verstärkt der Beruf aufgrund seiner patriarchalen Strukturen die Entwertung von Frauenarbeit. Andererseits stehen die beiden Sphären auch miteinander im Widerspruch, etwa durch die Bezahlung der Frau und durch die neuen und eigenständigen Erfahrungen, die Frauen im Berufsleben machen. Das heißt wenn Frauen an beiden Sphären partizipieren, so öffnet dies ihnen auch die Möglichkeit kritischer Positionen.

Der Glaube, Frauen würden im Beruf automatisch eine verändernde Position einnehmen, übersieht die Macht patriarchaler Verhältnisse in der Arbeitswelt, aber auch die Vorteile für Frauen in traditionellen Positionen. Denn die Widersprüche zwischen Privat- und

Erwerbsbereich können von Frauen nur dann produktiv genützt werden, wenn sie diese Widersprüche erkennen und bereit sind, sie anzunehmen und die daraus folgenden Spannungen auszuhalten – und nicht die Widersprüche zu fliehen, wie Hildegard Heise (1986) es formuliert.

Die Widersprüche anzunehmen würde bedeuten, nicht in einseitiger Idealisierung die Privatsphäre der Erwerbssphäre entgegenzuhalten, noch sich umstandslos an die Berufsnormen anzupassen. Weder im Dienst am Mann ihn zu bestätigen, noch dies in Form der Verdoppelung seines Lebens- und Arbeitskonzepts zu tun. Das setzt voraus, daß die Spannung zwischen Öffentlichkeit und Intimität sowie zwischen Macht und Mitmenschlichkeit akzeptiert und angenommen werden muß. Denn sonst konstituiert sich ein falscher Gegensatz, nämlich der zwischen der ‹heiligen Familie› und der Unmenschlichkeit des professionellen Systems.

Wenn Frauen die Herausforderung der Widersprüche annehmen, eröffnen sich zahlreiche Chancen: Sie können z. B. ihre Kritik an einem professionellen System artikulieren, das den einzelnen und seine besondere Situation so wenig berücksichtigt. Das gilt für die Klientinnen ebenso wie für die Helfenden. So können sie ihre Kritik an jener Reduktion von Komplexität formulieren, bei der sich das professionelle Handeln möglichst aus dem Alltag herauszieht und dabei nicht nur dessen Bewältigungsmuster weitgehend mißachtet, seinen Selbstheilungskräften grundsätzlich mißtraut, sondern auch über die Bedeutung der Notwendigkeiten alltäglichen Lebens hinwegdiskutiert.

So liegt ein Kern der Kritik an professioneller Arbeit aus weiblicher Sicht meines Erachtens im Vorwurf, daß das professionelle System vielfach eine Maßnahme zur Abwehr realer Verantwortung wird und demgegenüber eher persönlichem Macht- und Statusgewinn dient. Denn hierin erkennen Frauen ein Grundmuster, das auch die Position des Mannes im privaten Bereich kennzeichnet: Normen zu setzen, aber für deren konkrete Umsetzung die Arbeit der Frauen zu beanspruchen. Die Parallelen werden besonders deutlich im Kontext einer Psychokultur, wo die Bewältigung von Realität auf eine «Sprechkur» reduziert wird. Dies ist eben auch eine Form, sich aus der Verantwortung gegenüber realen Anforderungen zu schleichen. Daher auch die «Künstlichkeit», das «Leben aus zweiter Hand», das in der Psychoszene vielfach beklagt wird: Etwa über die Problematik des Alters ein

Seminar abzuhalten versus die eigene Berufstätigkeit zu reduzieren oder gar zu quittieren, um die eigenen alten Eltern zu versorgen – das bleibt wohl noch lange ein charakteristischer Unterschied zwischen Männer- und Frauenarbeit. Es geht also nicht an, wie dies beispielsweise Klaus Antons (1987) in seinem Buch «Helfen oder lieben?» tut, die Verarmung der Erlebnisqualität, die Unwirklichkeit der «Psychowelt» zu beklagen, ohne zugleich auch die darin enthaltene Vorteilnahme und Absicherung von Privilegien mitzubenennen.

D. h. die weibliche Position gewinnt ihre kritische Potenz erst aus der gleichzeitigen Teilhabe an privater und professioneller Beziehungsarbeit. Das ist keineswegs individuell gemeint, so daß jede Frau, um sich kritisch äußern zu können, an beiden Bereichen teilhaben müsse. Sondern es geht um die Aktivierung der Erfahrung von Frauen in beiden Bereichen und um das Aufspüren der darin erfahrenen Identitäten und Widersprüche. Aus der Teilhabe an beiden Bereichen ergibt sich auch ihre relative Unabhängigkeit von professionellen Privilegien und Verführungen. So kann eine Frau die hier funktionierenden Bestechungsmanöver klarer durchschauen. Gleichzeitig stabilisiert sie jedoch diese Hierarchien, solange sie nicht selbst an der Macht teilhat.

Die Erfahrungen von Frauen aus dem Privat- und Erwerbsbereich zu aktivieren bedeutet in erster Linie, sich dieser Erfahrungen zu vergewissern, sie über das subjektive Erleben hinaus auch soziale und gesellschaftliche Wirklichkeit werden zu lassen. Dazu bedarf es der intensiven Kommunikation von Frauen untereinander und der Möglichkeit eines Zugangs zur Öffentlichkeit. Die soziale Arbeit scheint dafür geradezu prädestiniert. Sie bietet einen Zugang zu weiblicher Erfahrung und bietet die Möglichkeit zu deren Veröffentlichung. Sie schafft ganz wesentliche Voraussetzungen, die verschiedenen Erfahrungen von Frauen aufeinander zu beziehen und gibt ihnen so die Möglichkeit, ihre Sache selbst in die Hand zu nehmen und im Erkennen der Gemeinsamkeiten und Widersprüche sich sowohl als individuelles als auch als politisches Subjekt zu verwirklichen. Und so können wir nun zum Schluß die Frage, ob soziale Arbeit Dienst-am-anderen oder Selbstverwirklichung bedeutet, genauer beantworten: Sie ist insoweit Selbstverwirklichung von Frauen, als sie ihnen ermöglicht, Mitmenschlichkeit zu leben und ihre Beziehungskompetenz zu verwirklichen. Sie haben zudem hier die Möglichkeit, im Schicksal der anderen Frauen sich selbst zu begegnen und sich ihrer selbst als Frau bewußter zu werden. Sie können schließlich zum tätigen Subjekt ihrer Verhältnisse werden, indem sie in ihrer Arbeit die Situation von Frauen verändern.

Selbstverwirklichung ist aber auch zu einem Begriff geworden, der Selbstlosigkeit verschleiert. Die Intimisierung der Beziehungen verführt immer mehr dazu, unmerklich die Bedürfnisse des andern über die eigenen zu schieben. Ebenso wie sie dazu verführt, die Machtdifferenz zu leugnen. Und genau aus diesem Grund ist der Begriff des Dienens suspekt geworden, weil er gerade das thematisiert, was der moderne Begriff der Selbstverwirklichung verleugnen möchte, nämlich den Aspekt der Selbstlosigkeit und Unterwerfung. Beide Begriffe verleugnen jeweils die Seite, die der andere anspricht: Der ‹Dienst am anderen› verleugnet das Eigeninteresse, indem er vorgibt, nur im Interesse der anderen zu handeln; wohingegen die Selbstverwirklichung den Aspekt der Selbstlosigkeit und Unterwerfung leugnet und behauptet, es ginge nur um die eigenen Interessen.

So meint die neue Begrifflichkeit zum Teil durchaus dasselbe wie die alte, und insoweit handelt es sich in der Tat um einen Etikettentausch. Ein Etikettentausch, der den Aspekt der Selbstlosigkeit und Unterwerfung verdrängen möchte. Jedoch zeigt sich in diesem Begriffswandel auch ein realer Wandel im Verhältnis von Sozialarbeiterin zur Klientin: Er zeigt, daß sie sich nähergerückt sind, die Gegensätze nicht mehr so kraß, die soziale Kluft nicht mehr so unüberwindbar ist, daß nicht auch die Gemeinsamkeiten in den Lebensumständen erkannt werden könnten. Deshalb weist dieser Begriffswandel auch darauf hin, daß heute mehr denn je die Chance besteht, Sozialarbeit als Selbstverwirklichung zu verstehen, als eine Möglichkeit, das eigene Schicksal als Frau in dem der Klientin zu erkennen und mit deren Situation auch die eigene zu verändern.

III: Frauen helfen im Alltag – anderen und sich selbst

Vera Grunow-Lutter

Frauen und Gesundheitsselbsthilfe in der Familie

Vorbemerkung

Die Forderung nach einer Betonung von Selbsthilfe im Gesundheitswesen und nach einer *patienten*orientierten Perspektive in der politischen und wissenschaftlichen Diskussion ergibt sich aus folgenden Sachverhalten:

- Nach vorliegenden Schätzungen werden ⅔ bis ¾ aller Krankheitsepisoden *ohne* Inanspruchnahme professioneller Hilfe in der Familie, Verwandtschaft, Nachbarschaft u. a. m. bewältigt (vgl. Kickbusch 1979; Alonzo 1979). Die geleisteten Hilfestellungen werden meist von *Frauen* erbracht (vgl. Pratt 1976; Schmerl & Nestmann i. d. Band).
- Die kostenaufwendige Intensivierung und Technisierung der Akut- und Intensivmedizin bei gleichzeitigem Anstieg der chronisch-degenerativen Krankheiten und der Behinderungen hat den objektiven und subjektiv empfundenen Gesundheitszustand der Bevölkerung in den letzten zwei bis drei Jahrzehnten keineswegs gebessert, sondern auf einem gleich hohen Niveau belassen. Das veränderte Krankheitspanorama hat nicht zu einer Entlastung der Familie in der Gesundheits- und Krankheitspflege geführt, sondern eher zu einer Ausweitung der Anforderungen (vgl. Litman 1971) an die alltäglichen Helfer und Helferinnen.
- Besonders bei der Prävention und der Rehabilitation haben sich die an das institutionelle Medizinsystem gerichteten Erwartungen trotz zunehmenden finanziellen Aufwandes nicht erfüllt. Es stellt sich damit weiterhin die grundsätzliche Frage nach der Organisierbarkeit und dem Ausmaß der Professionalisierbarkeit dieser Aufgabenbewältigung.

Insbesondere der letztgenannte Gesichtspunkt macht deutlich, daß *Selbsthilfe* im Gesundheitswesen nur teilweise als «Konkurrenz» zum institutionalisierten Medizinsystem angesehen werden kann. Das alltägliche präventive Verhalten und die Rehabilitationsprozesse in der Bevölkerung sind durch Professionelle nur bedingt zu beeinflussen.

Die Forderung nach der Betonung der Selbsthilfe im Gesundheitswesen besagt nicht, daß die Rolle der medizinischen Laien- und Gesundheitsselbsthilfe bisher ignoriert wurde. Festzuhalten ist aber, daß sie meist als ‹Anhängsel› des professionellen Medizinsystems oder gar als negativ bewerteter Kontrast hierzu betrachtet wurde, als laienhaft im Sinne von ‹trivial› oder ‹stümperhaft›. Diese Einseitigkeit der Betrachtung verfestigt sich weiter, wenn gleichzeitig die Rolle von Frauen in der alltäglichen Gesundheitsselbsthilfe erörtert wird. Stichworte sind hier die Medikalisierung der weiblichen Heilkultur (z. B. das Wissen der Hebammen), die Medikalisierung des Frauenkörpers und die damit oft einhergehende Entmündigung durch Experten. Angesprochen ist auch die bisher als selbstverständlich erachtete unbezahlte Gesundheitsarbeit von Frauen in der Familie, die im Zentrum der Diskussion über die Pflegeversicherung steht. Es ist daher kein Zufall, wenn die Frauengesundheitsbewegung, die als eine ihrer wichtigsten Strategien die Selbsthilfe entdeckte, auf massiven Widerstand etablierter medizinischer Kräfte stößt (vgl. Kickbusch 1981).

Vor dem Hintergrund des notwendigen Perspektivenwechsels wird mit Recht eine Gesundheitsforschung mit vielfältigen und breitgefaßten Gegenstandsbereichen gefordert, die ihre Erkenntnisinteressen und Fragestellungen nicht an den Bedürfnissen des professionellen Medizinsystems orientiert. Die sozialen und psychischen Problemlagen der Betroffenen selbst mit all ihren Schattierungen sind dabei Ausgangspunkte der Betrachtung und nicht die Sichtweise der Experten.

Dieser Beitrag soll sich auf einen bestimmten Teilbereich der aktuellen Gesundheitsdiskussion konzentrieren: auf die Rolle der Frau in der familialen Gesundheitsselbsthilfe, auf den Umfang und die Inhalte der Selbsthilfeaktivitäten in der Familie und auf die Rahmenbedingungen ihrer Durchführung. Dieser Teilbereich wird anhand des empirischen Materials diskutiert, das im Rahmen des Projektes «Selbsthilfe im Gesundheitswesen» erhoben wurde [1].

Gesundheitsselbsthilfe im Alltag

Gesundheitsselbsthilfe als soziale Alltäglichkeit

Für das Verständnis der im folgenden darzustellenden Forschungsergebnisse muß kurz auf die konzeptuelle Grundlage des Projektes eingegangen werden. Man kann sich dem Thema ‹Selbsthilfe› empirisch nur dann hinreichend präzise und kontrolliert nähern, wenn man den Gegenstandsbereich einengt bzw. spezifischer formuliert.

Gegenstand unserer Untersuchung ist die ‹Gesundheitsselbsthilfe›, umschrieben als «laienhaft, nicht erwerbsmäßig und informell im Rahmen sozialer Gruppen erbrachte Eigenleistungen und gegenseitige Hilfestellungen, die auf die Gesunderhaltung oder Bewältigung von Krankheit gerichtet sind».

Diese Definition von Gesundheitsselbsthilfe läßt sich deutlich abgrenzen gegenüber professioneller, erwerbsmäßiger und formal organisierter Fremdhilfe durch das Medizinsystem. Sie erlaubt es, die tatsächlichen Aktivitäten und die praktischen Erfahrungen der Bevölkerung mit eigenem Gesundheitshandeln festzustellen, ohne sich an den medizinischen Normen zu orientieren, die vorgeben, was Laien tun dürfen, und wie sie es richtig zu tun haben.

Ein wichtiger Bestandteil dieses Begriffes von Gesundheitsselbsthilfe ist seine Interpretation als ‹soziale Alltäglichkeit› (vgl. Thurn 1980). Der Begriff Alltäglichkeit bezeichnet die Notwendigkeit kontinuierlicher individueller und sozialer Lebensgestaltung. Gesundheitsselbsthilfe ist ein Bestandteil dieser universellen, kontinuierlich ablaufenden und vielfach unbewußten Gestaltungs- und Handlungsprozesse im Alltag. Alltäglichkeit ist die Form der sich wiederholenden gesundheitsbezogenen Handlungen und ihre Einbettung in Situationen des Alltags. Sie weist damit zugleich auf die Existenz *nicht* alltäglicher, ‹alltagsüberschreitender› gesundheitlicher Handlungen hin. Dies sind Situationen, die unerwartete, noch nicht erfahrene und unerprobte Anforderungen an betroffene wie an beteiligte Personen stellen. In der Gesundheitsselbsthilfe sind solche alltagsüberschreitenden Handlungsanforderungen mit noch «nie erlebten» Akuterkrankungen oder mit der seltenen Inanspruchnahme bestimmter medizinischer Dienstleistungen (z. B. Operationen) verbunden.

Daraus folgt jedoch nicht, daß ‹Alltäglichkeit› gleichzusetzen wäre mit täglich wiederkehrenden Handlungsroutinen. Die Häufigkeit des tatsächlichen Handelns ist nicht allein entscheidend für die Allgegenwärtigkeit und Kontinuität der Gesundheitsselbsthilfe. Von Bedeutung ist auch, ob spezifische Handlungserfordernisse grundsätzlich erwartet werden können bzw. ob mit dem Eventualfall verbundene Erwartungen stabil sind. So ist die Behandlung einer Erkältung ein Teil der Alltäglichkeit, obwohl Erkältungen in der Regel nicht ständig vorhanden sind. Demgegenüber sind alltagsüberschreitende Situationen gekennzeichnet durch erhebliche Erwartungsunsicherheit bei den daran beteiligten Personen. Es muß erst eine Form gefunden werden, um mit bestimmten Situationen und Problemen umzugehen (z. B. mit der ersten, schlimm blutenden Platzwunde des ersten Kindes und den damit verbundenen Aufregungen). Dies bedeutet allerdings auch, daß jede alltagsüberschreitende Situation bei wiederholtem Auftreten irgendwann zu einer Alltäglichkeit werden kann (z. B. der Diabetiker, der gelernt hat, sich selbst zu spritzen).

Gesundheitsselbsthilfe ist zum großen Teil *soziales* Handeln, da es sich auch auf Handlungen oder Erwartungen anderer Personen bezieht. Diese Bezugspersonen entstammen überwiegend den ‹primären› sozialen Gruppen, in denen die Alltagshandlungen ablaufen: Haushalt, Familie, Verwandtschaft, Freundeskreis, Nachbarschaft, Arbeitskollegen oder auch Selbsthilfegruppen. Gesundheitsselbsthilfe entwickelt sich als soziale Alltäglichkeit sowohl in vielfältigen Einzelhandlungen, die durch Erwartungen aus dem sozialen Umfeld beeinflußt werden. Sie entsteht auch in Interaktionsprozessen zwischen betroffenen und beteiligten Personen wie z. B. zwischen Kranken und ihren Helferinnen.

Unterstützungen bei der Gesundheitsselbsthilfe durch Bezugspersonen bzw. soziale Bezugsgruppen können ihre ‹Alltäglichkeit› sowohl durch kontinuierliches gemeinsames Handeln erhalten als auch durch selbstverständliche Inanspruchnahme in geeigneten Situationen und durch stabile gegenseitige Erwartungen der Beteiligten. Dies bedeutet auch, daß sie als Aktivierungsmöglichkeiten unbewußt bleiben können. Trotz dieser Unterschwelligkeit besitzen sie die für Alltäglichkeit notwendige Kontinuität, weil sie sich auf *bestimmte* Personen beziehen. Konkrete Personen geben und empfangen Unterstützung und nicht mehr oder weniger zufällige Inhaber einer bestimmten Rolle. In diesem Sinne ist soziale Alltäglichkeit der Gesundheitsselbsthilfe durch den Ausfall einer oder mehrerer solcher Bezugspersonen im starken Maße gefährdet. Die betreffende Person ist unter Umständen gar nicht zu ersetzen. Auch dic Bezüge zu anderen Personen im Kooperationszusammenhang können sich dadurch erheblich verändern. Die Schaffung neuer Formen sozialer Alltäglichkeit in der Gesundheitsselbsthilfe kann deshalb zeitlich, sachlich und sozial höchst voraussetzungsvoll und schwierig sein. Die «Unersetzlichkeit» von Ehefrauen/Müttern bei der Versorgung kranker Kinder bzw. Familienangehöriger hat hier eine ihrer Wurzeln. Gerade der Verpflichtungscharakter, der für Frauen mit Gesundheitsselbsthilfe verbunden ist, resultiert z. T. aus der Tatsache, daß Erwartungen an sie als Person und nicht nur als Rolleninhaberin gerichtet sind.

Der Umfang der Gesundheitsselbsthilfe in der Familie

Eine erste Annäherung an Inhalt und Umfang der Gesundheitsselbsthilfe erlaubt die Auswertung eines «Gesundheitstagebuchs», das im Rahmen unseres Projektes von 87 Haushalten jeweils 4 Wochen lang für alle Haushaltsmitglieder ausgefüllt wurde (vgl. Grunow u. a. 1984). Im Mittelpunkt standen zwei Fragen: Wurde von den Haushaltsmitgliedern eine *routinemäßige Gesundheitsmaßnahme* (z. B. Medikamenteneinnahme bei chronischen Erkrankungen, Gewichtskontrollen usw.) ausgeführt? Und: Gab es *akute Befindlichkeitsstörungen*, Beschwerden oder Erkrankungen, dic zu Handlungsreaktionen führten? Zugleich wurde nach den an diesen Aktivitäten beteiligten Personen bzw. Institutionen gefragt. Damit wird eine relativ offene, aber auch zeit- und alltagsnahe Erfassung von gesundheits- und krankheitsbezogenen Handlungen in den Haushalten ermöglicht.

Insgesamt wurden 6943 auswertbare Dokumentationsbögen auf diese Weise erhoben (ein Dokumentationsbogen = Gesundheitsmaßnahmen einer bestimmten Person an einem bestimmten Tag innerhalb des vierwöchigen Erhebungszeitraums).

In 35 Prozent (2379) der Dokumentationsbögen wurden routinemäßige oder vorher geplante gesundheitsbezogene Aktivitäten durchgeführt; in 30 Prozent (2033) wurden unvorhergesehene Beschwerden, akute Befindlichkeitsstörungen und ähnliches registriert.

Bei ca. einem Drittel der Dokumentationsbögen wurde keinerlei gesundheitsbezogene Aktivität vermerkt. Allein diese wenigen Ergebnisse verweisen schon auf den enormen Umfang an Gesundheitsselbsthilfe, der in Haushalten ständig geleistet wird.

Welche Personen bzw. Personengruppen sind nun an diesen Selbsthilfeaktivitäten beteiligt? Unterscheidet man zwischen routinemäßigen Gesundheitsmaßnahmen und Aktivitäten aufgrund akut auftretender Beschwerden, so ist folgendes festzustellen:

An den 2379 *routinemäßigen* Gesundheitsmaßnahmen führte in 52 Prozent (1307) der Betroffene diese Maßnahme selbst durch. Der Unterschied zwischen Männern und Frauen ist dabei minimal, wobei Frauen sich etwas häufiger selbst helfen.

Bei ebenfalls der Hälfte aller Fälle sind Dritte an der routinemäßigen Gesundheitsmaßnahme beteiligt. Um welche Personen handelt es sich hier?
- bei 26 Prozent (607) um die Ehefrau/Mutter
- bei 14 Prozent (333) um einen medizinischen Professionellen (z. B. Arzt, Apotheker, Krankenschwester)
- bei 4,3 Prozent (102) um den Ehemann/Vater
- bei 4,2 Prozent (99) um einen anderen medizinischen Laien (z. B. Nachbarn, Verwandte usw.)

Auf die 2033 *akut auftretenden* Beschwerden wurde in 19 Prozent (395) nicht reagiert, es wurde abgewartet und nichts unternommen. In 48 Prozent (9829) wurde der Betroffene selbst aktiv. Die Beteiligung Dritter erfolgte
- bei 18,5 Prozent (372) durch die Ehefrau/Mutter
- bei 6 Prozent (121) durch den Ehemann/Vater
- bei 4,5 Prozent (91) durch einen medizinischen Professionellen (z. B. Arzt, Apotheker usw.)
- bei 4,9 Prozent (99) durch einen medizinischen Laien (Verwandte, Nachbarn, Freunde usw.)

Auffallend und besonders beachtenswert ist, daß bei ca. der Hälfte aller routinemäßigen Maßnahmen und ca. einem Drittel der Aktivitäten aufgrund akuter Erkrankungen Dritte beteiligt sind. Ist dies der Fall, so werden mit Abstand am häufigsten Frauen/Mütter um Hilfe gebeten. Dieser Einsatz erfolgt mit weitem Abstand vor professionellen Unterstützungsleistungen. Gemessen an diesem Umfang der erbrachten Gesundheitsselbsthilfe müssen *Frauen/Mütter als die zentralen Schlüsselpersonen des Gesundheitswesens* gelten. Die Bedeutung der von ihnen durchgeführten Unterstützungsleistungen kann auch dadurch nicht gemindert werden, daß es sich in der Regel um sogenannte medizinische ‹Hilfsdienste› handelt wie Einreibungen, Hilfen bei der Medikamenteneinnahme, Begleitung zum Arztbesuch, Verbinden, Hilfe bei der Körperpflege usw. Die Relevanz all dieser Tätigkeiten wird spätestens bei den Konsequenzen deutlich, die dann erfolgen, wenn diese Unterstützungen ausbleiben bzw. nur mangelhaft erbracht werden (z. B. die unzureichende Versorgung in Altenheimen).

Zwar zeigen die Ergebnisse, daß die Gesundheitsselbsthilfe eine weibliche Domäne ist, deutlich wurde aber auch, daß Gesundheitsselbsthilfe eine Angelegenheit der Familie respektive der Ehepartner ist. Männer/Väter sind diejenigen Akteure, die sich nach den Frauen und zum Teil vor den medizinischen Professionellen an Unterstützungsmaßnahmen beteiligen. Es stellt sich daher die Frage, wann und wie Männer in der familialen Gesundheitsselbsthilfe aktiv werden, durch welche Maßnahmen sich Männer und Frauen unterscheiden, wie die gesundheits- und krankheitsbezogene Arbeitsteilung gestaltet ist.

Familiale Arbeitsteilung in der Gesundheitsselbsthilfe

Sind die empirischen Ergebnisse über den Umfang der geleisteten Gesundheitsselbsthilfe schon nicht sehr zahlreich, so lassen sich Daten über die einzelnen Anforderungen und Unterstützungsleistungen, die erbracht werden, sowie über ihre Verteilung noch seltener finden. Es besteht weitestgehend Unklarheit darüber, ob Aktivitätsschwerpunkte bei den Haushaltsmitgliedern existieren, ob bestimmte Maßnahmen eher von Männern als von Frauen durchgeführt werden. Vor allem aber ist unklar, wer für wen welche Unterstützungsleistung erbringt; handelt es sich eher um individuelle oder soziale Gesundheitsselbsthilfe, also hilft der Betroffene sich eher selbst, oder wird anderen geholfen?

Im Rahmen unserer Intensiv-Studie in 87 Haushalten wurde neben anderen Themenschwerpunkten auch der Frage nachgegangen, welche aktuellen Anforderungen aufgrund von Beschwerden bzw. Krankheiten zur Zeit in der Familie bestehen[2]. Die einzelnen Anforderungen waren in einem schriftlichen Fragebogen vorgegeben, wobei 3 Bereiche unterschieden wurden:

1. *Quasi-medizinische Anforderungen:* wie Verbände wechseln, Medikamente einnehmen, Wundbehandlung, Inhalationen, Injektionen usw.
2. *Pflegerische und technisch-organisatorische Anforderungen:* wie Hilfe beim Waschen, beim An- und Auskleiden, Hilfe beim Einkaufen, beim Putzen, Begleitung zum Arztbesuch usw.
3. *Geistig-psychische Anforderungen:* wie geduldig zuhören, Rücksichtnahme, Aufmerksamkeit, Aufmuntern usw.

Die nachfolgende Tabelle 1 gibt einen Überblick über die Verteilung der Maßnahmen in den drei Anforderungsbereichen.

Von den vorgegebenen quasi-medizinischen Anforderungen werden die meisten an Frauen/Mütter gestellt. Lediglich Maßnahmen wie Puls-/Blutdruckmessen und Injektionen/Spritzen werden etwas häufiger von Männern durchgeführt. Insgesamt ist es erstaunlich, wie hoch der Anteil an quasi-medizinischen Anforderungen ist, der an Ehemänner/Väter sowie an die übrigen Haushaltsmitglieder wie Kinder und die ältere Generation gestellt wird. Erfahrungen hinsichtlich dieser Form der Gesundheitsselbsthilfe liegen danach bei allen Familienmitgliedern vor. Die Zuständigkeit für die jeweils aktuelle Anforderung könnte so zumindest potentiell jeweils neu verteilt werden.

Von Bedeutung ist daher das Verhältnis von individueller und sozialer Gesundheitsselbsthilfe, d. h. die Frage danach, für wen die jeweilige Maßnahme durchgeführt wurde.

Von Männern/Vätern werden folgende Maßnahmen in 50 bis 80 Prozent zur eigenen Behandlung durchgeführt: Medikamente einnehmen, Injektionen, Einreibungen, Heilgymnastik, Puls-/Blutdruckmessen und Gewichtskontrolle. Maßnahmen, die nicht in erster Linie als individuelle Gesundheitsselbsthilfe durchgeführt werden, sind: Inhalationen, Wundbehandlungen, Fiebermessen und Verbinden und Bandagieren. Wenn Unterstützungsleistungen für Dritte erbracht werden, so sind dies tendenziell andere Familienmitglieder (Kinder, ältere Generation) und nicht die Ehefrau.

Tab. 1: Quasi-medizinische Anforderungen durch Krankheiten und Beschwerden im Haushalt			
	Ehemann/ Vater N = 58	Ehefrau/ Mutter N = 80	übrige HH-Mitglieder N = 35
Medikamente einnehmen/geben	58 % (34)	73 % (58)	63 % (22)
Gewichtskontrolle	63,6% (37)	65 % (52)	31 % (11)
Einreibungen	41,3% (24)	65 % (52)	40 % (14)
Fieber messen	20,6% (12)	30 % (24)	25,2% (9)
Verbinden/ Bandagieren	20,6% (12)	25 % (20)	17 % (6)
Puls-/Blutdruckmessen	25,8% (15)	22,5% (18)	5,6% (2)
Wundbehandlung	24 % (14)	20 % (16)	14 % (5)
Diät essen/kochen	12 % (7)	27,5% (22)	11 % (4)
Inhalationen	5 % (3)	13,8% (11)	16,8% (6)
Heilgymnastik/ Gehübungen	7 % (4)	15 % (12)	5,6% (2)
Injektionen, Spritzen	10,3% (6)	6 % (5)	2,8% (1)

Anders dagegen bei Frauen/Müttern. Die meisten Leistungen sind in Form der sozialen Gesundheitsselbsthilfe zu erbringen. Lediglich die Gewichtskontrolle, Puls-/Blutdruckmessen und Injektionen sind Maßnahmen, die zu 50 bis 70 Prozent zur eigenen Behandlung durchgeführt werden. Alle anderen Maßnahmen, die als soziale Anforderung erbracht werden, gelten in erster Linie den anderen Haushaltsmitgliedern und nicht dem Ehepartner.

Vereinfacht kann aufgrund dieser Ergebnisse zusammengefaßt werden, daß Frauen/Mütter quasi-medizinische Maßnahmen tendenziell für andere und nicht für sich selbst erbringen müssen. Für Männer gilt dies nicht in diesem Ausmaß. Ihr «Privileg» liegt aber weniger darin, daß sie von ihren Ehepartnerinnen versorgt werden, sondern daß sie quasi-medizinische Maßnahmen zur eigenen Behandlung durchführen können (müssen).

Pflegerische und technisch-organisatorische Unterstützungsleistungen werden in der Regel für andere erbracht und nicht in Form individueller Selbsthilfe. Die nachfolgende Tabelle 2 gibt einen Überblick über die Häufigkeitsverteilungen der einzelnen Anforderungen.

Nach diesen Ergebnissen sind Frauen/Mütter insbesondere für die pflegerischen Leistungen im engeren Sinne zuständig (z. B. Hilfe beim An- und Auskleiden, bei der Toilette usw.). Ehemänner und auch andere Haushaltsmitglieder führen diese Art der Unterstützungsleistungen relativ selten durch. An sie werden vor allem organisatorisch-technische Anforderungen gestellt, wie Hilfe beim Putzen, Einkaufen, Zubereitung des Essens usw. Der Anteil dieser Anforderungen ist bei Männern/Vätern und anderen Haushaltsmitgliedern ähnlich hoch, d. h. beide Gruppen bemühen sich um eine «gerechte» Aufteilung der anfallenden Aufgaben. Erbracht werden diese Unterstützungsleistungen in der Regel für die Hausfrau und Mutter, die diese Aufgaben – die normalerweise in ‹ihren› Zuständigkeitsbereich gehören – entweder aufgrund eigener Erkrankung oder aufgrund von Anforderungen durch andere kranke Haushaltsmitglieder (z. B. ältere Generation) nicht mehr übernehmen kann.

Werden von Männern pflegerische Aufgaben übernommen (was relativ selten geschieht, bei anderen Haushaltsmitgliedern fast gar nicht), so beziehen sich diese in der Regel auf die Ehefrau. Danach fällt die pflegerische Betreuung anderer Haushaltsmitglieder grundsätzlich in die Zuständigkeit der Hausfrau/Mutter – wenn diese nicht selbst erkrankt ist. (Für quasi-medizinische Anforderungen gilt dies nicht in diesem Ausmaß, s. o.)

Werden von Frauen pflegerische Maßnahmen durchgeführt, so gelten sie je zur Hälfte dem Ehemann und den anderen Haushaltsmitgliedern. Organisatorisch-technische Unterstützungen (z. B. Behördengänge, Begleitung beim Arztbesuch, Hilfe beim Gehen usw.) werden meist für die älteren Haushaltsmitglieder bzw. Kinder erbracht.

Zusammenfassend zeigen die Ergebnisse, daß pflegerische und organisatorisch-technische Anforderungen vor allem an Frauen gestellt

Tab. 2: Pflegerische und technisch-organisatorische Anforderungen			
	Ehemann/ Vater N = 58	Ehefrau/ Mutter N = 80	übrige HH-Mitglieder N = 35
Hilfe beim Einkaufen, bei Behördengängen geben	18,9% (11)	16,2% (13)	25 % (9)
Hilfe bei leichter Hausarbeit (Geschirrspülen, Aufräumen) der dafür «zuständigen» Person geben	25,8% (15)	10 % (8)	23 % (8)
mit zum Arzt gehen	12 % (7)	22,5% (18)	8,4% (3)
Hilfe beim Schriftverkehr (Formulare ausfüllen, Briefe schreiben) geben	13,7% (8)	18,7% (15)	5,6% (2)
Hilfe bei schwerer Hausarbeit (Putzen) geben	17,2% (10)	13,8% (11)	11 % (4)
Hilfe bei Wäscheversorgung (Wäsche waschen, bügeln) geben	5,2% (3)	12,5% (10)	5,6% (2)
Hilfe beim Treppensteigen geben	8,6% (5)	7,5% (6)	8,4% (3)
Hilfe beim Gehen draußen geben	8,6% (5)	7,5% (6)	8,4% (3)
Hilfe beim Aufstehen/ Zubettgehen geben	3,4% (2)	11,2% (9)	2,8% (1)
Hilfe beim An- und Auskleiden geben	1,7% (1)	11,2% (9)	2,8% (1)
Hilfe beim Baden/Duschen geben	1,7% (1)	12,5% (10)	
Hilfe beim Waschen/bei der Körperpflege geben	1,7% (1)	11,2% (9)	
Hilfe bei der Zubereitung des Essens der dafür «zuständigen» Person geben	6,8% (4)	5 % (4)	5,6% (2)
Hilfe beim Gehen in der Wohnung geben	6,8% (4)	2,4% (2)	
Hilfe bei der Toilette (Stuhlgang) geben		3,7% (3)	
Hilfe beim Essen (Füttern) geben		1,2% (1)	

werden. Entlastung erhalten sie durch Ehemänner oder andere Haushaltsmitglieder eher bei technisch-organisatorischen Unterstützungsleistungen und nicht bei pflegerischen Maßnahmen. Werden pflegerische Leistungen einmal von anderen Haushaltsmitgliedern und nicht von der Ehefrau durchgeführt, dann handelt es sich in der Regel um den Ehemann, der seine erkrankte Frau unterstützt.

Die Anforderungen in der Gesundheitsselbsthilfe beziehen sich nicht nur auf praktische Hilfeleistungen, sondern sind oft verbunden mit einer emotionalen und psychischen Unterstützung, die Teil der Krankheitsbewältigung ist (z. B. Rücksichtnahme, geduldiges Zuhören, Verständnis zeigen, ständige Aufmerksamkeit usw.). Diese Art der Anforderung kann mitunter belastender sein als praktisch geleistete Hilfen. Die nachfolgende Tabelle 3 gibt einen Überblick über die Verteilung psychischer Anforderung.

Tab. 3: Geistig-psychische Anforderungen

	Ehemann/ Vater N = 58	Ehefrau/ Mutter N = 80	übrige HH-Mitglieder N = 35
geduldig zuhören	46,4% (27)	46,2% (37)	38 % (13)
seelische/emotionale Aufmunterung/Unterstützung/Ermutigung geben	44,7% (26)	43,7% (35)	28 % (10)
allgemeine Rücksichtnahme	34,4% (20)	43,7% (35)	40 % (14)
viel Verständnis/Toleranz aufbringen	39,5% (23)	43,7% (35)	25 % (9)
die Nerven behalten trotz mancher Krisensituation	36,1% (21)	45 % (36)	20 % (7)
ständige Aufmerksamkeit und Vorsicht, um die Krankheit nicht zu verschlimmern	31 % (18)	31 % (25)	20 % (7)
intensive geistige Beschäftigung mit der Krankheit (Informationen sammeln, Bücher lesen etc.)	15,9% (9)	16,2% (13)	8,4% (3)

Anders als die beiden vorangegangenen eher praktischen Anforderungsbereiche werden psychische Unterstützungsleistungen vor allem von den Ehepartnern erbracht. Die Unterschiede zwischen Ehemännern und -frauen sind dabei relativ gering – bis auf die Anforderung «Nerven behalten» und «Rücksichtnahme». Dies ist ein Hinweis darauf, daß Frauen einem sehr viel massiveren Druck und einer größeren, inneren Belastung ausgesetzt sind als Ehemänner. Die erhöhte Nervenanspannung verweist u. a. auf die «Unabdingbarkeit» der Unterstützungsverpflichtungen. Zwar werden an Männer in ähnlich hohem Maß psychische Anforderungen gestellt, sie scheinen aber auch Distanzierungsmöglichkeiten zu enthalten – nicht zuletzt durch die Abwesenheit aufgrund von Berufstätigkeit.

Die an die Eheleute gestellten psychischen Anforderungen richten sich meist auf andere Haushaltsmitglieder, nur in ca. einem Drittel der Fälle an den jeweiligen Ehepartner. Hier unterscheiden sich Männer und Frauen nicht wesentlich voneinander. Die Konzentration psychischer Unterstützung auf andere Haushaltsmitglieder mag damit zusammenhängen, daß etwa bei Erkrankungen von Kindern Zuwendung ein wesentlicher Teil der Krankheitsbewältigung ist. Von älteren Erwachsenen werden Aufmerksamkeit und Zuwendung oft «eingeklagt». In dieser Hinsicht sind Ehepartner in ihren gegenseitigen Erwartungen und Unterstützungen offenbar sehr viel «anspruchsloser».

Ein Unterschied, der in Alltagsgesprächen vielfach kolportiert wird, besteht allerdings zwischen den Eheleuten. Die «Selbstbespiegelung» ist bei Männern ausgeprägter als bei Frauen. Männer widmen ihrer eigenen Krankheit häufiger ständige Aufmerksamkeit; sie beschäftigen sich auch häufig geistig mit ihrer Krankheit, indem sie Informationen sammeln, sich sachkundig machen usw.

Fazit

Faßt man die Ergebnisse noch einmal zusammen, so muß zunächst festgestellt werden, daß Hausfrauen/Mütter den Löwenanteil familialer Gesundheitsselbsthilfe leisten. Darüber hinaus aber zeigt die Analyse, daß sehr wohl Arbeitsteilung – wenn auch asymmetrisch – zwischen den Haushaltsmitgliedern existiert. Stellt man eine Rangfolge auf, so beteiligen sich Ehemänner/Väter nach den Frauen, aber vor allen anderen Haushaltsmitgliedern aktiv an der Gesundheitsarbeit. Ihr Engagement ist aber spezifisch und bezieht sich nicht auf alle Anforderungsbereiche, wie dies für Frauen gilt:

- Männer sind an quasi-medizinischen Anforderungen relativ häufig beteiligt. Bei einigen Maßnahmen sogar häufiger als Frauen: Puls-/Blutdruckmessen, Wundbehandlung, Injektionen. Weit über die Hälfte der Maßnahmen wird in Form individueller Gesundheitsselbsthilfe geleistet. Wird sie für andere erbracht, dann häufiger für die übrigen Familienmitglieder und weniger für die Ehefrau.
- Pflegerische Unterstützungsleistungen werden als Anforderung fast ausschließlich an Frauen gestellt. Beteiligen sich Männer daran, so wird die Pflege meist nur für die Ehefrau erbracht und nicht für andere Familienmitglieder.
- Technisch-organisatorische Leistungen werden von Männern relativ häufig durchgeführt. Dies gilt der Unterstützung und Entlastung der Ehefrau für den Fall, daß diese selbst erkrankt ist bzw. durch andere Haushaltsmitglieder beansprucht wird.
- Geistig-psychische Anforderungen werden sowohl an Ehemänner als auch an Ehefrauen gestellt. Sie gelten eher den anderen Haushaltsmitgliedern und weniger dem Ehepartner.

Die Ergebnisse zeigen eine auffällige Übereinstimmung mit der im professionellen Medizinsystem vorherrschenden Arbeitsteilung (vgl. Ostner & Krutwa-Schott 1981). Dies bezieht sich weniger auf den Umfang als auf den Typ der Arbeitsleistungen und -aktivitäten. Pflegerische Dienste (sowohl im ambulanten als auch stationären Bereich) werden fast ausschließlich von Frauen geleistet, technisch-organisatorische und medizinisch-ärztliche meist von Männern. Dennoch besteht ein entscheidender Unterschied. In der familiaren Gesundheitsselbsthilfe haben die Frauen die Arbeit, aber auch einen guten Teil der Definitionsmacht (vgl. Croog & Levine 1977). Frauen haben starken Einfluß auf die Gesundheitssozialisation der Kinder, auf das Gesundheitsverhalten der Familienmitglieder, auf die Übernahme der Krankenrolle (wer darf wann krank sein und Entlastung von Alltagsverpflichtungen beanspruchen) und auf die Inhalte der Bewältigungsmaßnahmen.

Diese Definitionsmacht aber ist in zweierlei Hinsicht gefährdet:

a) Die Entmündigung durch die Experten (Illich 1975) versucht, fachspezifische Prinzipien und Bewertungsmaßstäbe auch für das Handeln im familiären Raum geltend zu machen. Experten wählen insbesondere die Frauen zu ihren «Verbündeten», um *ihre* Kriterien eines wirksamen Bewältigungshandelns durchsetzen zu können. Diese Kriterien aber sind keineswegs alltags- und familienbezogen, sondern entsprechen denen von rationell wirtschaftenden Arbeitsorganisationen (vgl. Donzelot 1980). Detaillierte Anweisungen werden von Experten an die Schlüsselposition Hausfrau/Mutter gegeben, um die Definition und Behandlung von Krankheit auch außerhalb der Berufsdomäne steuern zu können.

b) Gefährdet ist die Definitionsmacht auch durch die Frauen selbst: durch Selbstausbeutung und übertriebene Selbstverpflichtung. Insbesondere Hausfrauen, die sich fast ausschließlich über ihre Zuständigkeit für die Familie definieren, neigen oft dazu, keinen Teil ihrer Domäne aus der Hand zu geben. Die Fähigkeit, Verpflichtungen und damit verbundene Aufgaben (natürlich auch die damit verbundenen Rechte) an andere zu delegieren, ist kaum ausgeprägt. Da das Delegieren von Aufgaben im Rahmen der familialen Gesundheitsselbsthilfe oft mit dem Eingeständnis eigener Schwäche und Überbeanspruchung verbunden ist, wird dies oft vermieden. Andere um Hilfe und Unterstützung zu bitten und diese Hilfe auch anzunehmen ist außerordentlich voraussetzungsvoll. Die Gründe für die Schwierigkeit, sich helfen zu lassen, sind unterschiedlich und ernst zu nehmen: die Befürchtung, anderen zur Last zu fallen; Identitätsschwächung; Kompetenz- und Domäneverluste; das Eingeständnis (sich selbst und anderen gegenüber) der eigenen Hilflosigkeit u. ä. Lieber wird eine Selbstüberforderung in Kauf genommen, als sich auf die komplizierten Mechanismen des Hilfegebens und Hilfenehmens einzulassen. Genau dies aber kann letztlich – im Falle des Zusammenbruchs – zum Verlust der Selbstbestimmung und der Entscheidungsbefugnis über das familiale Bewältigungshandeln führen.

Im folgenden soll daher näher auf die Barrieren der Arbeitsumverteilung, auf die Schwierigkeiten, sich helfen zu lassen, eingegangen werden, sowie Möglichkeiten aufgezeigt werden, diese zu überwinden. Es steht außer Frage, daß Frauen im Falle der Pflegebedürftigkeit eines chronisch kranken Familienmitgliedes dringend der Hilfe durch (professionelle) Dritte bedürfen (siehe Pflegeversicherung). Diese gesundheits- und sozialpolitisch notwendige Strukturveränderung sollte aber nicht darüber hinwegtäuschen, daß so nur ein Teil der Probleme familialer Gesundheitsselbsthilfe bewältigt werden kann. Probleme, die aus den eher mikrosozialen und psychischen Interaktionsbedingungen beim Hilfegeben und -annehmen entstehen, können dadurch nicht gleichsam automatisch mitbewältigt werden.

Unsere Ergebnisse zeigen, daß familiale Gesundheitsselbsthilfe keineswegs ausschließlich von Frauen geleistet wird. Zwar tragen sie die Hauptlast, alle anderen Familienmitglieder verfügen aber auch über praktische Erfahrungen in der Gesundheitsselbsthilfe. Prinzipiell kann deshalb auf diese Erfahrungen zurückgegriffen werden, und die Aktivierung der damit verbundenen Kenntnisse und Fähigkeiten ist sehr wohl möglich.

Im folgenden soll am Beispiel einer konkreten Krankheitsepisode illustriert werden, wie schwierig es ist, eingefahrene arbeitsteilige Strukturen neu zu arrangieren, Asymmetrien zu korrigieren und dadurch Entlastungen zu schaffen.

Von den Schwierigkeiten, sich helfen zu lassen

Bei der Auswahl des hier exemplarisch vorgestellten Haushaltes wurde darauf geachtet, daß keine chronischen oder schweren Erkrankungen vorlagen und der Familienalltag nicht aufgrund der Krankheit zwingend umstrukturiert werden mußte. Der «normale» Tagesablauf der hier ausgewählten Familie ist nicht durch Krankheitsbewältigung geprägt.

Kurzbeschreibung des Haushalts:

Das junge Ehepaar (beide ca. 30 Jahre alt) wohnt mit seinen drei Kindern am Rande einer süddeutschen Großstadt. Die älteste Tochter ist 6 Jahre, die mittlere 4 Jahre und der Sohn 1 Jahr alt. Der Ehemann arbeitet als Abteilungsleiter bei den örtlichen Stadtwerken, die Ehefrau war bis zur Geburt der ersten Tochter als Sachbearbeiterin tätig, seitdem ist sie Hausfrau und Mutter. Die Eltern und die Schwiegereltern der Ehepartner wohnen nicht am Ort, und der Kontakt zu ihnen sowie zu anderen Verwandten ist nicht sehr ausgeprägt. Die Eheleute pflegen aber einen großen Freundes- und Bekanntenkreis, und es besteht guter Kontakt zur Nachbarschaft.

Beide Ehepartner sind bisher nicht ernsthaft krank gewesen. Der

Ehemann war in den zurückliegenden Jahren mehrfach an Angina erkrankt, die Ehefrau an Blasenentzündungen. Die Kinder hatten bis auf leichte Erkältungskrankheiten bisher keine ernsthaften Beschwerden.

Bei allen Krankheitsepisoden in der Familie zeigt sich das gleiche Grundmuster des Bewältigungshandelns: die Asymmetrie. Im Falle der Erkrankung des Mannes (Angina) ist es für Frau A. selbstverständlich, die notwendigen Unterstützungen zu leisten. Sie behandelt ihren Mann mit Zitronenwasser gegen die Halsschmerzen, Wadenwickel gegen das Fieber, läßt vom Arzt Antibiotika verschreiben, besorgt die Medikamente aus der Apotheke, wechselt die Wäsche und sorgt vor allem dafür, daß die Kinder Rücksicht nehmen.

Der Ehemann selbst nimmt deutlich wahr, daß diese zusätzlichen Aktivitäten für seine Frau eine Belastung darstellen und bringt dies auch zum Ausdruck:

«Aber es ist sicherlich für meine Frau eine Belastung, wenn sie sich um mich kümmern muß, wenn sie mir Wadenwickel machen muß, wenn sie zum Arzt gehen muß, sich vermehrt um die Kinder kümmern muß und denen sagen muß, sie sollen ein bißchen leiser sein» (Herr A.).

Dennoch fällt es Frau A. schwer, ihre Tagesarbeit umzuorganisieren, die anfallenden Arbeiten etwas weniger genau zu erledigen oder aber Aufgaben wie z. B. die Kinderbetreuung zu delegieren. Nach dem Selbstverständnis von Frau A. muß nicht nur der Haushalt ordentlich und korrekt erledigt werden, sondern sie hat auch den Anspruch, dies ganz allein zu schaffen. Sie möchte daher nicht so schnell andere um Hilfe bitten, und es fällt ihr auch schwer, angebotene Hilfe anzunehmen.

«Ich bin ein Mensch, ich laß mir, glaube ich, nicht gerade sehr schnell helfen, weil ich eben niemand belasten will. Und für mich hat es unwahrscheinlich viel Überwindung gekostet, jetzt das Kindergarten-Abholen... und da hat mir eben die Nachbarschaft immer gesagt, sie nehmen doch die Kinder mit... ich hab' gesagt, sicher, wenn es nicht anders geht, dann gerne. Aber wenn ich es irgendwie schaffe, dann mache ich es schon. Und jetzt habe ich mir gedacht, wenn sie es mir angeboten haben, es ist für mich eine Erleichterung, also sie sollen sie mitnehmen (die Kinder)» (Frau A.).

Auch Herr A. bemängelt, daß es seiner Frau schwerfällt, ihre Verpflichtungen etwas weniger ernst zu nehmen. «Sie ist also wie ich ein Mensch, der von dem Grundsatz ausgeht, daß er das, was er in die Hand nimmt, ja auch möglichst gut zu Ende führt. Und für einen Außenstehenden sieht das also oft so aus, und vielleicht ist es manchmal auch so, als würde sich derjenige, der das eben so macht, dann auch vielleicht ein bißchen übernehmen. Oder andersrum, man kann auf jeden Fall sagen, man könnte sich das Leben leichtermachen, vielleicht nicht alles so genau und so exakt nehmen... sie versucht also ihren Haushalt und die ganze Kindererziehung und das alles eben so genau wie möglich zu machen, und ich finde das auch gut, da gäbe es doch bestimmt auch einige Punkte, wo man sagen könnte, wenn man nicht so exakt und genau meinetwegen beim Wäschezusammenlegen oder Bügeln und Kochen, weiß der Teufel was, könnte man da Arbeit sparen» (Herr A.).

Auch bei der eigenen Erkrankung (Blasenentzündung) reduziert Frau A. ihre Alltagsverpflichtungen nicht nennenswert, geschweige denn, daß sie an andere delegiert werden.

Seit einigen Jahren erkrankt Frau A. in unregelmäßigen Abständen an Blasenentzündung. Trotz der teilweise erheblichen Beschwerden legt sie sich nicht hin, versorgt wie gewohnt die Kinder und erledigt ihre Hausarbeit. Dabei bemüht sie sich aber, nicht so viel herumzulaufen, sondern sich hinzusetzen mit einer Wärmflasche im Rücken und einer Wolldecke. Frau A. ist sich selbst darüber im klaren, daß Bettruhe die angemessene Form der Krankheitsbewältigung wäre. Dies kollidiert aber ihrer Meinung nach mit ihren familialen Verpflichtungen, so daß sie dem eigenen Genesungsbedürfnis nicht nachkommt.

«Manchmal bin ich ein bißchen deprimiert, kann man sagen, weil ich mir denke, meine Familie könnte mir auch mal anbieten, ich sollte mich ins Bett legen... aber das machen sie nicht, weil sie eben meinen, wenn es nicht geht, dann sind wir jetzt alleine und das wollen sie überhaupt nicht. Und darum mache ich es eben gar nicht. Aber es täte mir sehr, sehr gut» (Frau A.).

Bei Frau A. herrscht Unsicherheit darüber, welcher Anforderung sie Priorität einräumen soll: den eigenen Genesungserfordernissen oder den familialen Verpflichtungen. Auf der Handlungsebene trifft sie zwar insofern eine Entscheidung, als sie ihre Gesundheitsbedürfnisse zurückstellt, auf der Erwartungsebene aber hält sie dies für eine falsche Prioritätensetzung (Bettruhe wäre angemessener). Dieser Widerspruch scheint nur durch Dritte gelöst werden zu können: Die Familie soll Bettruhe verordnen.

Die Änderung von unbefriedigenden Arbeitsaufteilungen sind nur schwer durch bewußte Reflexion und Erörterungen zu erreichen. Erfolgversprechende Veränderungen können eher durch Situationen, die bestimmte Handlungen erzwingen, erwartet werden; vor allem dann, wenn (professionelle) Dritte Entscheidungen treffen und ein bestimmtes Verhalten vorschreiben:

Gegen Ende unseres Erhebungszeitraumes hatte sich Frau A. eine schmerzhafte Zerrung am Fuß zugezogen. Die Schmerzen und die Schwellung wurden trotz Ruhigstellung in der Nacht immer stärker, so daß sie morgens den Arzt aufsuchte. Sie erhielt einen Verband und die strikte Auflage, sich hinzulegen und den Fuß ruhigzustellen. «Da wußte ich, ich muß zum erstenmal meinen Mann bitten, zu Hause zu bleiben» (Frau A.). Frau A. bittet in dem Moment um Hilfe, als sie bitten *muß* – gewissermaßen legitimiert durch professionelle Anweisung. Der Ehemann nahm Sonderurlaub und versorgte seine Frau, die Kinder und den Haushalt. Nach ca. 5 Tagen konnte Frau A. wieder aufstehen und «vertrieb» ihren Mann. Beide Ehepartner empfanden die Woche als sehr erholsam!

Es war ein Anliegen dieses Beitrages, die Nuancen der familialen Arbeitsteilung in der Gesundheitsselbsthilfe darzustellen sowie auf die voraussetzungsvollen Bedingungen des Hilfegebens und -annehmens einzugehen. Es ist keineswegs ausreichend, die Leistungen der Frauen in der Gesundheits- und Krankheitspflege (insbesondere bei chronisch Kranken) durch professionelle Dritte zu unterstützen (via Pflegeversicherung). Frauen werden hierdurch zwar erheblich entlastet, die Asymmetrie in der Gesundheitsselbsthilfe zu Lasten der Frauen wird damit aber nicht entscheidend korrigiert. Unsere Ergebnisse konnten zeigen, daß bei allen Haushaltsmitgliedern sehr wohl Erfahrungen und Kenntnisse in der Gesundheitsselbsthilfe vorliegen – wenn auch nicht in dem Umfang wie bei Frauen. Die Aktivierung der damit verbundenen Ressourcen bedarf des Anstoßes durch die Frauen selbst. Das Warten auf hilfreiche Angebote bewirkt nur die Festschreibung eingefahrener Gleise, und falsches Pflichtgefühl rechtfertigt asymmetrische Arbeitsverteilungen. Die Tatsache, daß

Gesundheitsselbsthilfe eine Domäne der Frauen ist, bedeutet nicht zwangsläufig, daß alle damit verbundenen Aufgaben von Frauen erledigt werden müssen, sondern beinhaltet ganz wesentlich die Definitionsmacht über diesen Bereich und damit auch die Möglichkeit, die dort anfallende Arbeit zu organisieren. Eine bewußte Ausübung dieser Definitionsmacht, verbunden mit eindeutigen und klaren Anweisungen, vermeidet Handlungs- und Erwartungsunsicherheiten bei allen Beteiligten.

Dorothy M. Rerrich

Frauenselbsthilfe: Frauen helfen Frauen

Was tun Frauen weltweit und alle Tage? Helfen, helfen, helfen. Liebevoll helfen. Einfühlsam helfen. Verständnisvoll helfen. Helfen und Dasein für andere. Selbstlos helfen. Für den Lohn Liebe helfen. Unbezahlbar, dieses Helfen. Hilfe!

Des Helfens nicht genug. Beruflich auch noch helfen! Dem Herrn Doktor helfen. Dem Herrn Chef helfen. Gute Dienste, viele Dienste leistend, helfen, helfen, helfen. Schlecht bezahlt, na klar: helfen. Wie gewohnt, ja wie zuhaus: helfen. Wie Frau eben: eh' nur helfen.

Wie viele Frauen erkennen sich sofort wieder in dem von Ricky Gehrig und Alexandra Mager gesungenen Gassenhauer: «Wir sind für alle da, jederzeit für jeden da!», eine Parodie auf das private wie auch berufliche Alltagsleben der meisten Frauen. Irgend etwas muß faul sein an diesem häufigsten Tun von Frauen (vgl. etwa für weibliche Erwerbsarbeit: Balbo 1987), wenn das helfende Geschlecht zugleich das angeblich psychisch kränkere Geschlecht sein soll und in jedem Fall das Geschlecht ist, welches professionelle Hilfe weitaus häufiger in Anspruch nimmt (DGVT-AG «Frauen in der psychosozialen Versorgung» 1989).

Wer so viel zu helfen weiß, wer so viel vom Helfen weiß, kommt vielleicht irgendwann, und sei's noch so spät, auf einen naheliegenden Gedanken. Zum Beispiel dann, wenn ihr der helfende Kragen platzt. Der Gedanke, auf den heute jede Frau in praktisch jedem Alter, in der Stadt und auf dem Land kommen kann, ist zugleich etwas ganz einfach Gestaltbares. Seit dem politischen Frühling der sogenannten Neuen Frauenbewegung, seit Ende der sechziger Jahre also, hat sich dieser Gedanke, ausgehend von den angelsächsischen Ländern, von Frau zu Frau buchstäblich herumgesprochen und hat sich auf diese einfache Weise zu einer länderübergreifenden Bewegung entwickelt, deren Früchte inzwischen eine kaum mehr zu überschauende Fülle von Fraueninitiativen, Frauenprojekten und Frauennetzwerken darstellen (vgl. Kickbusch 1983). Der naheliegende Gedanke lautet: Frauenselbsthilfe. Und davon handelt mcin Beitrag.

Frauenselbsthilfe – was «ist» das?

Ich gehöre zu den Frauen, denen der helfende Kragen schon vor Jahren geplatzt ist. Was ich hier weitererzählen möchte, schreibe ich vor dem Hintergrund persönlicher Erfahrungen, in der Frauenbewegung und im Beruf als praktisch tätige Psychologin einer sozialtherapeutischen Wohngemeinschaft für drogenabhängige Frauen. Dort haben wir als interdisziplinäres Team gemeinsam mit den betroffenen Klientinnen ein Arbeitsmodell gestaltet, das professionelle Hilfe mit Frauenselbsthilfe verbindet (Rerrich 1987 [1991]; Lipp & Rerrich 1988).

Jede vorweggenommene abstrakte Begriffsbestimmung von Frauenselbsthilfe erstickt meines Erachtens die Idee im Keim und läßt das Lebendige daran erstarren. Deshalb habe ich mich entschieden, im folgenden zunächst einen assoziativen Eindruck von Frauenselbsthilfe zu vermitteln. Mein persönlicher Umschreibungsversuch von Frauenselbsthilfe bleibt natürlich einer unter vielen möglichen. Einer unter unendlich vielen möglichen. Denn was im Einzelnen Frauenselbsthilfe ist, und was gegebenenfalls aus Frauenselbsthilfe wird, besprechen und gestalten die daran beteiligten Frauen jeweils aufs Neue. Ich hoffe, es wird aus der folgenden Darstellung klar, was ich meine.

Frauenselbsthilfe beginnt damit, daß sich Frauen – unter sich – gemeinsam Raum und Zeit herausnehmen für sogenannte «Frauenthemen», das heißt für Themen, die diese Frauen selbst angehen. Sie verschaffen sich gemeinsam Zeit und Raum für sich als Frauen. Sie beginnen, sich und andere Frauen und Frauenthemen so wichtig zu nehmen, daß es lohnt, Zeit und Raum dafür zu beanspruchen.

Sie beginnen zum Beispiel, gemeinsam zu reflektieren: Wie lebe ich als Frau? Wie kam es dazu? Welches sind die Unterschiede, welches die Gemeinsamkeiten unter uns Frauen? Ferner: In was für einer

Welt, in was für einer Gesellschaft möchte ich leben? Wie möchte ich als Frau dort leben? Und Du? Wie kommen wir von hier nach dort? Erzählungen. Aussagen. Begründungen. Infragestellungen. Ausrufe! Fantasien, Utopien. All dies auf sich wirken lassen. Wie *fühlt* sich das an, was eine da *sagt*? Rückmeldungen. Aussagen und Rückmeldungen, die beklemmen, die aufhorchen lassen, die anregen, die empören. So ist es? Andererseits: So könnte es sein? Soll es bleiben, wie es ist? So soll es bleiben?! Aber: Wie könnte es anders werden?

Beginnen, konkret zu werden: Was will ich eigentlich als Frau? Was brauche ich dazu? Was bin ich bereit, dafür zu tun? Was brauche ich an Unterstützung?

Frauenselbsthilfe heißt dann, sich wechselseitig darin zu unterstützen, zu sich zu stehen. Sich gegenseitig zu ermuntern, anstatt ständig zu verzagen. Entschlossenheit zu setzen. Sich gegenseitig ernst zu nehmen, anstatt sich ständig zurückzunehmen. Sich gegenseitig herauszufordern, statt ständig zu stocken. Selbstbewußt werden und so lernen, Meinungen, Vorstellungen, auch zaghafte Ideen, die aber die eigenen sind, zu vertreten und zu verteidigen.

Wichtig ist, sich gegenseitig zuzuhören, ich meine: wirklich hinhören – und damit schon die Aussage jeder Frau aufzuwerten. Sich auch die Mühe machen, nachzufragen, wenn frau nicht versteht, was eine andere Frau zu sagen versucht, und sie so zu unterstützen. So zunehmend vorstoßen zu dem, was jeder einzelnen in ihrer einzigartigen und unverwechselbaren Individualität wesentlich ist. Dies Wesentliche heißt es, in jeder Frau *gemeinsam* zutage zu fördern.

Frauenselbsthilfe wird dann zu: sich gegenseitig wieder «heile» zu machen. Die Wunden der Lebensverletzungen an der Würde, eine Frau zu sein, die Wunden oder verkrusteten Narben erlittener Gewalt, der unzähligen Diskriminierungen, die tiefgefrästen Spuren verinnerlichter Selbstabwertung und Demoralisierung – gemeinsam zu heilen versuchen. Hierzu: Tränen fließen lassen. Tränen auffangen. Desolatheit und immer wieder Perspektivlosigkeit angesichts der Geschichte und des Alltag gewordenen Frauenlebens. All die anderswo ungewürdigten Belastungen. All die verletzenden Diskriminierungen, all die Kämpfe, all die immer wieder scheinbar vergeblichen Mühen. Tränen über eingeschränktes, verhindertes, ungelebtes Leben? Ist *das* alles? All das macht zunächst traurig.

Dann auch: Abgrundtiefe *Rage* und *Wut* über die gewordenen Verhältnisse, über die gewordenen Frauenverhältnisse, über deren patriarchale Ursachen, über Mittäterinnenschaft, allmählich zulassen. Explodieren können, jedoch mit einem Minimum an Schaden für andere. Wem nutzt noch mehr Gewalt, noch mehr Machtmißbrauch in dieser Welt? Doch: Kommen wir aus ohne Gegengewalt? Rage und Wut werden in der Gruppe durch Anteilnahme, Verstehen, durch allseitige Sehnsucht, die patriarchalen Gewaltverhältnisse zu überwinden, auf wunderbare Weise umgewandelt. Die Energie geht nicht verloren. Hier zum Beispiel wird sie umgewandelt und freigesetzt wie Brennstoff, um gestaltend und kreativ auf unerträgliche Verhältnisse einzuwirken.

Brennstoff. Wechselseitige Unterstützung, die warm hält. Die beherzt und die Mut macht, um kühn, frech und ungezähmt zuvor Ungeahntes in sich zu entfalten.

Entfalten. Zaghaft sich zu entfalten beginnen, in Unterstützung. Trotz Unterstützung zaghaft zu Beginn. Kleine Schritte zunächst, unsichere kleine Schritte. Immer wieder Stillstand. Anhalten. Verzagen. Wieder beginnen. Anregungen, Beispiele von anderen Frauen. Dann immer wieder beginnen. Und dann immer wieder weitermachen. Weiterkommen, auf neue Wege kommen. Immer weiter sich entfalten. Immer neue Entfaltungen. Natürlich auch: Enttäuschungen. Entladungen. Vor allem: Überraschungen.

Überraschungen. Weggabelungen und Wandlungen, die nicht vorhersehbar waren. All dies destruktiv im Sinne von: patriarchale Strukturen überwindend. Ganz konkret zum Beispiel: Mißtrauen und Konkurrenz unter Frauen überwinden. Ebenso die ständige Abwertung von Frauen, von Frausein, von Körperlichkeit von Frauen, von Tun von Frauen überwinden. Dazu gehört auch, die Orientierung an Männern, an Männerwerten zu überwinden, Hierarchien und Autoritätsgläubigkeit zu überwinden.

Frauenselbsthilfe ist: Sich gemeinsam Raum und Zeit zu nehmen, zu hoffen und zu träumen und zu spinnen. Utopien von Frausein. Visionen voller Lebensfreude. Visionen, in denen Leiden von Frauen zum Mitleid aller und Aufbegehren geworden ist. Visionen von Frauen die stolz auf sich sind, die aufeinander stolz sein können. Visionen von bunter Vielfalt. Visionen von freien, lebensfrohen, fähigen Frauen, in allen gesellschaftlichen Bereichen, als Entscheidungsträgerinnen in wichtigen Positionen. Visionen von Frauen allen Alters allenorts. Visionen von beweglicher Freiheit. Visionen einer kinderfreundlichen, bedürfnisorientierten Gesellschaft. Frauenselbsthilfe ist immer wieder: Sich gemeinsam Zeit und Raum nehmen, gemeinsam zu lachen und zu feiern. Sich gemeinsam an der vielfältigen Schönheit von Frausein zu freuen. Sich mit Resonanz an der Intelligenz und an der unendlichen Kreativität von Frauen zu freuen.

Aus den kollektiven Träumen und Visionen und aus der gemeinsam gelebten Freude wachsen neue Hoffnungen, neue Anregungen, neue Kraft, um eigene Interessen zu formulieren, um Ideen und Pläne umzusetzen, Ziele zu verfolgen, weitere Frauenräume zu wagen, um sich weiter zu entfalten, und sich – qualitativ anders – in alle Bereiche gesellschaftlichen Lebens einzumischen. All dies konstruktiv im Sinne von: neue Horizonte gewinnend. Gewinnend: Achtung für Frauen und Selbstachtung. Gewinnend: Frauenbewußtsein und Frauengesundheit. Gewinnend: Frauengeschichte und Frauenkultur, Frauentheorien und Frauenpraxis. Gewinnend: Frauenpolitik.

Positionen zur Frauenselbsthilfe

Was verstehen andere unter Frauenselbsthilfe? Ich möchte drei Sichtweisen vorstellen, die meines Erachtens wichtige Bestimmungsmomente der Bewegung beinhalten.

Im Frauenhandbuch «Unser Körper, unser Leben» lesen wir:

> «Selbsthilfe heißt, mit anderen Frauen Erfahrungen, Wissen, Gefühle zu teilen – sich gegenseitig zu unterstützen und voneinander zu lernen. Selbsthilfegruppen beginnen meist mit Selbstuntersuchungen. So lernen wir unseren Körper kennen, die Unterschiede zwischen uns, wir merken, was wir wissen, was wir nicht wissen, was wir wissen wollen. Selbsthilfegruppen beschäftigen sich mit verschiedenen Themen, die Körper und Gesundheit betreffen: Wechseljahre, Sexualität, alternative Behandlungsmethoden, Akupunktur... Selbsthilfe heißt, daß wir uns auf uns selbst beziehen, daß wir das bestehende Gesundheitssystem mit seinen Nachteilen für uns bewußter sehen, daß wir Ärzte, Wissenschaftler, Fachleute entzaubern, daß wir unseren Körper annehmen. Dabei können wir unsere persönlichen Erfahrungen mit einbringen und die Gebiete, mit denen wir uns beschäftigen wollen, nach unserem

> Wissen und Interesse wählen. Selbsthilfe bietet die Möglichkeit, unser Leben und das von anderen Frauen zu verändern. Selbsthilfe ist eine politische Sache, eine Herausforderung an das bestehende System mit seinen traditionellen Einrichtungen» (Unser Körper, unser Leben. The New Our Bodies. Ein Handbuch für Frauen).

Bei der Entstehung von Frauenselbsthilfe im Rahmen der Neuen Frauenbewegung in den USA hat das Kennenlernen bzw. die Wiederaneignung des eigenen, bis dahin fremdbestimmten weiblichen Körpers tatsächlich eine entscheidende Rolle gespielt. Viele Frauenselbsthilfe-Gruppen begannen, in Kritik am bestehenden männerdominierten medizinischen Expertenwesen (ich vermeide bewußt den Ausdruck «Gesundheits»wesen), als Selbstuntersuchungs-Gruppen. Knapp zwanzig Jahre später mutet es nur noch anekdotisch an, in Erinnerung zu rufen, daß Frauen in den Vereinigten Staaten vor Gericht zitiert wurden, weil sie in selbstorganisierten Frauengruppen mit Spekulum, Taschenlampe und Spiegel ihre Geschlechtsorgane selbst angeschaut und untersucht hatten. Die Anekdote macht immerhin deutlich, wie sehr derartige Selbstbestimmungsversuche von Frauen gegen das damals etablierte Geschlechterverhältnis verstießen und daß die Inhalte solcher Gruppen politisch waren. Die Frauen lernten ja nicht nur ihren Körper kennen, sie begannen, die Scham und das Schweigen über die körperlichen und geschlechtlichen Aspekte ihres bis dahin in vereinzelte Privatheit abgedrängten Lebens zu überwinden. Sie begannen zu merken, was sie alles über sich nicht wußten und nicht lebten, wurden neugierig und begannen, gemeinsam neue Erfahrungen zu machen und neues Wissen über sich selbst anzueignen. Die so entstehenden neuen Fähigkeiten führten zur Weitervermittlung dieses Wissens sowie zu neuen Initiativen und Projekten, und diese wiederum ließen neue Ideen sprießen...

Ilona Kickbusch definiert im «Frauenhandlexikon» Selbsthilfe von Frauen als

> «...offensive politische Strategie und zentrale feministische Methode, die persönliche und gesellschaftliche Veränderung als verwobene Gleichzeitigkeit begreift» (in: Beyer et al. 1983, S. 257).

Frauenselbsthilfe beinhaltet nach Kickbusch ein radikal neues Politikverständnis, in dem das Private und Persönliche, das alltägliche Leben von Frauen als politisch zu begreifen ist. Kickbusch schreibt:

> «So simpel das Konzept (von Frauenselbsthilfe, D. R.) erscheint, so revolutionär war es in seiner Entstehung: Frauen lernen miteinander sprechen, und in diesem Prozeß lernen sie die gemeinsame Realität der Frauenlage begreifen» (ebd., S. 258).

Natürlich entstehen andere, neue Formen politischer Praxis, wenn Frauen gemeinsam beginnen, ihre privaten und persönlichen, ja selbst intimsten Lebenszusammenhänge in Selbsthilfegruppen zu thematisieren, und wenn sie auf diese Weise anfangen, verschiedenste patriarchale Unterdrückungs- und Einengungsmomente zu überwinden.

Gisela Notz schließlich bringt in der folgenden knappen Definition meines Erachtens entscheidende Prinzipien von Selbsthilfegruppen von Frauen auf einen Nenner:

> «Die entscheidenden Prinzipien von Selbsthilfegruppen (von Frauen, D. R.) sind Selbstbetroffenheit und Handeln in eigener Sache» (Notz 1988, S. 175).

Diese Definitionen und meine eigenen Erfahrungen zusammenfassend, erscheinen mir die folgenden Aspekte zentrale Merkmale der Frauenselbsthilfe zu sein:

- Frauenselbsthilfe tut für Frauen das, was Frauen bisher immer für andere taten: Frauenselbsthilfe hilft Frauen. Das Besondere dieser Form von Hilfe ist, daß Frauenselbsthilfe *ausschließlich* an den Bedürfnissen von Frauen orientiert ist und daß sie eine kollektive Unterstützungshilfe darstellt.
- Frauenselbsthilfe schafft Raum für Frauen, *einerseits* sich und andere Frauen in ihrem Frausein ernst zu nehmen und ihre gesellschaftliche Lage als Frauen zu begreifen. *Andererseits* ermöglicht Frauenselbsthilfe, daß Frauen neue Wege jenseits einengender Geschlechterrollen beschreiten, um ihre Situation zu verändern. Frauenselbsthilfe ist also emanzipatorisch und politisch.
- Frauenselbsthilfe ist lustvoll und befähigt Frauen, ihre eigenen schöpferischen Energien zu entdecken, zu entfalten und zu nutzen.

  Auf diese drei zentralen Merkmale von Frauenselbsthilfe möchte ich im folgenden näher eingehen.

Frauenselbsthilfe hilft Frauen

Was Frauen seit jeher für andere tun, davon handelt dieses Buch: helfen. Diese menschlichste Tätigkeit, nämlich sich einzufühlen in bedürftige andere und ihnen Liebe, Pflege, Unterstützung – kurzum: Hilfe – zukommen zu lassen, war in patriarchalen Gesellschaften immer aufs engste mit der Mutterrolle verknüpft (Chodorow 1985). Die Frauen zukommende Mutterrolle umfaßt wesentlich lebenserhaltende Tätigkeiten im weitesten Sinn und basiert auf Zuwendung, Beziehung und Bindung, um menschliche Entwicklung zu ermöglichen (vgl. etwa Mitscherlich 1987). Die Rolle der Frau in der patriarchalen Familie ist der Schlüssel zum Verständnis der Bedeutsamkeit des Gedeihens anderer im weiblichen Lebenszusammenhang.

Der Fokus auf die Förderung und Unterstützung anderer bedingt das Zurückstellen und Zurücknehmen eigener Bedürfnisse. In patriarchalen Gesellschaften, in denen Frausein insgesamt abgewertet und damit auch das Tun von Frauen nachrangig bewertet wird, wird natürlich Helfen entsprechend unterschätzt beziehungsweise einfach «übersehen» und nur zu oft ausgenutzt.

Das emanzipatorische Element von Frauenselbsthilfe liegt dagegen darin, daß Frauen ihre vielen Fähigkeiten auf dem Gebiet, anderen Menschen zu helfen, gegenseitig für sich selbst und für ihre eigenen Bedürfnisse einsetzen. Weil Frauenselbsthilfe in Gruppen von Frauen und im Rahmen einer breiten, internationalen Frauenbewegung stattfindet, lernen sie, ihre gemeinsame Lage als Frauen zu begreifen und zu verändern. So wenig spektakulär der Prozeß in einzelnen Aktivitäten vonstatten geht, entsteht dennoch etwas radikal Neues, indem Frauen weibliche Attribute des Helfens jetzt *füreinander* einsetzen: Sie entwickeln Selbstbewußtsein als Frauen, und sie überwinden Hand in Hand und Stück für Stück so die aus dem Patriarchat abgeleitete Selbstabwertung.

Frausein ernst nehmen lernen

Wenn ich behaupte, daß Frauenselbsthilfe für Frauen Raum schafft, sich und andere Frauen ernst zu nehmen und gemeinsam ihre gesellschaftliche Lage zu begreifen, schicke ich voraus: Frauenselbsthilfe wurde im Rahmen der sogenannten Neuen oder Zweiten Frauenbewegung aufgegriffen.

Die Erste Frauenbewegung (vor allem im letzten Jahrhundert und Anfang dieses Jahrhunderts) war vor allem um aufklärerische Ideale und zunächst um das Erringen staatsbürgerlicher politischer Rechte für Frauen bemüht. Inzwischen haben sich aber die Frauen in fast allen Nationen die wichtigsten formalen Rechte erkämpft. Die Neue Frauenbewegung (seit etwa 1968) zeichnet sich dadurch aus, daß Frauen begonnen haben, männlichen Wertvorstellungen den Rücken zu kehren und auf der Suche sind nach den eigenen Bedürfnissen und Interessen. Neu und wesentlich an dieser Zweiten Frauenbewegung ist auch, daß die Frauen dabei an ihren eigenen Erfahrungen in ihrem alltäglichen Lebensraum ansetzen. Die inzwischen berühmte Parole «Das Persönliche (auch: das Private) ist politisch» bringt das zentrale Anliegen der zweiten großen Welle der Frauenbewegung auf den Punkt: Es geht darum, die sich stets reproduzierende Diskriminierung von Frauen an der Wurzel des Übels zu packen, nämlich am privaten Arrangement der Geschlechter mit den bisher legitimierten patriarchalen Vorrechten des Mannes in der Familie und den daraus entstandenen weitestreichenden gesellschaftlichen Folgen.

Es ist nicht verwunderlich, daß es Frauen in den angelsächsischen Ländern waren, die als erste das «gute alte» Prinzip Selbsthilfe, allerdings neu, für sich beanspruchten. Die Haltung des Sich-Selbst-Helfens, unkompliziert, flexibel und unerschrocken gegenuber Staat und Autoritäten gemeinsam Probleme zu lösen oder einen Mangel zu beheben – diese Haltung ist ein typischer Ausdruck einer protestantischen Ethik: «Gott hilft denen, die sich selbst helfen.» In der sogenannten Neuen Welt war, aus europäischer Sicht, praktisch seit der Kolonialisierung Selbstorganisation auf der Grundlage von Selbsthilfe immer schon eine Art Ideologie, die – etwa in den USA – bis zum heutigen Tag ein notorisch schlechtes und lückenhaftes staatlich institutionalisiertes und finanziertes Wohlfahrtssystem mitbegründet.

Im letzten Jahrzehnt ist es in vielen westlichen Industrienationen, so auch in der Bundesrepublik, zu einer boomartigen, breiten Selbsthilfe-Bewegung gekommen (vgl. etwa Selbsthilfezentrum München 1988). *Frauenselbsthilfe* ist dabei oft unter der Kategorie «Selbsthilfebewegung» *subsumiert* worden. Aufgrund ihrer besonderen Methoden und ihrer spezifischen emanzipatorischen Zielsetzung ist sie jedoch, so meine ich, vielmehr in der Neuen Frauenbewegung zu verorten.

Allerorts trafen sich ab den siebziger Jahren aufgeweckte Frauen, zunächst meist aus studentischen Kreisen und/oder aus der Mittelschicht, in selbstorganisierten Frauengruppen (vgl. hierzu auch Maria Rerrich 1982). Die Frauen waren in diesen Gruppen unter sich, Männer hatten keinen Zutritt. Obwohl es seit jeher unzählige gesellschaftliche Kontexte gegeben hat, in denen Männer unter sich sind, kam es wegen der Frauengruppen zu heftigen Reibereien und Konflikten zwischen den Geschlechtern. Das war kein Zufall, denn die Frauen waren in diesen Frauenselbsthilfe-Gruppen dabei, sich mit Gleichbetroffenen über die eigene Situation zu verständigen, und sie waren dabei, letztere auch zu ändern. Wen wundert's, daß sie begannen, ihre bisherige Fremdbestimmtheit heftig zu kritisieren und dagegen entschiedenen Widerstand zu leisten? In ungezählten Frauenselbsthilfe-Gruppen fanden, über Länder und Kontinente hinweg, persönliche Veränderungen unzähliger Frauen statt. Die Gruppen initiierten gesellschaftliche Veränderungen in ungeahntem Ausmaß: In etwas mehr als zwanzig Jahren ist so mehr erreicht worden zur Einlösung feministischer Ziele als je zuvor in der Moderne.

Die Frauenbewegung entwickelte eine Methode, die die emanzipatorische Bewußtwerdung von Frauen über ihre gesellschaftliche Lage ermöglichen sollte: die Methode des sogenannten *Consciousness Raising*. Dieses Verfahren ist inzwischen meist nur mehr implizit und häufig auch nicht mehr bewußt in die Arbeitsweise vieler Frauenselbsthilfe-Gruppen sowie feministischer Therapieverfahren eingegangen. Die Methode selbst ist bestechend einfach, in ihrer «klassischen» Variante erscheint sie aus heutiger Sicht ein wenig gestelzt, dennoch eröffnet sie nach wie vor in allen ihren heute praktizierten Varianten für die sie anwendenden Frauen radikal neue Erfahrungsräume bzw. Erkenntnisse über das Selbst und über Frausein in der patriarchalen Gesellschaft. Deshalb möchte ich die «klassische» Variante des *Consciousness Raising* hier kurz ins Gedächtnis rufen:

Jede Frau darf ununterbrochen sprechen, so lange sie möchte. Nacheinander hat jede Frau die Möglichkeit, ungehindert zu sprechen. Jede Frau versucht, von der eigenen, persönlichen Betroffenheit ausgehend, über ein eingangs von allen Frauen gemeinsam beschlossenes Thema zu sprechen. Kritik üben oder Urteile fällen über die persönlichen Schilderungen der einzelnen Frauen ist für alle untersagt. Anschließend, nachdem sich jede Frau auf die eben beschriebene Weise ausgesprochen hat, erfolgt eine allgemeine Diskussion über das gemeinsame Thema. Danach wird wieder eine Runde gemacht, bei der jede Teilnehmerin Einsichten und neue Erkenntnisse aus dem Bezug zwischen eigener Erfahrung und ihrer Einschätzung der Situation der anderen Frauen diskutieren kann (vgl. zur Methode des Consciousness Raising: Bonetti et al. 1974; Norman 1976).

Was bewirkt dieses Verfahren, das, wie bereits erwähnt, meist in Abwandlungen zu der beschriebenen Variante in Frauenselbsthilfe-Gruppen zum Tragen kommt? [1] Die Auswirkungen fasse ich wie folgt zusammen:

- Jede teilnehmende Frau kann erleben, wie es ist, für sich Raum zu haben, einen unzensierten Sprechraum, den ihr niemand, aber auch keine Frau streitig macht (vgl. zu den Auswirkungen von Gewalt durch Sprache: Trömel-Plötz 1984). Anfangs ist diese Erfahrung für die meisten Frauen recht verunsichernd. Sie scheinen beim Sprechen ihre eigenen Aussagen gleichsam selbst wegzuwerfen, sie sprechen hastig, unklar, als ob sie eigentlich sagten: «Es steht mir nicht zu, Raum und Zeit für mich zu beanspruchen...»
- Indem keine Frau kritisiert oder verurteilt wird, gewinnen alle an Selbstwertgefühl und können gleichzeitig an sich beobachten, wie tief internalisiert eigene Geringschätzung bzw. Geringschätzung anderer Frauen ist. Selbstabwertung und Selbsthaß gehören jedoch zu den typischen Kennzeichen unterdrückter Bevölkerungsgruppen. Diese Gefühle gehen einher mit niedriger Toleranz für Schwäche bzw. Neid auf Stärke bei Gleichbetroffenen (vgl. z. B. Norman 1976, S. 172f.; Sturdivant 1980, S. 112f.). Derartige Mechanismen müssen überhaupt erst als kollektive Merkmale bewußt werden, damit sie überwunden werden können.
- Die Frauen lernen, anderen Frauen *zuzuhören*. Alle Frauen hören extensiv einer Frau, hintereinander vielen Frauen zu. Sie lernen dadurch immer differenzierter, Situationen von Frauen zu verstehen und so verallgemeinernde Schlüsse zu ziehen. Sie identifizieren sich, sie grenzen sich ab; in jedem Fall setzen sie sich mit ihrem Frausein auseinander und erleben, was es für sie und für andere Frauen bedeutet, sich mit dem «Frausein» in einer patriarchalen Gesellschaft zu konfrontieren.

- Indem *bewußt* keine Frau kritisiert und beurteilt wird, d. h. indem keine Frau in ihrem Selbstwertgefühl zurechtgestutzt und bewertet wird, gewinnen alle Frauen zunehmend Vertrauen, Offenheit und Zutrauen in sich und ihre Fähigkeiten und Potentiale.
- So hat schließlich jede Frau die Möglichkeit, ihre Betroffenheit *wahrzunehmen*, und sie beginnt, neue Wege für Problemlösungen zu entdecken und neue Lebensformen und -inhalte auszuprobieren.

Lust auf Frauenselbsthilfe

Frei! – Raum. Sich gemeinsam zu befreien von männlichen Wertvorstellungen und Fremdbestimmtheiten, und traditionelle weibliche Rollen draußen vor der Tür abzulegen ist entlastend. Dann hineinspaziert, jetzt mach ich was für mich, jetzt machen wir was für uns. Es wird ein Abenteuer, neue Wege ins Ungewisse. Neugierig werden. Wo möchten wir hin? Wir werden aktiv! Wenn wir wohin gelangen wollen, beginnen wir am besten mit uns, so, wie wir sind. So, wie wir Frauen sind, das sind unsere Stärken! Wir sind (oft) einfühlsam, wir nehmen (meist) die Bedürfnisse anderer wahr, wir sind (manchmal) nährend und (häufig) unterstützend, wir sind (eher) unkompliziert und (gerne) flexibel, wir können tief fühlen und wahrnehmen, wir haben (tendenziell) Achtung vor dem Kreislauf des Lebens. Und jetzt beginnen wir, Achtung füreinander als Frauen zu gewinnen.

Das fängt damit an, daß wir unsere ungeteilte Aufmerksamkeit auf uns richten. Wir beachten uns, und wir gewinnen uns lieb. Diese gegenseitige Beachtung und Achtung inspiriert und gibt Mut, weiterzumachen. Wir entwickeln allmählich Aufmerksamkeit für unsere tiefste innere Stimme: was für uns jeweils individuell «stimmt». Wir beginnen, die Welt in einer Sprache und in Theorien (aus dem Griechischen: «das Zuschauen, die Betrachtung») zu reformulieren und neu zu benennen, die unsere Erfahrungen als Frauen reflektieren. Ganz einfach: Wir haben begonnen, unseren eigenen Wahrnehmungen zu vertrauen.

Wir entdecken unsere Potentiale. Pouvoir, Vermögen, das ist eine Art Macht, allerdings etwas anderes als das, was wir bisher mit dem

Wort assoziiert haben. Jede beginnt, ihre eigene schöpferische Energie zu entdecken, und langsam beginnt jede, diese zu entfalten und einzusetzen...

Selten Lust ohne Frust

Frauenselbsthilfe sollte nicht zum Selbstzweck oder zu einer weiteren Ausgrenzung von Frauen im selbstgewählten Getto verkommen. Sie führt potentiell zu einem erfüllteren Leben in der Gesellschaft.

Nach gut zwanzig Jahren Neuer Frauenbewegung hat sich bei vielen, ehemals begeisterten und engagierten Frauen, die mit Frauenselbsthilfe Hoffnung auf anhaltende Erfolge verbanden, Erschöpfung, Enttäuschung oder gar Resignation breitgemacht. So wurde zum Beispiel auf dem Ersten Internationalen Kongreß zur psychosozialen Versorgung für Frauen «Between Self-Help and Professionalism» (dt: Zwischen Selbsthilfe und Professionalität) im Dezember 1988 in Amsterdam ein auffallender Mangel an Interesse an Workshops über Frauenselbsthilfe bzw. über Frauenpolitik registriert – zugunsten eines gewachsenen Interesses an feministischer Spiritualität und vor allem an professionalisierter feministischer psychosozialer Arbeit (International Congress on Mental Health Care for Women 1989, S. 15).

Sollen wir uns zufrieden geben, jetzt zwar ein Stück emanzipiert, aber weiterhin un- und/oder unterbezahlt wie anno dazumal? (Vgl. Vogt in diesem Band und 1987; Bobzien 1989.) Was tun, wenn – Frauenbewegung hin, Frauenbewegung her – frauenspezifisch reflektierte Professionelle in der psychosozialen Versorgung heute noch allenthalben fehlen? Was tun, wenn sich Frauenselbsthilfe wiederfindet in den Fängen der Widersprüche einer fiskalisch verknappten kommunalen Sozialpolitik (vgl. etwa Kraus & Knaier 1989)? Was tun angesichts massenhaft produzierten, immer wieder reproduzierten gesellschaftlichen Leids, das der Frauenselbsthilfe deutlich ihre Grenzen aufweist? Was tun, wenn der politische Rückenwind abgeflaut ist? Was tun, wenn damit das Politische versiegt und zu oft nur ein Kult des Persönlichen zurückbleibt?

Frauenselbsthilfe hat also nicht zu leugnende Grenzen, die ich hier nur andeute. Ich habe in meinem Beitrag bewußt die Chancen herauszuheben versucht, die Frauenselbsthilfe eröffnet. Meines Erachtens stellt Frauenselbsthilfe nach wie vor einen *offenen* Weg dar; der Ausgang so möglich werdender gemeinsamer Lernprozesse für Frauen ist nicht absehbar.

Außerdem bleibt Frauenselbsthilfe nach meiner Meinung beweglicher als «die Verhältnisse», und sie taucht immer wieder an unerwarteten Orten auf, erreicht als Idee selbst solche Frauen, denen es niemand zugetraut hätte. Die in Frauenselbsthilfe gewonnenen Lernerfahrungen können das weitere Handeln von Frauen entscheidend erweitern, und das ist für mich auch der springende Punkt. Denn in Frauenselbsthilfe lernen Frauen nichts weniger als Autonomie, Selbst-Bestimmung. Die damit errungene neue Verantwortung gegenüber dem eigenen Leben begründet die uferlose Hoffnung einer aktuellen Parole in der Frauenbewegung: «Frauen verändern *die Welt* (Hervorhebung D. R.), indem sie sich aufeinander beziehen.»

Mein herzlicher Dank gilt Kosta Mathéy, keine Frau, für das Lesen des Manuskripts und für seine technische Expertise mit dem sperrigen Textverarbeiter!

Anmerkungen

Christiane Schmerl & Frank Nestmann:
Frauen und Helfen: Wie weit trägt die ‹weibliche› Natur?

1 Unter ‹normalen› Bedingungen wird hier die Abwesenheit von Naturkatastrophen, kriegerischen Auseinandersetzungen, Überbevölkerung oder Umweltzerstörung verstanden.

Ruth Großmaß:
Frauen in der psychosozialen Beratung: Die Seite der Helferinnen

1 Für den Bereich Beratung im Rahmen der Gemeinwesenarbeit siehe Jahrbuch 4 Gemeinwesenarbeit «Frauen» (1987); für den Bereich Beratung/Therapie siehe «Neue Heimat Therapie» (1986); für den Bereich Studentenberatung siehe «Frauen an der Hochschule» (1986).

2 Nicht zufällig fällt der Beginn psychosozialer Beratung als Institution in die Weimarer Republik (vgl. von Soden 1988). «Geistige Mütterlichkeit» – die Orientierung eines Flügels der ersten Frauenbewegung – gewinnt in dieser Zeit sozialpolitische Realität.

3 Z. B. in dem meiner Meinung nach sinnvollen Versuch, das komplexe Arbeitsfeld einer Beratungsstelle unter Einbeziehung des sozialen Feldes mit sozialwissenschaftlichem Expertenwissen zu analysieren.

4 Als Beispiel für einen ähnlichen Paradigmenwechsel in einem ganz anderen Bereich (Berufsleben versus innerpsychische Struktur bei der Therapie erfolgreicher Berufstätiger) siehe den Artikel von Sandroff (1990): «Wenn der Beruf uns verrückt macht.» Auch Paradigmenwechsel in der psychosozialen Beratung werden häufig durch Publikationen dieser Art inhaltlich angeregt und argumentativ wirksam gemacht.

5 Im Gegenteil: Gerade im Fortbildungsbereich wird sie auf einer neuen Ebene reproduziert. So nutzen meinem Eindruck nach Frauen dieselben therapeutischen Ausbildungen, in denen Männer Kontakt- und Beziehungsfähigkeit lernen, dazu, Abgrenzung zu lernen.

6 An der Frage der Ressourcen wird deutlich, daß auch Frauenberatungsstellen nur scheinbar eine Ausnahme darstellen. Frauenberatungsstellen entstehen zwar auf der Grundlage politisch-konzeptioneller Entscheidungen, aber als autonome Projekte stoßen sie bei der Finanzierung an dieselben Grenzen: Die Finanzierung ist schwach bis ungesichert, das ökonomische Risiko tragen die dort arbeitenden Frauen.

7 Dies ist u. a. auch deshalb möglich, weil Beratung ein schlecht definiertes Arbeitsfeld ist (siehe Stichwort «Beratung», Handbuch psychologischer Grundbegriffe, 1981, S. 129f. und Qualität in der Arbeit schwer objektivierbar ist.

8 Dies gilt in dieser Form natürlich nur für gemischte Teams. Reine Frauenteams (Frauenberatung, einige Stadtteilberatungen und Erziehungsberatungsstellen) befinden sich meinem Eindruck nach jedoch nicht außerhalb dieses Problems, sondern für sie verschiebt es sich an den Rand ihrer Einrichtung. Im Verhältnis zu anderen Beratungsdiensten entsteht ein vergleichbar komplementäres Verhältnis und ein entsprechendes Prestigegefälle.

9 Zur Verdeutlichung: Die Studentenberatung an der Universität Bielefeld hat 1982 einen inhaltlich konzipierten Jahresbericht herausgegeben und seitdem die Produktion von Jahresberichten eingestellt. Es wurde bis heute nicht bemerkt.

10 So wurde 1989 im Zusammenhang einer Debatte um die Dezentralisierung der Versorgung chronisch psychisch Kranker in Bielefeld ein Konzept vorgelegt, in dem die psychosozialen Beratungsstellen in die «ambulanten Dienste» eingeordnet werden. Diese sollen die Aufgabe übernehmen, im Sinne der Sozialstationen Kontaktnetze für chronisch Kranke sicherzustellen. Die Argumentationsketten hierfür stammen paradoxerweise aus dem Kontext linker Kritik an der Psychologisierung sozialer Probleme und aus politischen Konzepten der Gemeindepsychiatrie (siehe hierzu Wienberg 1988).

Birgit Rommelspacher:
Weibliche Sozialarbeit: Dienst am anderen oder Selbstverwirklichung?

1 Hiermit und auch bei den folgenden Zitaten beziehe ich mich auf die wissenschaftliche Begleituntersuchung des «Modellversuchs Fachkräfte in der psychosozialen Versorgung», der von der Freien Universität und der Fachhochschule für Sozialarbeit und Sozialpädagogik Berlin in den Jahren 1981–1986 durchgeführt wurde.

Vera Grunow-Lutter:
Frauen und Gesundheitsselbsthilfe in der Familie

1 Von Mitte 1979 bis Ende 1983 hat das Bundesministerium für Forschung und Technologie ein ressortübergreifendes und interdisziplinäres Forschungsprogramm mit dem Titel «Laienpotential, Patientenaktivierung und Gesundheitsselbsthilfe» gefördert, in dem mehrere Projekte in einem Forschungsverbund zusammenarbeiteten (vgl. Forschungsverbund 1987;

Ferber & Badura 1983). Der hier vorgelegte Beitrag bezieht sich auf das Projekt «Selbsthilfe im Gesundheitswesen», das an diesem Forschungsverbund beteiligt war. Im Rahmen dieses Projektes wurden zwei Studien durchgeführt: eine repräsentative Haushaltsbefragung mit ca. 2000 Haushalten; davon wurden 87 Haushalte in eine Intensivstudie einbezogen (vgl. Grunow et al. 1983; 1984).

2 Im Vergleich zur repräsentativen Stichprobe der 2000 Haushalte unterschieden sich die 87 Haushalte der Intensivstudie nur hinsichtlich der Schulbildung, die höher lag. Das Krankheitsspektrum entsprach dem Durchschnitt der Gesamtbevölkerung.

Dorothy M. Rerrich:
Frauenselbsthilfe: Frauen helfen Frauen

1 Vgl. für die in der BRD weit verbreitete und analoge Methode der sogenannten Erinnerungsarbeit, die dem Schreiben einen zentralen Wert beimißt, etwa Haug 1983; 1988.

Literatur

Adorno, T., Frenkel-Brunswik, E., Levinson, D. & Sanford, R.: The Authoritarian Personality. New York 1950 (deutsch: Der autoritäre Charakter: Studien über Autorität und Vorurteil, hrsg. vom Institut für Sozialforschung, Frankfurt 1953)

Alonzo, A. A.: Every Day Illness Behavior: A Situational Approach to Health Status Deviations. Social Science Medicine, 1979, 13, 397–404

Antons, K.: Helfen oder Lieben? Trennung und Scheidung in psychosozialen Berufen. Reinbek 1987

Aragon, E.: Wer ist hier Experte? Frauengesprächskreis Sexualität. In: Rosgen, H., Neumaier, M., Hillenbrand, W. & Luner, B. (Hg.): Jahrbuch 4 Gemeinwesenarbeit «Frauen». München 1987, S. 96–103

ArGE-Rundbrief 6, Arbeitsgemeinschaft der Studentenberatung. Dezember 1989

Badura, B. (Hg.): Soziale Unterstützung und chronische Krankheit. Zum Stand sozialepidemiologischer Forschung. Frankfurt 1981

Baker-Miller, J.: Die Stärke weiblicher Schwäche. Frankfurt 1980

Balbo, L.: Crazy Quilts: Gesellschaftliche Reproduktion und Dienstleistungsarbeit. In: Kickbusch, I. & Riedmüller, B. (Hg.): Die armen Frauen. Frauen und Sozialpolitik. Frankfurt 1984

Balbo, L.: Women Work in Contemporary Society. Notes Toward a Definition of a Service-oriented Culture. Praxis International 1987, 7:2, 186–199

Bandura, A.: Aggression: A Social Learning Analysis. Englewood Cliffs 1973 (deutsch: Aggression. Eine sozial-lerntheoretische Analyse. Stuttgart 1979)

Beauvoir, S. de.: Das andere Geschlecht. Sitte und Sexus der Frau. Reinbek 1968

Beck, U.: Risikogesellschaft. Auf dem Weg in eine andere Moderne. Frankfurt 1986

Beck-Gernsheim, E.: Das halbierte Leben. Männerwelt Beruf. Frauenwelt Familie. Frankfurt 1980

Beck-Gernsheim, E.: Der geschlechtsspezifische Arbeitsmarkt. Zur Ideologie und Realität von Frauenberufen. Frankfurt 1981

Belle, D.: Der Streß des Versorgens: Frauen als Spenderinnen sozialer Unterstützung. In: Schmerl, C. & Nestmann, F. (Hg.): Ist Geben seliger als Nehmen? Frauen und Social Support. Frankfurt 1990, S. 36–52 (englisches Original 1982)

Benjamin, J.: Die Antinomien des partriarchalen Denkens. Kritische Theorie

und Psychoanalyse. In: Bonze, W. & Honneth, A. (Hg.): Sozialforschung als Kritik. Frankfurt 1982
Benjamin, J.: Die Fesseln der Liebe: Zur Bedeutung der Unterwerfung in erotischen Beziehungen. Feministische Studien, 1985, 4, 10–33
Benjamin, J.: A Desire of One's Own: Psychoanalytic Feminism and Intersubjective Space. In: De Lauretis, T. (Ed.): Feminist Studies, Critical Studies. Regents of the University of Wisconsin. 1986
Benjamin, J.: Herrschaft – Knechtschaft: Die Phantasie von der erotischen Unterwerfung. In: List, E. & Studer, H. (Hg.): Denkverhältnisse. Feminismus und Kritik. Frankfurt 1989
Benjamin, J.: Die Fesseln der Liebe. Psychoanalyse, Feminismus und das Problem der Macht. Basel/Frankfurt 1990
Bergdoll, K. & Namgalies-Treichler, C.: Frauenhaus im ländlichen Raum. Schriftenreihe des BMJFFG, Bd. 198. Stuttgart 1987
Berger, H.: Sozialpolitik und ehrenamtliche Arbeit von Frauen. In: Ridder-Melchers, I. (Hg.): Erst war ich selbstlos, jetzt geh ich selbst los. Düsseldorf (Landesregierung NRW) 1987, S. 23–30
Beyer, J., Lamott, F. & Meyer, B. (Hg.): Frauenhandlexikon. Stichworte zur Selbstbestimmung. München 1983
Bobzien, M.: Ehrenamtliche – Handlanger der Profis oder Spezialisten für Menschlichkeit. Unveröffentl. Referat, gehalten auf dem Symposium «20 Jahre Bewährungshilfegesetz – Helfen statt Strafen», Wien 24. Nov. 1989
Bock, G. & Duden, B.: Arbeit aus Liebe – Liebe als Arbeit. Frauen und Wissenschaft. Beiträge zur Berliner Sommeruniversität für Frauen. Berlin 1977
Boll, F. & Buschmann, E.: Ehrenamt und Selbsthilfe. Freiburg 1986
Bonetti, D. et al.: Consciousness Raising Handbook. Los Angeles 1979
Born, C. & Vollmer, C.: Familienfreundliche Gestaltung des Arbeitslebens. Stuttgart 1983
Bowling, A.: Die Versorgung von Verwitweten im Alter: Die Belastungen für ihre UnterstützerInnen. In: Schmerl, C. & Nestmann, F. (Hg.): Ist Geben seliger als Nehmen? Frauen und Social Support. Frankfurt 1990, S. 53–80 (englisches Original 1984)
Breitkopf, H. et al.: Selbsthilfe im Gesundheitswesen: Einstellungen, Verhalten und strukturelle Rahmenbedingungen. Bielefeld 1980
Brückner, M.: Die Liebe der Frauen. Über Weiblichkeit und Mißhandlungen. Frankfurt 1983
Brückner, M.: Die janusköpfige Frau. Lebensstärken und Beziehungsschwächen. Frankfurt 1987
Bundesarbeitsgemeinschaft der Freien Wohlfahrtspflege: Ausschuß Statistik. Anlage AW Rundschreiben Nr. 65/82, 1982
Bundesarbeitsgemeinschaft der Freien Wohlfahrtspflege: Die Freie Wohlfahrtspflege. Bonn 1983
Bundesarbeitsgemeinschaft der Freien Wohlfahrtspflege: Die Spitzenver-

bände der Freien Wohlfahrtspflege – Aufgaben und Finanzierung. Freiburg 1985
Bundesministerium für Jugend, Familie, Frauen und Gesundheit: Frauen in der Bundesrepublik Deutschland. Bonn 1986
Burda, P. Jr. & Vaux, A.: The Social Support Process in Men: Overcoming Sex-role Obstacles. Human Relations 1987, 40, 31–44
Burgard, R. & Rommelspacher, B. (Hg.): Leide*un*lust. Der Mythos vom weiblichen Masochismus. Berlin 1989
Burger, A. & Seidenspinner, G.: Töchter und Mütter. Ablösung als Konflikt und Chance. Opladen 1988
Caplan, G. D. (Ed.): Support Systems and Community Mental Health. New York 1974
Cheatham, A. & Powell, M. C. (Eds.): This Way Daybreak Comes. Women Values and the Future. Philadelphia 1986
Chodorow, N.: Das Erbe der Mütter. Psychoanalyse und Soziologie der Geschlechter. München 1985
Cremer, C., Bader, C. & Dudek, A. (Hg.): Frauen in sozialer Arbeit. Weinheim 1990
Croog, S. & Levine, S.: The Heartpatient Recovers. New York 1977
Darley, J. & Latané, B.: Bystander Intervention in Emergencies: Diffusion of Responsibility. Journal of Personality and Social Psychology, 1968, 8, 377–383
Derschau, D.: Arbeitslosigkeit im Sozialwesen – Hauptbetroffene: Frauen. Blätter der Wohlfahrtspflege, 1984, 131, 278–280
Deutsche Gesellschaft für Verhaltenstherapie – Arbeitsgemeinschaft «Frauen in der psychosozialen Versorgung»: Zur Situation von Klientinnen und Helferinnen. Eine Dokumentation. Tübingen 1989
Deutscher Paritätischer Wohlfahrtsverband, Landesverband Nordrhein-Westfalen (Hg.): DPWV und Selbsthilfeinitiativen. Wuppertal 1985
Dinnerstein, D.: Das Arrangement der Geschlechter. Stuttgart 1979
Donzelot, J.: Die Ordnung der Familie. Frankfurt 1980
Drake, H.: Frauen in der Sozialarbeit. Sexismus – die geschlechtsspezifische Diskriminierung. Neuwied 1980
Drasdo, L.: Die nützlichen Idiotinnen. Gedanken über die bezahlte und unbezahlte Arbeit von Frauen. PädExtra, 1984, 8, 38–41
Dürkop, M.: Alice Salomon und die feministische Sozialarbeit. In: Baron, R. (Hg.): Sozialarbeit und Sozialreform. Zur Geschichte eines Berufs zwischen Frauenbewegung und öffentlicher Verwaltung. Weinheim/Basel 1983, S. 52–80
Ehrenreich, B. & English, D.: For Her Own Good. London 1979
Ernst, S. & Goodison, L.: Selbsthilfe Therapie – ein Handbuch für Frauen. München: Frauenoffensive 1982
Ferber, C. v. & Badura, B. (Hg.): Laienpotential, Patientenaktivierung und Gesundheitsselbsthilfe. München/Wien 1983

Forschungsverbund Laienpotential, Patientenaktivierung und Gesundheitsselbsthilfe (Hg.): Gesundheitsselbsthilfe und professionelle Dienstleistungen. Berlin/New York 1987
«Frauen an der Hochschule», Zeitschrift für Theorie und Praxis der Studien- und Studentenberatung, 1986, 1
Geißler, H.: Grußwort des Bundesministers für Jugend, Familie und Gesundheit. In: 70. Deutscher Fürsorgetag 1983 in Berlin. Gesamtbericht. Soziale Arbeit in den 80er Jahren. Frankfurt 1984, S. 40–46
Gilligan, C.: Die andere Stimme. Lebenskonflikte und Moral der Frau. München 1984
Gissrau, B.: Weibliche Spiegelungen. Zur besonderen Dynamik von therapeutischen Frauengruppen. Referat gehalten am 15. Oktober 1988 in Heidelberg
Gottlieb, B.: The Development and Application of a Classification Scheme of Informal Helping Behaviors. Canadian Journal of Behavioral Science, 1978, 10, 105–115
Gottlieb, B. (Ed.): Social Networks and Social Support. Beverly Hills 1981
Gottlieb, B.: Social Support Strategies – Guidelines for Mental Health Practice. Beverly Hills 1983
Graham, H.: Women, Health and the Family. Brighton 1984
Greven-Aschoff, B.: Die bürgerliche Frauenbewegung in Deutschland, 1894–1933. Göttingen 1981
Griffith, J.: Social Support Providers: Who Are They? Where Are They Met? And the Relationship of Network Characteristics to Psychological Distress. Basic and Applied Psychology, 1985, 6, 1, 41–60
Großmaß, R.: Arbeit mit Frauengruppen in der Studentenberatung. Gruppendynamik im Bildungsbereich, 1981, 2/3, 57–80
Grunow, D. et al.: Gesundheitsselbsthilfe im Alltag. Stuttgart 1983
Grunow, D. et al.: Gesundheitsselbsthilfe durch Laien: Erfahrungen, Motive, Kompetenzen. Ergebnisse einer qualitativen Studie. Bielefeld 1984
Gürtler, H.: Arbeiten Therapeutinnen anders? Der Einfluß des Geschlechts auf das therapeutische Verhalten. In: Rommelspacher, B. (Hg.): Weibliche Beziehungsmuster. Psychologie und Therapie von Frauen. Frankfurt 1987
Gurin, G., Veroff, J. & Feld, S.: Americans View their Mental Health. New York 1960
Hagemann-White, C.: Sozialisation: Weiblich–männlich? Opladen 1984
Hagemann-White, C.: Macht und Ohnmacht der Mutter. In: Rommelspacher, B. (Hg.): Weibliche Beziehungsmuster. Psychologie und Therapie von Frauen. Frankfurt 1987
Halberstadt-Freud, H.: Die symbiotische Illusion in der Mutter-Tochter-Beziehung. In: Psychoanalytisches Seminar Zürich (Hg.): Bei Lichte betrachtet wird es finster. FrauenSichten. Frankfurt 1987
Haug, F.: Erinnerungsarbeit. Frauen und Selbsthilfe. In: Selbsthilfezentrum München (Hg.): Zurück in die Zukunft. München 1988, S. 90–106

Haug, F. (Hg.): Frauenforum 2. Sexualisierung der Körper. Argument Sonderband 90. Berlin 1983
Heise, H.: Flucht vor der Widersprüchlichkeit. Kapitalistische Produktionsweise und Geschlechterbeziehung. Frankfurt 1986
Heller, K., Swindle, R. W. & Dusenbury, L.: Component Social Support Processes: Comments and Integration. Journal of Consulting and Clinical Psychology, 1986, 59, 4, 466–470
Hobfoll, S. (Ed.): Stress, Social Support and Women. New York 1986
House, J.: Social Support and Social Structure. Sociological Forum, 1987, 2, 1, 135–146
House, J., Umberson, D. & Landis, K.: Structures and Processes of Social Support. Annual Review of Sociology, 1988, 14, 293–318
Illich, I.: Die Enteignung der Gesundheit. Reinbek 1975
Informationen des Deutschen Caritasverbandes: Die «leisen Helfer». Ehrenamtliche Mitarbeiter in den Fachverbänden der Caritas. 1983, 4/21
International Congress on Mental Health Care for Women: Congress Report. Amsterdam 1989
Janssen, E.: Aus unbezahlten Selbsthilfeaktivitäten von Frauen neue Berufe entwickeln? Blätter der Wohlfahrtspflege, 1984, 131, 275–278
Kammerer, G. & Deutsch, K.: Bestimmung des Umfangs ehrenamtlicher Tätigkeiten im sozialen Bereich und der Weiterbildungsangebote für ehrenamtlich Tätige in der Bundesrepublik Deutschland. In: Bundesminister für Bildung und Wissenschaft: Freiwilliges soziales Engagement und Weiterbildung. Bonn 1986, S. 169–343
Katz, A. & Bender, E. (Eds.): The Strength in Us. Self-Help Groups in the Modern World. New York/London 1976
Kerstan, B. & Wilde, H. (Hg.): Selbstbestimmung in der Offensive. Frauenbewegung, Selbsthilfe, Patientenrechte. Dokumentation des Gesundheitstages Berlin 1980, Bd. 5. Berlin 1981
Kessler, R., McLeod, J. & Wethington, E..: The Costs of Caring: A Perspective on the Relationship between Sex and Psychological Distress. In: Sarason, I. & Sarason, B. (Eds.): Social Support: Theory, Research and Applications. Dordrecht 1985, S. 491–502
Keupp, H. & Rerrich, D. (Hg.): Psychosoziale Praxis. Ein Handbuch in Schlüsselbegriffen. München/Wien/Baltimore 1982, S. 259–266
Kickbusch, I.: Laiensystem und Krankheit. Konzepte und Befunde aus den USA und Großbritannien. Mensch Medizin Gesellschaft 1979, 4
Kickbusch, I.: Die Dame mit der Lampe. Von Müttern, Ehefrauen, Krankenschwestern sowie Hingabe, Liebe, Sorge und viel unbezahlter Arbeit. Forum für Medizin und Gesundheitspolitik, 1981, 16, 9–17
Kickbusch, I.: Selbsthilfe. In: Beyer, J. et al. (Hg.): Frauenhandlexikon. München 1983, S. 257–269
Kickbusch, I. & Trojan, A. (Hg.): Gemeinsam sind wir stärker. Frankfurt 1981

Kirberger, W.: Staatsentlastung durch private Verbände. Baden-Baden 1978

Koch, S.: Die Frau als Psychotherapeutin. Zeitschrift für Individualpsychologie, 1988, 13, 2

Koschorke, M.: Unterschichten und Beratung. Wege zum Menschen 1973, 4, 129–163

Koschorke, M.: Zur Praxis der Beratungsarbeit mit Unterschichtfamilien. Wege zum Menschen, 1975, 8, 315–332

Kraus, W. & Knaier, W.: Selbsthilfeinitiativen und kommunale Selbsthilfeförderung. Weinheim 1989

Lange, H.: Die Frauenbewegung in ihren modernen Problemen. Berlin 1907 (Nachdruck der 2. Auflage von 1914: Münster 1980)

Lappe, L.: Die Arbeitssituation erwerbstätiger Frauen. Frankfurt 1981

Laudan, B.: Sexueller Kindesmißbrauch. Entwicklung und Arbeit des Selbsthilfeprojektes «Wildwasser». In: Arbeitskreis «Sexuelle Gewalt» beim Komitee für Grundrechte und Demokratie (Hg.): Gewaltverhältnisse. Eine Streitschrift für die Kampagne gegen sexuelle Gewalt. Sensbachtal 1987

Letman, Th.: Health Care and the Family. Medical Care, 1971, 9, 1

Levy, A.: Die berufliche und fachliche Ausbildung in der Armenpflege. Leipzig 1907 (Schriften des Deutschen Vereins, 79. Heft)

Lipp, A. & Rerrich, D.: Prima ♀ Donna – Neuland in der therapeutischen Drogenarbeit. In: Heider, Schwendter & Weiß (Hg.): Politik der Seele. München 1988, S. 379–387

Lösch-Sieveking, G.: Frauenbewegung und sozialpolitisches Engagement – ein neues Ehrenamt? In: Ridder-Melchers, I. (Hg.): Erst war ich selbstlos, jetzt geh ich selbst los. Düsseldorf (Landesregierung NW), 1987, S. 69–86

Lorenz, K.: Das sogenannte Böse. Zur Naturgeschichte der Aggression. Wien 1963

Maccoby, E.: Gender and Relationships. A Developmental Account. American Psychologist, 1990, 4, 513–520

Mantell, D.: Familie und Aggression. Frankfurt 1972

Mead, M.: Sex and Temperament. New York 1935 (deutsch: Geschlecht und Temperament in drei primitiven Gesellschaften. München 1970)

Milgram, S.: Behavioral Study of Obedience. Journal of Abnormal and Social Psychology, 1963, 67, 371–378

Mitscherlich, M.: Die Zukunft ist weiblich. Zürich 1987

Modellversuch Fachkräfte für die psychosoziale Versorgung: Zusammenfassung der Ergebnisse und Schlußfolgerungen. Berlin, Freie Universität u. Fachhochschule für Sozialarbeit und Sozialpädagogik 1986

Münsterberg, E.: Ziele der weiblichen Hilfstätigkeit. Die Frau, 1898, 5, 416–420; 463–468 sowie 558–565

Muthesius, H. (Hg.): Alice Salomon. Die Begründerin des sozialen Frauenberufes in Deutschland. Köln/Berlin 1958 (Schriften des Deutschen Vereins)

Nestmann, F.: Stichwort «Beratung». In: Rexilius, G. & Grubitzsch, S. (Hg.): Handbuch psychologischer Grundbegriffe. Hamburg 1981, S. 128–135
Nestmann, F.: Beratung. In: Hörmann, G. & Nestmann, F. (Hg.): Handbuch der psychosozialen Intervention. Opladen 1988, S. 101-113
Nestmann, F.: Die alltäglichen Helfer. Berlin 1988
Nestmann, F. & Schmerl, C.: Das Geschlechterparadox in der Social Support-Forschung. In: Schmerl, C. & Nestmann, F. (Hg.): Ist Geben seliger als Nehmen? Frauen und Social Support. Frankfurt 1990, 7–35
Nestmann, F. & Schmerl, Ch.: Wer hilft im Alltag? Eine Untersuchung zu HelferInnen und HilfeempfängerInnen. 1992 (in Vorbereitung)
Neue Heimat Therapie, Nr. 17. beiträge zur feministischen theorie und praxis. Köln 1986
Niedrig, H.: Ehrenamtliche Mitarbeit in der Freien Wohlfahrtspflege. Theorie und Praxis der Freien Wohlfahrtspflege, 1977, 28, 328–336
Noelle-Neumann, E. & Piel, E.: Eine Generation später. BRD 1953–1979. München 1983
Norman, J.: Consciousness-Raising: Self-Help in the Women's Movement. In: Katz, A. & Bender, E. (Eds.): The Strength in Us. New York/London 1976, S. 166–174
Notz, G.: «Frauenarbeit zum Nulltarif» – Die ehrenamtliche Arbeit von Frauen im sozialen Bereich aus arbeitsmarkt- und sozialpolitischer Sicht. Frauenforschung, 1986, 4, 51–56
Notz, G.: Arbeit ohne Geld und Ehre. Zur Gestaltung ehrenamtlicher sozialer Arbeit. Opladen 1987
Notz, G.: Hilf Dir selbst – dann hilft Dir die Göttin. Zur Problematik der unbezahlten Arbeit von Frauen in sozialen Projekten. In: Racki, M. (Hg.): Frauen(t)raum im Männerraum. München 1988, S. 175–191
Notz, G.: Frauen im sozialen Ehrenamt. Ausgewählte Handlungsfelder: Rahmenbedingungen und Optionen. Freiburg 1989
Olk, Th.: Abschied vom Experten. Sozialarbeit auf dem Weg zu einer alternativen Professionalität. Weinheim/München 1986
Ostner, I.: Beruf und Hausarbeit. Frankfurt 1982[3]
Ostner, I. & Krutwa-Schott, A.: Krankenpflege – ein Frauenberuf? Frankfurt/New York 1981
Oubaid, M.: Frauenverhältnisse – Macht und Mutterspiele. In: Schlüter, A., Roloff, C. & Kreienbaum, M. (Hg.): Was eine Frau umtreibt! Düsseldorf 1990, S. 41–47
Peyser, D.: Alice Salomon. Ein Lebensbild. In: Muthesius, H. (Hg.): Alice Salomon. Die Begründerin des sozialen Frauenberufes in Deutschland. Köln/Berlin 1958 (Schriften des Deutschen Vereins)
Pratt, L.: Family Structure and Effective Health Behavior: The Energized Family. Boston 1976
Psychologinnengruppe München: Spezifische Probleme von Frauen und ein

Selbsthilfeansatz. In: Keupp, H. & Zaumseil, M. (Hg.): Die gesellschaftliche Organisierung psychischen Leidens. Frankfurt 1978
Racki, M. (Hg.): Frauen(t)raum im Männerraum. München 1988
Rehling, I.: Akademikerinnen und Studentinnen – ein subjektiver Bericht. In: Frauen an der Hochschule. Zeitschrift und Praxis der Studien- und Studentenberatung 1986, 1, 36–39
Reiter, R. (Ed.): Toward an Anthropology of Women. New York 1975
Rerrich, D.: Prima ♀ Donna. Dokumentation. Bericht über das Modell einer sozialtherapeutischen Wohngemeinschaft für drogenabhängige Frauen im Zeitraum vom 15.10.1985–15.10.1987. München 1987
Rerrich, D.: Prima ♀ Donna. München: Archimed 1991
Rerrich, D.: Leitbild Begleitung: Was heißt frauenspezifische Sozialtherapie bei Prima ♀ Donna. Verhaltenstherapie und psychosoziale Praxis, 1990, 22 (im Druck)
Rerrich, M.: Selbstorganisierte Frauengruppen. In: Keupp, H. & Rerrich, D. (Hg.): Psychosoziale Praxis. Ein Handbuch in Schlüsselbegriffen. München/Wien/Baltimore 1982, S. 259–266
Rommelspacher, B. (Hg.): Weibliche Beziehungsmuster. Psychologie und Therapie von Frauen. Frankfurt 1987
Rommelspacher, B.: Mütterlichkeit und Professionalität. In: dies.: Weibliche Beziehungsmuster. Psychologie und Therapie von Frauen. Frankfurt 1987
Rommelspacher, B.: Der weibliche Masochismus – ein Mythos? In: Burgard, R. & Rommelspacher, B. (Hg.): Leide*un*lust. Der Mythos vom weiblichen Masochismus. Berlin 1989
Rommelspacher, B.: Die Sucht, zu sehr zu lieben: die neue Krankheit der Frau? In: Burgard, R. & Rommelspacher, B. (Hg.): Leide*un*lust. Der Mythos vom weiblichen Masochismus. Berlin 1989
Rommelspacher, B.: Das typisch Weibliche in der Beratung. Hauswirtschaft und Wissenschaft, 1989, 1, 11–15
Rosgen, H., Neumaier, M., Hillenbrand, W. & Luner, B. (Hg.): Jahrbuch 4 Gemeinwesenarbeit «Frauen». München 1987
Rühle-Gerstel, A.: Die Frau und der Kapitalismus. Autorisierter Nachdruck von: Das Frauenproblem der Gegenwart, Leipzig 1932. Frankfurt 1976
Ruddick, S.: Maternal Thinking. In: Treblicot, J. (Ed.): Mothering. Essays in Feminist Theory. Ottawa 1984
Sachße, C.: Mütterlichkeit als Beruf. Sozialarbeit, Sozialreform und Frauenbewegung 1871–1929. Frankfurt 1986
Salomon, A.: Soziale Frauenbildung. Berlin 1908
Salomon, A.: Zur Eröffnung der sozialen Frauenschule. Die Frau, 1908a, 16, 103–107
Salomon, A.; 20 Jahre Soziale Hilfsarbeit. Karlsruhe 1913
Salomon, A.: Was wir uns und anderen schuldig sind. Ansprachen und Aufsätze für junge Mädchen. (Zweiter unveränderter Abdruck) Berlin 1918

Salomon, A.: Die Frau und die Arbeit. In: Salomon, A.: Was wir uns und anderen schuldig sind. Ansprachen und Aufsätze für junge Mädchen. (Zweiter unveränderter Abdruck) Berlin 1918a

Salomon, A.: Frauenbewegung und soziale Arbeit. In: Salomon, A.: Was wir uns und anderen schuldig sind. Ansprachen und Aufsätze für junge Mädchen. (Zweiter unveränderter Abdruck) Berlin 1918b

Salomon, A.: Die Bedeutung der Frauenbewegung für das soziale Leben. In: Salomon, A.: Was wir uns und anderen schuldig sind. Ansprachen und Aufsätze für junge Mädchen. (Zweiter unveränderter Abdruck) Berlin 1918c

Salomon, A.: Die Ausbildung zum sozialen Beruf. Berlin 1927

Salomon, A.: Jugend- und Arbeitserinnerungen. In: Kern, E. (Hg.): Führende Frauen Europas, 1. Folge. München 1933

Salomon, A.: Charakter ist Schicksal. Lebenserinnerungen (herausgegeben von Rüdiger Baron und Rolf Landwehr. Mit einem Nachwort von Joachim Wieler). Weimheim/Basel 1983

Sarason, I. & Sarason, B. (Eds.): Social Support: Theory, Research and Applications. Dordrecht 1985

Sandroff, R.: Wenn uns der Beruf verrückt macht. Psychologie Heute, 1990, 17, 1, 42–47

Schmauch, U.: Anatomie und Schicksal. Zur Psychoanalyse der frühen Geschlechtersozialisation. Frankfurt 1987

Schmerl, C.: Die Kinder der Männer – patriarchale Familien als Denk- und Lebensform. In: Großmaß, R. & Schmerl, C. (Hg.): Feministischer Kompaß, patriarchales Gepäck. Frankfurt 1989, S. 15–55

Schmerl, C. & Nestmann, F. (Hg.): Ist Geben seliger als Nehmen? Frauen und Social Support. Frankfurt 1990

Schmidbauer, W.: Die hilflosen Helfer. Über die seelische Problematik der helfenden Berufe. Reinbek 1985

Scholz-Kerpen, G.: Durch Reden etwas verändern? In: Frauen an der Hochschule. Zeitschrift für Theorie und Praxis der Studien- und Studentenberatung 1968, H. 1, S. 68–83

Selbsthilfezentrum München (Hg.): Zurück in die Zukunft. Selbsthilfe und gesellschaftliche Entwicklung. München 1988

Segal, L.: Ist die Zukunft weiblich? Frankfurt 1989

Senett, R.: Verfall und Ende des öffentlichen Lebens. Die Tyrannei der Intimität. Frankfurt 1983

Simmel, M.: Erziehung zum Weibe: Mädchenbildung im 19. Jahrhundert. Frankfurt 1980

Simmel, M.: Alice Salomon. Vom Dienst der bürgerlichen Tochter am Volksganzen. In: Sachße, C./Tennstedt, F. (Hg.): Jahrbuch der Sozialarbeit 4. Geschichte und Geschichten. Reinbek 1981, S. 369–402

Soden, K. v.: Sexualberatungsstellen der Weimarer Republik 1919–1933. Berlin 1988

Sokoloff, N.: Between Money and Love. The Dialectics of Women's Home and Market Work. New York 1980

Stoehr, L.: «Organisierte Mütterlichkeit». Zur Politik der deutschen Frauenbewegung um 1900. In: Hausen, K. (Hg.): Frauen suchen ihre Geschichte. München 1983, S. 221–249

Süssmuth, R. (Hg.): Frauen – Der Resignation keine Chance. Düsseldorf 1985

The Boston Women's Health Book Collective: Unser Körper, unser Leben, Bd. 1 & 2. Reinbek 1980

The Boston Women's Health Book Collective: The New Our Bodies, Ourselves. New York 1984

Thomas, C.: Die Hausfrauengruppe oder: Wie elf Frauen sich selbst helfen. Reinbek 1978

Thurn, H.: Der Mensch im Alltag. Stuttgart 1980

Trömel-Plötz, S. (Hg.): Gewalt durch Sprache. Frankfurt 1984

Vaux, A.: Social Support. Theory, Research and Intervention. New York 1988

Verein ehemaliger Schülerinnen der Sozialen Frauenschule (Wohlfahrtsschule): Chronik der Sozialen Frauenschule. Wohlfahrtsschule Pestalozzi-Fröbelhaus III, 1899–1929. Berlin 1929

Veroff, J., Douvan, E. & Kulka, R. A.: The Inner American: A Self Portrait from 1957–1976. New York 1981

Vilmar, F.: Erfordernisse für eine Verbreitung sozialer Selbsthilfe. Ergebnisse einer wissenschaftlichen Studie. Blätter der Wohlfahrtspflege, 1986, 133, 77–80

Vogt, I.: Macht Alkohol gewalttätig? Über den Zusammenhang von Alkohol und Delinquenz. Drogalkohol, 1985, 9, 119–135

Vogt, I.: Die freiwillige unbezahlte Arbeit von Frauen: Fakten und Fiktionen. In: Ridder-Melchers, I. (Hg.): Erst war ich selbstlos, jetzt geh ich selbst los. Düsseldorf (Landesregierung NRW) 1987, S. 139–163

Vogt, I., Trauernicht, G., Berger, H., Troscheit-Gajewski, K., Notz, G. & Taraschewski, H.: Frauen sprechen über ihre Arbeit im Ehrenamt und in der Selbsthilfe: Tagungsberichte und Inhaltsanalysen. In: Ridder-Melchers, I. (Hg.): Erst war ich selbstlos, jetzt geh ich selbst los. Düsseldorf (Landesregierung NRW) 1987, S. 101–138

Vogt, I.: Unklare Verhältnisse. Haben Frauen eine Midlife-Crisis? Psychologie Heute Special. Frauen: Thema Lebensformen. Weinheim 1989

Vogt, I.: Die Gesundheit der Frauen ist Frauensache: Die Frauengesund heitsbewegung. In: Jahrbuch Kritische Medizin. Berlin 1990a

Vogt, I.: Therapierisiken für Frauen in der Suchtkrankenhilfe. In: Deutsche Hauptstelle gegen die Suchtgefahren (Hg.): Sucht '89. Abhängigkeiten bei Frauen und Männern. Hamm 1990b

Wagner, D.: Ehrenamtliche Arbeit von Frauen aus der Sicht der Wohlfahrtsverbände – ein Thesenpapier. In: Ridder-Melchers, I. (Hg.): Erst war ich

selbstlos, jetzt geh ich selbst los. Düsseldorf (Landesregierung NRW), 1987, S. 51–56
Weber, M.: Wirtschaft und Gesellschaft. Tübingen 1972, 5. revidierte Auflage.
Werlhof, C. v.: Der Proletarier ist tot. Es lebe die Hausfrau. In: v. Werlhof, C., Mies, M. & Bennholdt-Thomsen, V. (Hg.): Frauen, die letzte Kolonie. Reinbek 1983, 113–136
West, C.: Können «Damen» Ärzte sein? In: Trömel-Plötz, S.: Gewalt durch Sprache. Die Vergewaltigung von Frauen in Gesprächen. Frankfurt 1984
Wieler, J.: Nachwort. In: Salomon, A.: Charakter ist Schicksal. Lebenserinnerungen (herausgegeben von Rüdeger Baron und Rolf Landwehr). Weinheim/Basel 1983
Wieler, J.: Er-innerung eines zerstörten Lebensabends. Alice Salomon während der NS-Zeit (1933) und im Exil (1937–1948). Darmstadt 1987
Wienberg, G.: Mehr desselben hilft nicht! – Über die Krise der psychosozialen Versorgung chronisch Kranker und die Notwendigkeit qualitativer Neuorientierung. Bielefeld, Juni 1988 (PSAG)
Zimbardo, P., Haney, C., Banks, W. & Jaffe, D.: The Mind Is a Formidable Jailer: A Pirandellian Prison. The New York Times, 1973, April 8, 38–60

Die Autorinnen und Autoren

Ruth Großmaß, geb. 1948, Studium der Philosophie, Germanistik und Pädagogik. Seit 1976 als Studentenberaterin an der Universität Bielefeld tätig. Arbeitsgebiete: Studienberatung, psychologische Beratung und Arbeit mit Gruppen. Persönlicher Arbeitsschwerpunkt: Frauen an der Hochschule.

Vera Grunow-Lutter, geb. 1947, Studium der Soziologie und Psychologie in Münster und München. Promotion in Soziologie 1979 in Bielefeld. Z. Zt. wissenschaftliche Mitarbeiterin im Rhein-Ruhr-Institut an der Universität Duisburg. Forschungsschwerpunkte: Gesundheitsselbsthilfe, kommunale Gesundheitspolitik, Neuorganisierung der sozialen Dienste, Implementations- und Evaluationsforschung.

Kordula Langhof, geb. 1951, Diplompädagogin und Therapeutin. Arbeitet seit zehn Jahren in verschiedenen psychotherapeutischen Kliniken. Ausbildung in Individualpsychologie, Psychoanalyse, Gesprächspsychotherapie und Familientherapie. Lehraufträge für feministische Therapie in Klagenfurth und Bregenz. Forschung über die Verbindung von Psychoanalyse, Individualpsychologie und Konzepten sozialistischer Erziehung.

Silvia Mai, geb. 1948, verheiratet, zwei Kinder. Diplompsychologin und Psychotherapeutin. Schwerpunkt: Arbeit mit sogenannten Multiproblem-Familien. Arbeitet z. Zt. in einer heilpädagogischen Einrichtung für Kinder.

Frank Nestmann, geb. 1949, Diplompsychologe und Hochschullehrer an der Fakultät für Pädagogik der Universität Bielefeld im Bereich Diagnose und Beratung. Veröffentlichungen zu Beratung, psychosozialer Versorgung, sozialer Unterstützung, informeller Hilfe und alltäglichen HelferInnen. Aktuelle Forschungsschwerpunkte: sozialökologische Konzepte von Prävention und Intervention.

Thomas Olk, Privatdozent, Dr., geb. 1951. Studium der Erziehungswissenschaften und Soziologie in Bonn und Bielefeld. Seit 1989 Projektleiter am Zentrum für Sozialpolitik, Abteilung Theorie und Verfassung des Wohlfahrtsstaates, Universität Bremen. Zahlreiche Publikationen und Forschungsvorhaben zu den Themenbereichen Theorie und Geschichte der Sozialpädagogik/Sozialarbeit, Jugendforschung, Professionalisierung sozialer Berufe, soziale Dienste, ehrenamtliches Engagement und Selbsthilfe.

Dorothy M. Rerrich, geb. 1955, Diplompsychologin und Mitarbeiterin des Modellprojekts Prima ♀ Donna, Sozialtherapeutische Wohngemeinschaft für drogenabhängige Frauen, Con Drobs e. V. Mitbegründerin der AG «Frauen in der psychosozialen Versorgung» in der DGVT. Arbeitsschwerpunkte: Sozialwissenschaftliche Analyse und Praxis kritischer Gemeindepsychologie und die Entwicklung frauenspezifischer Ansätze in der psychosozialen Versorgung. Schreibt derzeit ihre Dissertation zu Ende. Arbeitstitel: «Unterwegs zu einer dialogischen Gesellschaft».

Birgit Rommelspacher, Prof. Dr. phil. Diplompsychologin. Studium der Psychologie, Philosophie, Wirtschafts- und Sozialgeschichte. Veröffentlichungen u. a.: ‹Die Zukunft des Helfens – Neue Wege und Aufgaben psychosozialer Praxis›; ‹Weibliche Beziehungsmuster›; ‹Leide*un*lust – der Mythos vom weiblichen Masochismus›. Sie ist Professorin für Mädchen- und Frauenarbeit an der Fachhochschule für Sozialarbeit und Sozialpädagogik Berlin.

Christiane Schmerl, Diplompsychologin, Promotion und Habilitation in Sozialpsychologie. Hochschullehrerin an der Universität Bielefeld. Arbeitsschwerpunkte: Sozialisation, Geschlechteranthropologie, Frauenforschung, Medien.

Irmgard Vogt, Psychologin und Soziologin, Privatdozentin im Fachbereich Gesellschaftswissenschaften der Universität Frankfurt. Arbeitsgebiete: Alkohol- und Medikamentenkonsum/abusus und Drogenpolitik, Frauengesundheitsforschung, ehrenamtliche Arbeit von Frauen, Therapeut-Klientin-Beziehung.

Frauen und Beruf

Dorothea Assig
Mut gehört dazu
Informationen für Frauen, die beruflich selbständig sind oder werden wollen (8343)

Margaret Henning/Anne Jardim
Frau und Karriere
Erwartungen, Vorstellungen, Verhaltensweisen (8376)

Marlene Kück (Hg.)
Der unwiderstehliche Charme des Geldes
Vom Umgang mit Geld aus der Sicht der Frauen (8506)

Katja Leyrer
Rabenmutter – na und?
Essays und Interviews (8501)

Evelyn Schultz-Medow
Nehmen Sie kein Blatt vor den Mund
Ein Rede-Kurs für Frauen (8433)

Ruth Markel
Karriere ist weiblich
Wegweiser für Frauen in ein erfolgreiches Berufsleben (8501)

SACHBUCH rororo

C 2355/2

Frauen schreiben für Frauen . . .

Eine Auswahl

Lynn Z. Bloom/Karen Coburn/
Joan Pealmann
Die selbstsichere Frau
Anleitung zur Selbstbehauptung (7281)

The Boston Women's Health
Book Collectiv
Unser Körper – unser Leben
Band 1 (8408)/Band 2 (8409)

Doritt Cadura-Sat
Das unsichtbare Geschlecht
Frauen, Wechseljahre und Älterwerden
(8085)

FrauenBilderleseBuch (7663)

Marilyn French
Jenseits der Macht
Frauen, Männer und Moral (8488)

Ute Gerhard
Unerhört
Die Geschichte der deutschen
Frauenbewegung (8377)

Jennifer James
Trübe Tage
Wege aus dem weiblichen
Stimmungstief (8840)

C. Merfert-Diete/R. Soltau (Hg.)
Frauen und Sucht
Die alltägliche Verstrickung in
Abhängigkeit (7837)

**Scheidungsratgeber von
Frauen für Frauen** (8404)

Medizin und Gesundheit

Eine Auswahl

Paavo Airola
Natürlich gesund
Ein praktisches Handbuch biologischer Heilmethoden (8314)

Allan Knight
Asthma und Heuschnupfen
Erkennen – lindern – heilen
(8412)

Shitsuto Masunaga/Wataru Ohashi
Shiatsu
Theorie und Praxis der japanischen Heilmassage (8416)

Claudia Reuße/Martina Holler
Menstruation
Eine Begegnung mit uns selbst
(8401)

Ulrich Sollmann
Bioenergetik in der Praxis
Streßbewältigung und Regeneration
(8484)

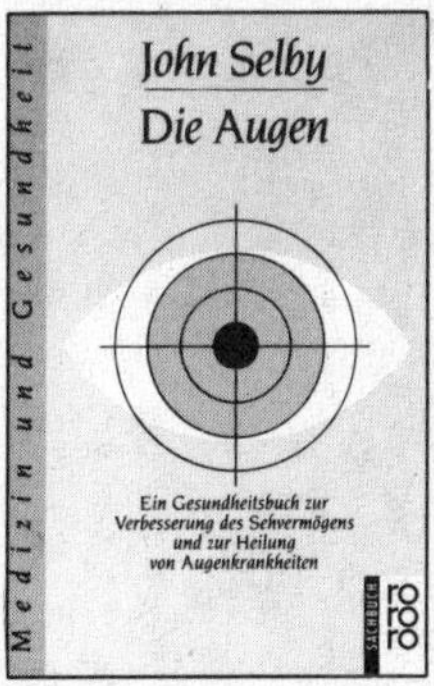

(8349)

(8422)

SACHBUCH rororo

C 2364/1

Satt, aber hungrig

Renate Göckel
Eßsucht oder
die Scheu vor dem Leben
Eine exemplarische Therapie
(rororo sachbuch 8444)

Marilyn Lawrence
«Ich stimme nicht»
Identitätskrise und Magersucht
(rororo sachbuch 7965)
Satt, aber hungrig
Frauen und Eßstörungen
(rororo sachbuch 8511)

Bettina Muermann
Lexikon Ernährung
(rororo sachbuch 6328)

Geneen Roth
Essen als Ersatz
Wie man den Teufelskreis durchbricht
(rororo sachbuch 8493)

Alice Schwarzer (Hg.)
Durch dick und dünn
Ein EMMA-Buch
(rororo sachbuch 6328)

rororo SACHBUCH

C 2369/2

Lernprogramme

Eine Auswahl

Georg R. Bach/Laura Torbet
Ich liebe mich – ich hasse mich
Fairness und Offenheit im Umgang mit sich selbst (7891)

Maren Engelbrecht-Greve/Dietmar Juli
Streßverhalten ändern lernen
Programm zum Abbau psychosomatischer Krankheitsrisiken (7193)

Wayne W. Dyer
Der wunde Punkt
Die Kunst, nicht unglücklich zu sein. Zwölf Schritte zur Überwindung der seelischen Problemzonen (7384)

G. Hennenhofer/K. D. Heil
Angst überwinden
Selbstbefreiung durch Verhaltenstraining (6939)

Rainer E. Kirsten/Joachim Müller-Schwarz
Gruppentraining
Ein Übungsbuch mit 59 Psycho-Spielen, Trainingsaufgaben und Tests (6943)

Gerhard Krause
Positives Denken – der Weg zum Erfolg
13 Bausteine für ein erfülltes Leben (7952)

Walter F. Kugemann
Lerntechniken für Erwachsene
(7123)

Michael P. Nichols
40 werden
Die zweite Lebenshälfte als Chance zur Veränderung (8425)

Lernprogramme

Eine Auswahl

Hans-Peter Nolting
Lernfall Aggression
Wie sie entsteht - wie sie zu verhindern ist. Ein Überblick mit Praxisschwerpunkt Alltag und Erziehung (8352)

Friedemann Schulz von Thun
Miteinander reden
Band 1
Störungen und Klärungen. Allgemeine Psychologie der Kommunikation (7489)
Miteinander reden
Band 2
Stile, Werte und Persönlichkeitsentwicklung. Differentielle Psychologie der Kommunikation (8496)

L. Schwäbisch/M. Siems
Anleitung zum sozialen Lernen für Paare, Gruppen und Erzieher
Kommunikations- und Verhaltenstraining (6846)

Martin Siems
Dein Körper weiß Antwort
Focusing als Methode der Selbsterfahrung. Eine praktische Anleitung (7968)

F. Teegen/A. Grundmann/A. Röhrs
Sich ändern lernen
Anleitung zu Selbsterfahrung und Verhaltensmodifikation (6931)

SACHBUCH rororo

C 2177/5 a